GEHEIMNISSE DES ORIENTS

GROSSE KULTUREN, GLANZVOLLE EPOCHEN

GEHEIMNISSE DES ORIENTS

Reader's Digest

DEUTSCHLAND · SCHWEIZ · ÖSTERREICH

Geheimnisse des Orients

Titel der französischen Originalausgabe
Le Monde Arabe – de Mahomet à l'âge ottoman

Die Geschichte der arabischen Völker
Titel der Originalausgabe: *A History of The Arab Peoples*
von Albert Hourani

Deutsche Ausgabe
Übersetzung: Dr. Alwin Letzkus
Redaktion: red.sign (Guido Huß, Katrin Schmelzle,
Androniki Tsilipakou, Ellen Weitbrecht)

Reader's Digest
Redaktion: Dr. Birgit Gläser, Claudia Rück
Grafik: Peter Waitschies
Bildredaktion: Christina Horut
Prepress: Andreas Engländer
Produktion: Andreas Schabert

Ressort Buch
Redaktionsdirektorin: Suzanne Koranyi-Esser
Redaktionsleitung: Dr. Renate Mangold, Heinz Volz
Art Director: Rudi K. F. Schmidt

Satz und Reproduktion: Lihs GmbH, Medienhaus, Ludwigsburg
Druck und Binden: Printer Industria Gráfica S. A., Barcelona

Code-Nr. UK 0074/G/CBS

Printed in Spain

ISBN 3-89915-048-1

Inhalt

KOSTBARE WANDVERZIERUNG *(Cordoba, um 965)*
Der Mihrab, Heiligtum in der Großen Moschee, verzaubert durch den Glanz seiner Goldgrundmosaiken und die feinsinnige Zusammenstellung von Motiven, in denen Schriftzeichen, geometrische Formen und Blumenmuster ineinander verwoben sind.

Vorwort

Als Anhänger eines neuen Glaubens haben sich die Araber durch überwältigende Eroberungen hervorgetan, durch die sie ein Reich schufen, welches größer als das Alexanders des Großen war. Diese militärischen Erfolge lassen sich hauptsächlich mit der Schwäche der alten byzantinischen und sassanidischen Reiche begründen. Die Araber zwangen den Bewohnern der eroberten Gebiete ihre Religion nicht auf, sondern übten eine Herrschaft aus, die von Toleranz geprägt war. Die unterworfenen Völker konvertierten nach und nach zum Islam, sodass die islamische Religion im Lauf der Zeit einen universalen Charakter gewann. Mit der Ausdehnung des Islam verbreitete sich auch die arabische Sprache, die sich als Verwaltungs-, Handels- und Kultursprache durchsetzte. Alle, die Arabisch sprachen und sich zum Islam bekannten, teilten das Gefühl, einer großen Gemeinschaft anzugehören.

Von dieser abenteuerlichen Entwicklung berichtet uns Albert Hourani in seiner *Geschichte der arabischen Völker.* Das Werk wurde durch eine chronologische Einführung, reich illustrierte Sonderseiten sowie durch Illustrationen ergänzt, die wertvolle Zusatzinformationen bieten und dem besseren Verständnis dienen.

Die Stärke der Araber lag darin, dass sie die vielen besiegten Völker, die sich in Herkunft, Glaube, Sprache und Kultur deutlich voneinander unterschieden, in ihr Reich integrierten. Im Zeichen des Islam schufen sie eine Zivilisation, zu deren Entstehung auch die fremden Traditionen der Juden und Christen beigetragen haben. Während der omaijadischen Eroberungen wandelte sich diese Welt in ein islamisches Reich, das sich immer weiter ausdehnte. Im 11. Jh. jedoch geriet dieses Imperium unter verschiedene Fremdherrschaften und zerfiel schließlich in einen arabischen, einen iranischen und einen türkischen Teil.

Auch wenn der Prozess der Islamisierung vor 1400 Jahren begann und sich schließlich ein Sechstel der Menschheit zu dieser Religion bekannte, blieb die Arabisierung hauptsächlich auf die Länder westlich des Irans begrenzt. Die islamische Zivilisation ist aber immer noch Teil des heutigen arabischen Bewusstseins.

Arabien im Überblick

Innerhalb von zwei Generationen errichteten die Araber im 7. Jh. ein Reich, das sich von Spanien bis zum Indus erstreckte und sich gegen die Großmächte der Byzantiner und Sassaniden durchsetzte. Die Ausbreitung des Islam schritt voran – heute gehört er zu den bedeutendsten Weltreligionen.

Das Ende der antiken Welt
Die arabische Expansion überrascht durch ihr rasantes Tempo. Den Eroberern gelang es anschließend, viele Völker in einer Kultur zu einen.

Arabische Expansion durch die Abbasiden um 750

Konkurrierende Mächte

Das China der Tang

Die Tang-Dynastie (618–907) verlieh China einen Glanz, der den ihrer Vorgänger aus der Han-Dynastie überstrahlte. Sie übte religiöse Toleranz aus und garantierte dem Land, gestützt auf eine gut funktionierende Verwaltung, die nötige Sicherheit für einen aktiven Außenhandel. Neben der Technik des Druckens förderte man die Künste großzügig. In Zentralasien stießen die Chinesen mit den vorrückenden Arabern zusammen, die mit ihrem Sieg auch die Kenntnis der Papierherstellung erlangten.

Das Reich der Steppen

Ein ausgedehntes Gebiet von Steppen erstreckt sich in Zentralasien vom Kaspischen Meer bis in die Mongolei. Über Oasen und Wüsten verband die Seidenstraße den Fernen Osten mit dem Westen. Seit der Antike von Nomadenvölkern bewohnt, war dieses Gebiet Schauplatz vieler Konflikte, welche die lokalen Herrscher mit China führten. Einst aus Südsibirien stammend, trafen die Türken auf die von Westen kommenden Araber, denen sie im 9. Jh. als Söldner dienten, bevor sie islamisiert wurden.

Schwarzafrika

Im 9. Jh. entstand mit Ghana das erste historische Reich Westafrikas. Sein Wohlstand beruhte auf der Kontrolle des Goldhandels sowie einträglichen Geschäften mit der arabischen Welt, die über Karawanen durch die Sahara abgewickelt wurden. Geschwächt durch den Kampf mit Nomadenstämmen islamisierter Berber musste Ghana seinen Platz an ein neues Reich abtreten. Mali entwickelte sich im 9. Jh. zu einem mächtigen und geschäftstüchtigen Staat und kämpfte seit dieser Zeit für den Islam.

Arabien vor dem Islam

- *Um 1500 v. Chr.: Das Kamel wird zum Haustier.*
- *Um 800 v. Chr.: Gründung südarabischer Reiche (Saba)*
- *Um 100 v. Chr.: Nabatäer in Petra, Himjaren im Süden von Arabien*
- *Um 300 n. Chr.: Ghassaniden und Lachmiden, arabisch-christliche Reiche in Syrisch-Mesopotamien*
- *Um 500: Aufnahme des Karawanenhandels durch Beduinen*

Wichtigste Dynastien

Spanien und Maghreb	Ägypten/Syrien	Irak	Iran und Zentralasien
Omaijaden (661–750)			
Omaijaden von Córdoba (756–1031)	Abbasiden (750–1258)		
Aghlabiden von Kairouan (800–909)	Tuluniden (868–905)	Hamdaniden (905–1004)	Samaniden (874–1005)
Almoraviden (1056–1147)	Fatimiden (909–1171)	Seldschukische Sultane (1038–1194)	
Almohaden (1147–1269)	Aijubiden (1171–1250)	Abbasidische Kalifen	
	Mongolische Invasion: Fall Bagdads (1258)		
Meriniden von Fès (1216–1470) Nasriden von Granada (1238–1492)	Mamelucken (1250–1517)	Ilchane (1256–1336)	
			Timuriden (1370–1506)
	Osmanische Eroberung (1517)		

Mohammed und der Koran

570–622
Predigt in Mekka

622–632
„Emigration" nach Medina

Seiten 10–11

0

476
- 476 Ende des Römischen Reiches
- Merowinger
- Byzantiner
- Sassaniden

570
- 570 Geburt Mohammeds
- 622 Hidschra: Flucht von Mohammed nach Medina. Jahr 1 der muslimischen Zeitrechnung

632
- 632 Tod Mohammeds. Erste Kalifen (Abu Bakr, Omar, Othman)
- 656 Ali, vierter Kalif – Schiismus
- 661–750 Omaijaden in Damaskus
- 751 Sieg am Talas über die Chinesen

751
- 750–1258 Abbasiden im Irak
- Türkischer Einfluss und separatistische Bewegungen
- Fatimidische und omaijadische Kalifate
- 1055 Einfall der Türken in Bagdad

Das Frankenreich

Nach der Zeit der germanischen Völkerwanderungen organisierte sich der Westen neu. Die Merowinger machten im 6. Jh. das christliche Gallien zu einer führenden Großmacht. Durch innere Streitigkeiten zerrissen, mussten die Merowinger ihren Platz jedoch an ihre Hausmeier abtreten, aus denen das Geschlecht der Karolinger hervorging. Karl der Große war ihr bedeutendster Vertreter. Er wurde im Jahr 800 in Rom vom Papst gekrönt, beherrschte das Karolingische Reich, das in die romanische Welt zurückkehrte, und anschließend ganz Europa. Karl der Große machte sich Byzanz zum Gegner und knüpfte Beziehungen zu Bagdad.

Die arabische Welt unter den Osmanen

- *1520–1566: Süleiman der Prächtige*
- *1534: Eroberung Bagdads*
- *1543: Verlegung des Kalifats nach Istanbul (bis 1924)*
- *1571: Niederlage der osmanischen Flotte bei Lepanto*
- *1574: Tunis wird besetzt*
- *1798: Napoleon am Nil*
- *1805–1848: Mohammed Ali Vizekönig von Ägypten*
- *1860: Intervention Frankreichs im Libanon*
- *1900: Aufkommender arabischer Nationalismus*

Das arabische Reich

632–661
„Rechtgeleitete Kalifen"

661–751
Omaijadische Expansion

Seiten 12–13

Glanzzeit der Kalifate

751–909
Zeitalter der Abbasiden

909–1055
Rivalisierende Kalifate

Seiten 14–15

Die Fremdherrschaft

1055–1099
Die Seldschuken

1099–1229
Angriff der Kreuzritter und Macht der Berber

1229–1258
Sturm der Mongolen

Seiten 16–17

Der letzte Glanz

1258–1517
Ägyptischer Ruhm und andalusische Raffinesse

Seiten 18–19

055

- Seldschukische Sultane in Bagdad
- 1099 Jerusalem von Kreuzrittern erobert, von Saladin (1187) zurückerobert
- Almoraviden und Almohaden im Maghreb
- 1258 Plünderung Bagdads durch die Mongolen

1258

- Herrschaft der „Sklaven-Könige" in Kairo (1250–1517)
- Vertreibung der Mongolen und Franken
- Merinidisches Reich
- Nasridisches Reich von Granada (1238–1492)
- 1517 Osmanen in Kairo. Ende des Mameluckenstaats

1517

- Große Entdeckungen
- Safawiden im Iran, Mogulen in Indien
- Scherifen in Marokko
- Berberstrom im Mittelmeerraum

1800–1900

- Krisen im Orient, Kolonialstreitigkeiten
- Suezkanal
- Russische Expansion nach Zentralasien

Mohammed und der Koran 570–632

Wegen der ihm offenbarten Botschaft zog sich Mohammed den Hass der reichen Händler Mekkas zu, die ihre Geschäfte bedroht sahen. Er emigrierte 622 nach Jathrib, dem späteren Medina. Dieses Datum markiert den Beginn des muslimischen Kalenders. Mohammed übernahm nicht nur die Verantwortung für das religiöse Leben, sondern wurde auch politischer und militärischer Führer, der aus der jungen muslimischen Gemeinschaft einen Staat aufbaute. Er starb 632, ohne seine Nachfolge geregelt zu haben.

AUS DER WÜSTE GEBOREN
Der Islam entstand auf einem Wüstenplateau in Arabien (Hintergrundfoto), das von nomadischen Viehzüchtern, den Beduinen, durchstreift wurde. In den Oasen sowie am Rand der Wüste siedelten sesshafte Bauern, die von Ackerbau (Datteln, Getreide) und dem Karawanenhandel lebten. Die Wüste als wesentlicher Bestandteil ihrer Kultur verlor für die arabische Welt nie an Bedeutung.

DER NAME ALLAHS
Im Glaubensbekenntnis (Schahada) *drückt der Muslim seinen Glauben an Allah aus und legt Zeugnis ab von der Einzigartigkeit Gottes und der Echtheit von Mohammeds Auftrag, seines Gesandten. Die arabische Schrift ist heilig, denn sie dient dazu, dem Namen Allahs und seines Propheten auf verschiedensten Dingen des Alltags (Manuskripten, Bauwerken, Möbeln) und in einer Vielfalt von Schreibweisen Ausdruck zu verleihen.*

MOHAMMED UND DIE PROPHETEN
Als Letzter der Propheten rief Mohammed die Araber zu einer neuen Religion auf. Der Islam gilt als die jüngste der abrahamitischen Religionen. Mohammed predigte die Anbetung Allahs, dem wahrhaft einzigen Gott. Gott spricht nie in direkter Weise zu den Menschen: Er sendet ihnen seine Botschaft durch die Propheten. Nach Noah, Abraham, Moses und Jesus ist Mohammed für die Muslime der letzte Prophet, auserwählt dazu, das göttliche Gesetz weiterzugeben und vorzutragen.

570–595 Mohammed in Mekka

um 570	Mohammeds Geburt
um 582	Begegnung mit dem Mönch Bahira
um 585	Mohammed tritt in Chadidjas Dienste.
595	Heirat mit Chadidja

610–622 Mohammed als religiöser Führer

610	Erste Offenbarungen
613	Öffentliches Auftreten als Prediger, was in Mekka auf Widerstand stößt

DER SCHLÜSSEL ZU MEKKA
Die mameluckischen Sultane, die über die heiligen Stätten des Hedschas regierten, hatten die Gewohnheit, anlässlich ihrer Amtseinführung an der Kaaba, dem Heiligtum Mekkas, eiserne Schlüssel niederzulegen. Diese mit Gold, den Inschriften aus dem Koran und der mündlichen Tradition verzierten Schlüssel waren ein Zeichen der Ehrerbietung und Symbol ihrer Macht.

KARAWANEN IN MEKKA
Der Hedschas als Durchgangsroute zwischen Indischem Ozean und Mittelmeer eignete sich für den Karawanenhandel. Die Sippen der Koraisch machten Mekka damit zu einer der reichsten Städte der Arabischen Halbinsel. Als kommerzielles wie religiöses Zentrum verhielt sich die Stadt Mohammeds Botschaft gegenüber ablehnend, da sie ihren Wohlstand zu gefährden drohte.

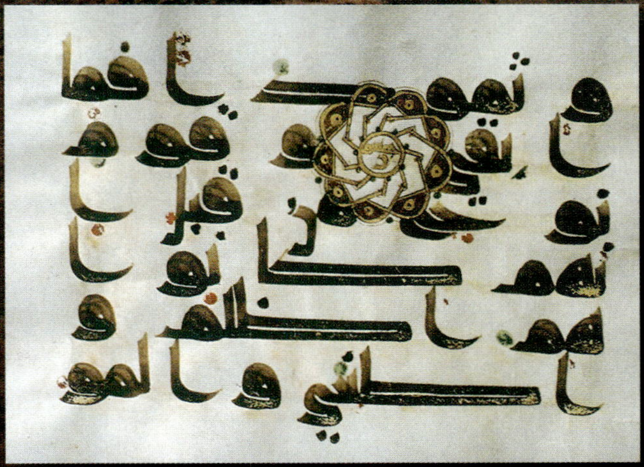

DER OFFENBARTE TEXT
Der Koran enthält die gesamten Offenbarungen, die Mohammed durch den Erzengel Gabriel erhielt. Dieser Text ist in arabischer Sprache verfasst und wurde ungefähr 20 Jahre nach dem Tod des Propheten abgeschlossen. Er bildet das Fundament des Islam. Die dargestellte Seite in kufischer Schrift entstammt einem alten Koran aus dem 10. Jh.

622–632 Mohammed in Medina

- **622** Emigration nach Jathrib (Medina), Jahr 1 der muslimischen Zeitrechnung
- **630** Triumph in Mekka
- **632** Tod Mohammeds

Das arabische Reich 632–751

Durch Eroberungen schufen die ersten Kalifen die Grundlagen für ein Reich, blieben aber gegen Unstimmigkeiten, die den Islam spalten sollten, machtlos. Nach der Ermordung Alis errichtete Moawija, der Statthalter von Syrien, in Damaskus die Dynastie der Omaijaden. Seine Nachfolger konsolidierten die arabische Herrschaft, indem sie die territoriale Expansion vorantrieben. Sie setzten systematisch den Islam als allgemeine Religion durch, arabisierten die Verwaltung und eigneten sich die kulturelle Tradition des syrischen Umfelds an.

DAS ERBE DES ANTIKEN STÄDTEBAUS
Die omaijadische Stadt Anjar im Libanon (Hintergrundfoto) weist zwei sich rechtwinklig kreuzende Alleen auf, die von Säulenarkaden gesäumt werden. Diese Aufteilung entspricht dem Bauplan der hellenistischen Tradition. Der orientalische Einfluss zeigt sich noch heute an Palästen, Moscheen und Bädern.

DAS ERSTARKEN DES NEUEN GLAUBENS
In der Großen Moschee der Omaijaden in Damaskus sind teilweise noch die prächtigen, in byzantinischer Tradition stehenden Mosaikverzierungen erhalten. Manche sahen in diesen Landschaften das Paradies, andere eine durch den Islam befriedete Welt oder gar ein Abbild des vom Barada umspülten Damaskus.

VERSCHWENDERISCHE VERZIERUNGEN
An den in Stein gehauenen Flachreliefs des Palastes von Mchatta (Jordanien) kann man Verzierungen bewundern, die typisch für die Anfänge der islamischen Kunst sind und antike Ursprünge besitzen. Geschützt durch große, mit Rosetten durchsetzte Dreiecke werden beispielsweise Vögel inmitten einer üppigen Vegetation dargestellt. Hier lassen sich bereits Tendenzen zur Teppichweberei feststellen, die in der islamischen Welt weit verbreitet ist.

632–661 Die „rechtgeleiteten Kalifen"

- ab 632 Abu Bakr, Omar, Othman, Ali: erste Eroberungen, erste Städte; erste Spaltungen (Schiiten)
- 653 Festlegung der koranischen Vulgata
- 661 Ermordung Alis

661–685 Das Kalifat von Damaskus

- 661 Herrschaftsantritt der Omaijaden
- 670 Gründung von Kairo
- 680 Husain, der Sohn des Ali, wird bei Kerbela getötet.

Schiitische und charidjitische Unruhen

Gold- und Silbermünzen
Als die Araber ihr erstes Geld in Umlauf brachten, verwenden sie geprägte Goldmünzen (Dinar) nach byzantinischem und geprägte Silbermünzen (Dirham) nach sassanidischem Vorbild. Nach der Währungsreform des Kalifen Abd al-Malik 696 trugen die Geldstücke auf der Vorderseite das islamische Glaubensbekenntnis, während man auf der Rückseite das Bekenntnis zur Einzigartigkeit Gottes fand.

Das luxuriöse Leben bei Hof
Die omaijadischen Fürstenresidenzen waren prunkvoll ausgestattet. Mosaiken, Wandgemälde und farbige Stuckarbeiten zeugen von Geschmack und Kennerblick. In Khirbet al-Mafdjar (Palästina) waren die Bäder des Palastes mit Statuen junger Tänzerinnen dekoriert, die mit fülligem Haar, nackten Brüsten, schmuckbehangen und einem Blumenstrauß in der Hand dargestellt wurden.

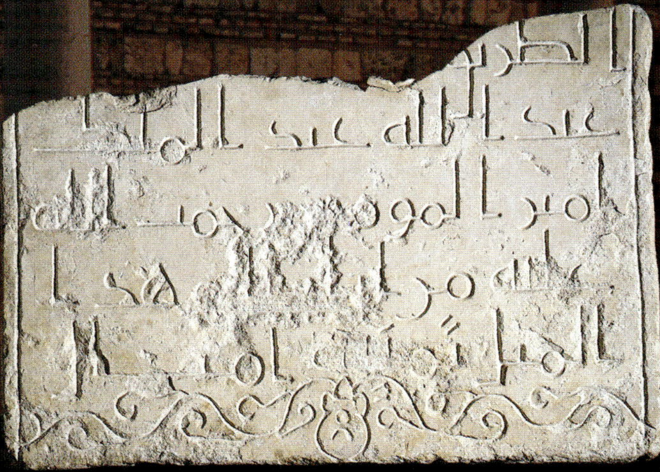

Wegmarkierung
Solche Meilensteine mit kufischer Schrift, die der Kalif Abd al-Malik aufstellen ließ, befanden sich an der Straße zwischen Damaskus, der Hauptstadt des Kalifats, und der heiligen Stadt Jerusalem. Die Markierung alter römischer Straßen zeugt von der Politik der Arabisierung, wie sie von den Omaijaden praktiziert wurde.

685–715 Organisation des Reiches

- 685 Kalifat des Abd al-Malik; Währungs- und Verwaltungsreformen
- 691 Bau des Felsendoms in Jerusalem
- 705 Kalif Walid I. (Große Moschee von Damaskus)
- 711 Die Araber am Indus und in Spanien

715–751 Militärische Erfolge und innere Krisen

Siege in den Pyrenäen und in Samarkand

- 732 Vormarsch wird bei Poitiers gestoppt
- 750 Massaker an der Omaijadenfamilie
- 751 Chinesische Niederlage am Talas

Glanzzeit der Kalifate

751–1055

Nachdem Bagdad zur Hauptstadt geworden war, öffnete sich das Reich, das bisher von den Arabern beherrscht wurde, iranischen und zentralasiatischen Einflüssen. In der abbasidischen Hauptstadt blühte eine prächtige Kultur, die sich auf die ganze, von den Kalifen nicht mehr vollständig zu kontrollierende muslimische Welt ausbreitete. In Spanien etablierte sich ein omaijadisches Emirat, das später zum Kalifat wurde. Die Fatimiden errichteten in Kairo ein Kalifat, das sich gegen Bagdad stellte.

SAMARRA, DIE NEUE STADT
Um seine wilden türkischen Söldner von Bagdad fern zu halten, nahm der abbasidische Kalif weiter nordwärts im Irak seinen Wohnsitz und zog in die Stadt Samarra (arabisch, „Glücklich derjenige, der sieht") ein. Das Minarett (genannt Malwija, Hintergrundfoto) in der Nähe der Großen Moschee windet sich spiralförmig nach oben – eine Besonderheit, die auf die stufenförmigen Tempeltürme Mesopotamiens zurückgeht.

RELIGIÖSE TOLERANZ
Der christliche Glaube der Kopten in Ägypten ist durch den Islam nicht ausgelöscht worden. Da sie unter den Fatimiden eine Mehrheit bildeten, führte dies zur vom Koran gepredigten Toleranz gegenüber den „Menschen der Schrift". Hiervon legt diese mit christlichen Motiven verzierte Keramik, die einen koptischen Priester mit Rauchfass darstellt, Zeugnis ab.

TÜRKISCHER WÜRDENTRÄGER
Um sich dem Einfluss einer Armee zu entziehen, der sie misstrauten, rekrutierten die Abbasiden türkische Sklaven, die als ausgezeichnete Krieger galten. Einmal in die höchsten Ränge aufgestiegen, wurden einige dieser Söldner Statthalter einer Provinz und gewannen an Unabhängigkeit. Sie machten dem Kalifen die politische Macht streitig und trieben die Spaltung des Reiches voran.

751–836 Ansiedlung der Abbasiden im Irak

ab 751 al-Mansur, Harun ar-Raschid, al-Mamun
756 Fortbestand der Omaijaden in Córdoba
762 Gründung von Bagdad
788 Die Idrisiden in Marokko
830 Die Araber auf Sizilien
Gründung von Rechtsschulen

836–874 Zunehmender Einfluss der Türken

Aufgabe Bagdads zugunsten der neuen Stadt Samarra
Rekrutierung einer türkischen Söldnertruppe
Redaktion des Hadith

Fernhandel
Die Entdeckung von Kobalt im Iran erweiterte das Farbenspektrum in der Keramikherstellung. So entwickelte sich die Vorliebe für das Blau auf hellem Hintergrund, das sich noch heute großer Wertschätzung in der islamischen Welt erfreut. Vor allem in China ist diese Mode zu einer Zeit aufgekommen, als Harun ar-Raschid chinesisches Porzellan nach Bagdad bringen ließ, das die Araber dann später in Fayencearbeiten zu imitieren versuchten.

Pracht und Prunk in Samarra
Samarra zeichnete sich durch riesige Paläste aus, deren Ausschmückung türkischen Einfluss verrät. Die Verzierung der Stucktafeln hat sich nach und nach in Richtung einer Schematisierung von Formen entwickelt. Die Pflanzenornamentik geht ins Abstrakte über, während das schräg eingemeißelte Relief immer dasselbe Motiv wiederholt.

Der Luxus der Fürsten
Das höfische Leben der omaijadischen Kalifen von Córdoba lieferte viele Motive für die Verzierungen von Einrichtungsgegenständen. Auf dieser Dose aus Elfenbein werden verschiedene Szenen aus dem fürstlichen Leben (Jagd, Bankett, Musik und Tanz) dargestellt.

874–909 Autonomie der Randgebiete
- Die Samaniden im Iran (Renaissance des Iranismus)
- Die Tuluniden in Ägypten. Die Quarmaten in Bahrain
- Soziale Unruhen der Zandsch im Süden Iraks
- *Erste Gräber*

909–1055 Rivalisierende Kalifate
- 909 Fatimiden-Kalifat in Tunesien
- 929 Omaijaden-Kalifat in Córdoba
- 945 Bujiden-Emire in Bagdad
- 969 Gründung Kairos
- 970 Azhar-Moschee in Kairo
- *Schiitischer Islam*
- *Islam in Afrika*

Die Fremdherrschaft 1055–1258

Während die Macht der Abbasiden schwand, setzten sich zunächst die Türken an die Spitze des Staates. Nach ihrem Einzug in Bagdad 1055 herrschten die Seldschuken über die Kalifen und nahmen den Sultan-Titel an. Im Maghreb gründeten die Berber große Reiche. Im Osten war die muslimische Herrschaft mit den Mongolen konfrontiert. Die Kämpfe mit ihnen sollten den Fall Bagdads und den Untergang des Reiches herbeiführen.

Die Berber

788 gründeten die Berber in Marokko die Dynastie der Idrisiden. In Tunesien entstand mithilfe der Berber ein fatimidisches Kalifat. Die Almohaden (1147–1269), die auf die Almoraviden folgten, einten den muslimischen Westen und machten aus Marrakesch und Sevilla blühende religiöse und kulturelle Zentren. Vom Atlasgebirge aus begaben sie sich in den Kampf. In Tinmal ließ der Eroberer Abd al-Mumin zur Erinnerung an die Gründung dieser Dynastie eine Moschee (Hintergrundfoto) erbauen.

Die Freuden des höfischen Lebens

Mit Silber verzierte Bronzegegenstände zeigen oft Darstellungen des höfischen Lebens. Dies ist ein Zeichen dafür, dass sie nicht für den alltäglichen Gebrauch bestimmt waren. Ein Paradebeispiel dafür bieten im 13. Jh. die Bronzearbeiten aus Mosul, wie etwa dieser Kerzenhalter. Er ist mit beschrifteten Zierstreifen und Bändern, auf denen sich Jagdszenen mit christlichen Motiven abwechseln, reich geschmückt.

Die Schutzdrachen

Die um 1210 erbaute Zitadelle von Aleppo zeichnet sich unter allen mulimischen Befestigungsanlagen durch ihren imposanten Eingang aus. Am inneren Bogen des Hauptportals sind zwei ineinander verschlungene Drachen eingemeißelt, deren Bedeutung als Sternzeichen und Schutzfunktion auf Herrschaftssymbole aus dem alten Mesopotamien zurückgeht.

1055–1099 Sultanat d. Seldschuken in Bagdad

1055 Die seldschukischen Türken in Bagdad

Trennung von politischer und religiöser Macht

Verteidigung des Sunnismus

Terroristische Anschläge der „Assasinen"

Herrschaft der Türken in Anatolien, Indien und Zentralasien

EIN TÜRKISCHER FÜRST
Auf der kupfernen, mit Silber verzierten Schale des Ibn Zayn erkennt man einen Herrscher, der in der traditionellen Haltung eines orientalischen Fürsten auf seinem Thron sitzt und eine Waffe in der Hand hält. Der Bogen ist das Symbol seiner Macht. Dies ist typisch für die seldschukischen Türken, die in Bagdad als Sultane die Macht übernommen hatten.

WASSERKANNE AUS BERGKRISTALL
Die Vorliebe für geschliffene Bergkristalle, eine Spezialität im fatimidischen Ägypten des 11. Jh., verbreitete sich in Europa zunächst durch den Handel und dann durch die Kreuzzüge. Die fast perfekt gelungene Verzierung dieses Gefäßes mit zwei eingravierten Pflanzenstängeln, umrahmt von Vögeln und einer Wunschformel, macht es zu einem besonderen Kleinod.

DER ANGRIFF DER MONGOLEN
Diese Illustration aus dem iranischen Buch der Könige *vermittelt einen Eindruck von dem Schock, den die Mongolen ausgelöst haben, als sie Mitte des 13. Jh. in den Nahen Osten einfielen. Wie eine große Welle scheinen die Reiter von außerhalb des Bildrahmens aufzutauchen, um die Verfolgung der überstürzt Fliehenden aufzunehmen.*

1099–1229 Kreuzzüge und Vertrag von Jaffa
1099 Jerusalem eingenommen, von Saladin zrückerobert (1187)
Vereinigung von Syrien und Ägypten unter den Aijubiden
Einheit des muslimischen Westens unter den Almohaden
1229 Vertrag von Jaffa: Teilung Jerusalems

1229–1258 Invasion der Mongolen
Iran wird von Mongolen unterworfen
Rückzug der Franzosen
Rückkehr der Araber nach Spanien
1258 Plünderung Bagdads durch die Mongolen

Der letzte Glanz 1258–1517

Nachdem die Einheit des abbasidischen Reiches im 11. Jh. endgültig zerbrochen war, blühten überall unabhängige Dynastien auf. Die Muslime im Osten und Westen kehrten einander nun den Rücken zu. Als Sieger über die Kreuzritter und Mongolen gründeten die Mamelucken in Kairo die letzte große Dynastie in den arabischen Ländern, während im Westen die Meriniden in Fès und die Nasriden in Granada Erfolge feierten.

GÄRTEN DES GENERALIFE IN GRANADA
In islamischen Ländern gilt der Garten als Abbild des Paradieses und seine Gestalt symbolisiert das mystische Leben. Die Leidenschaft der Sassaniden für Gartenanlagen übertrug sich auch auf die Abbasiden. Unter dem Schatten spendenden Blätterdach des Generalife (Hintergrundfoto) verbreitet das allgegenwärtige Wasser eine angenehme Kühle.

SEITE DES KORANS IN *TULUT*-SCHRIFT
Die mameluckische tulut*-Schrift, die den Höhepunkt der arabischen Kalligraphie darstellt, eignete sich trefflich für Manuskripte und Mobiliar wie auch für Inschriften an Bauwerken. Die Anfertigung von Abschriften illuminierter Luxuskorane wurde von den Mamelucken stark gefördert, was zur Festigung des Sunnismus beitrug.*

DIE FEINHEIT DER NASRIDEN
Dieses wundervolle Schwert aus Córdoba wird Boabdil, dem letzten Emir Andalusiens, zugeschrieben, dessen Lebensmotto „Es gibt keinen Sieger außer Gott" sich als Vorahnung bewahrheitete.

1258–1382 Die Macht der Mamelucken in Ägypten und Syrien

Im Osten verschiebt sich das Zentrum der Macht.

1250–1517 Herrschaft der „Sklaven-Könige" in Kairo

1260 Thronbesteigung von Sultan Baibar I.

1260 Die Mongolen werden aus dem Nahen Osten vertrieben.

1291 Die Kreuzritter werden aus dem Nahen Osten vertrieben.

Verteidigung des sunnitischen Islam und blühender Handel

Reisen des Marokkaners Ibn Battuta

Vergänglichkeit der Zierde
Die Vielfalt der Ziermuster in Granada steht in Kontrast zur Zerbrechlichkeit des verwendeten Materials. Dies spiegelt die Auffassung des Islam, nach der die Ewigkeit allein Gott zukommt, die Vergänglichkeit aber alles Irdische kennzeichnet. Die Oberflächen der Arkaden sind mit Stuckverzierungen verkleidet, die von üppiger Ornamentik zeugen, während die Bögen mit Stalaktiten ausgeschmückt sind.

Das Polospiel
Unter den Sportarten, die zu Pferde ausgetragen wurden, genoss das Polospiel in der mameluckischen Epoche größtes Ansehen. Hiervon zeugen Verzierungen auf Luxusgegenständen und Manuskripten. Auch bot dieser Zeitvertreib nicht nur die Gelegenheit, Kraft und Geschicklichkeit unter Beweis zu stellen, sondern war auch Anlass für grandiose Spektakel auf den Esplanaden, wo sonst Militärparaden stattfanden.

Verteidigung der sunnitischen Orthodoxie
Um in Ägypten den sunnitischen Islam zu stärken, gründeten die Mamelucken nach seldschukischem Vorbild religiöse Lehrstätten. Zu ihnen zählt die aufwändig mit Einlegearbeiten aus buntem Marmor ausgekleidete Grabesmoschee von Sultan Hassan aus dem 14. Jh. Ihr kreuzförmiger Grundriss weist vier Ecken auf, in denen sich symbolisch die Rechtsschulen des sunnitischen Islam finden.

1382–1517 Nasridische Raffinesse in Spanien

1238–1492 Künstlerische Blüte der Nasriden in Granada
Die Mamelucken geraten in Kairo in Schwierigkeiten.
Schwächung der Meriniden in Marokko
Aufstieg der Osmanen im Osten

1401 Tamerlan vor Damaskus
1453 Fall Konstantinopels; Untergang des Byzantinischen Reiches
1492 Katholische Könige nehmen Granada ein.
1517 Osmanische Türken setzen der Mameluckenherrschaft ein Ende.

Die Geschichte der arabischen Völker

Albert Hourani

Kapitel 1

Eine neue Macht in einer alten Welt

Zu Beginn des 7. Jh. entstand in den Randgebieten der großen Reiche der Byzantiner und der Sassaniden, welche die westliche Hälfte der Welt beherrschten, eine neue religiöse Bewegung. In Mekka, einer Stadt im Westen Arabiens, rief Mohammed Männer und Frauen zu moralischer Reform auf und predigte, sich dem Willen Gottes zu unterwerfen. Diesen Willen Gottes erkannten Mohammed und seine Anhänger in göttlichen Botschaften, die ihnen offenbart worden waren. Sie wurden später in einem Buch, dem Koran, niedergeschrieben. Im Namen des Islam eroberten arabische Armeen die umliegenden Länder und gründeten ein neues Reich, das Kalifat. Es umfasste große Teile des Byzantinischen Reiches sowie das Herrschaftsgebiet der Sassaniden und erstreckte sich von Zentralasien bis Spanien. Das Machtzentrum verlagerte sich dabei unter den Omaijaden-Kalifen von Arabien nach Damaskus und später unter den Abbasiden nach Bagdad im Irak.

Im 10. Jh. zerbrach das Kalifat. Obwohl es in Spanien und Ägypten zur Bildung von rivalisierenden Kalifaten kam, erwies sich die soziale und kulturelle Einheit, die sich im Inneren des Reiches entwickelt hatte, als dauerhaft. Der Großteil der Bevölkerung war muslimisch geworden (also zu Anhängern des Islam), doch daneben gab es auch jüdische, christliche und andere Glaubensgemeinschaften. Die arabische Sprache hatte sich ausgebreitet und wurde zum Medium einer Kultur, die Elemente der Traditionen aller in der muslimischen Welt aufgegangenen Völker in sich vereinte und die ihren Ausdruck in der Literatur, einer Rechtsordnung, einem theologischen System und der allgemeinen Geisteshaltung fand. Die Verbindungen zwischen Ländern des Mittelmeerraums und denen des Indischen Ozeans ließen ein einheitliches Handelsgefüge entstehen und führten zu Veränderungen in Landwirtschaft und Handwerk. Diese Neuerungen wurden

Schale mit Bannerträger *(Irak, 9.–10. Jh.) Ein Krieger schwenkt eine Fahne, auf der das Wort* mulk *(Macht) zu lesen ist. Das Wappen der Mamelucken geht vielleicht auf diese Fahne zurück.*

Sternförmige Täfelung *(S. 20, Ägypten, 15. Jh.) Verzierungen, die sich aus sternförmigen Vielecken zusammensetzen, sind in der islamischen Kunst beliebt.*

die Grundlage für das Wachstum großer Städte mit einer urbanen Zivilisation. Abgesehen von den politischen Unruhen, die die muslimische Welt vom 11. Jh. an teilten, waren die damaligen Formen des sozialen und kulturellen Lebens relativ stabil.

Die Welt, die die Araber betraten

Viele Jahrhunderte lang waren die Länder des Mittelmeerraums Teil des Römischen Reiches gewesen. Ab dem 4. Jh. nach Christus verlagerte sich jedoch das Zentrum der kaiserlichen Macht nach Osten. Konstantinopel trat an die Stelle Roms und der Kaiser wurde zum Mittelpunkt aller Beziehungen. Später folgten „horizontale Teilungen", die zwar in anderen Erscheinungsformen, aber noch bis in unsere Zeit in einem Nord-Süd-Gegensatz bestehen sollten. Während in Deutschland, England, Frankreich, Spanien und Norditalien Barbarenkönige regierten, standen das südliche Italien, Sizilien, die nordafrikanische Küste, Ägypten, Syrien, Anatolien und Griechenland unter der direkten kaiserlichen Herrschaft Konstantinopels. Die großen Städte regierten den östlichen Mittelmeerraum. Antiochia in Syrien und Alexandria in Ägypten waren Zentren griechischer Kultur und entsandten Angehörige der örtlichen Eliten in den kaiserlichen Dienst. Das Christentum verlieh der Loyalität zum Kaiser eine neue Dimension und den Kulturen seiner Untertanen einen neuen Rahmen. Christliche Vorstellungen und Symbole fanden ihren Ausdruck nicht nur im Griechischen, sondern auch in den Literatursprachen der verschiedenen Regionen des Reiches. Die Gräber von Heiligen und andere Pilgerstätten bewahrten manchmal in einer christlichen Form die Glaubensvorstellungen und religiösen Praktiken einer bestimmten Region.

KAISER JUSTINIAN
(Ravenna, um 535)
Zur Zeit seiner Herrschaft (528–565) regierte im Iran der Sassanidenkönig Chosran I., gegen den Justinian zahlreiche Schlachten zu führen hatte.

Die Selbstverwaltung der griechischen Städte war mit dem Erstarken der kaiserlichen Bürokratie zwar verschwunden, aber Bischöfe übernahmen oft die Führung der Menschen. Als der Kaiser Rom verließ, hatte der Bischof der Stadt, der Papst, eine Möglichkeit der Machtentfaltung, wie sie den Patriarchen und Bischöfen der oströmischen Städte versagt blieb. Neben der offiziellen orthodoxen Kirche entstanden andere Religionsgemeinschaften, die jedoch in Doktrin und Praxis von ihr abwichen. Bei den wichtigsten Unterschieden ging es um die Natur Christi. Das Konzil von Chalkedon hatte Christus im Jahr 451 sowohl eine göttliche als auch eine menschliche Natur zugeschrieben. Die Mehrheit innerhalb der Kirche in Ost und West akzeptierte dieses Dogma und die Reichsregierung unterstützte es. Es gab aber auch Glaubensgemeinschaften, die daran festhielten, dass Christus nur ein einziges Wesen besitze, das sich jedoch aus zwei Wesen zusammensetze. Dies waren die armenische Kirche in Anatolien und die meisten ägyptischen Christen, Kopten genannt. Aber auch viele syrischsprachige Christen, nach dem Namen ihres bekanntesten Theologen als Jakobiten bezeichnet, glaubten an diese Lehre. Für wieder andere lebte das Wort Gottes seit seiner Empfängnis durch den Menschen Jesus weiter. Dies galt besonders für die Nestorianer.

Im Osten des Byzantinischen Reiches, am anderen Ufer des Euphrat, lag ein weiteres bedeutendes Herrschaftsgebiet: das Reich der Sassaniden. Ihr Machtbereich erstreckte sich über den heutigen Iran und den Irak bis nach Zentralasien hinein. Das heute als Iran oder Persien bekannte Land umfasste eine Reihe von Regionen mit einer hoch entwickelten Kultur. Diese Gebiete wurden zeitweise durch die Dynastie der Sassaniden, deren Macht sich ursprünglich auf die persischsprachigen Völker des südlichen Iran stützte, geeint. Die Sassaniden versuchten, eine feste Grundlage für die Loyalität und die Einheit in ihrem Staat zu schaffen, indem sie eine altiranische Religion wieder zum Leben erweckten und für ihre Zwecke benutzten. Diese Glaubensrichtung wurde traditionell mit dem Religionsstifter Zoroaster in Verbindung gebracht.

Nachdem Alexander der Große 334–333 v. Chr. den Iran erobert und ihn enger mit dem östlichen Mittelmeerraum verbunden hatte, drangen Ideen der griechischen Welt nach Osten vor. Gleichzeitig verbreitete sich im Westen die Lehre Manis, eines Religionsstifters aus dem Irak. Mani versuchte, alle Propheten und Lehrer in einem einzigen religiösen System zu vereinigen (dem Manichäismus). Die Sassaniden belebten die Lehre des Zoroaster in philosophischer Ausprägung, allerdings mit einem größeren Nachdruck auf dem Dualismus von Gut und Böse. Praktiziert wurde sie mithilfe einer Priesterschaft und festen Formen der Verehrung. Heute ist sie unter dem Namen Mazdaismus oder Zoroastrismus bekannt.

Die Wiege des Islam

Die beiden Reiche umfassten die wichtigsten und am dauerhaftesten besiedelten Kulturregionen der westlichen Halbkugel. Weiter südlich, zu beiden Seiten des Roten Meeres, gab es jedoch zwei andere Gebiete mit traditionellen Machtstrukturen, die von der Landwirtschaft und dem Handel zwischen dem Indischen Ozean und dem Mittelmeerraum lebten. Das eine war Äthiopien, ein altes Königreich mit dem koptischen Christentum als Staatsreligion, das andere der im Südwesten der Arabischen Halbinsel gelegene Jemen. Der Jemen war ein Land mit fruchtbaren Tälern und diente als Umschlagplatz für den Fernhandel. Er hatte eine eigene Sprache, die sich vom Arabischen, wie es sonst überall in Arabien gesprochen wurde, unterschied, sowie eine eigene Religion.

Türsturz mit Gravur *(328) Eine in Basaltgestein eingravierte Inschrift, die in Syrien gefunden wurde, trägt den Namen Imra al-Kais', was „König aller Araber" bedeutet. Vermutlich brachte dieser Fürst einige Stämme aus dem Norden und der Mitte Arabiens unter seine Herrschaft. Seine Grabinschrift ist die erste in arabischer Sprache und in nabatäischen Buchstaben verfasst.*

Zwischen den großen Reichen des Nordens und den Königreichen am Roten Meer lag ein Gebiet von ganz anderer Natur. Der größte Teil der Arabischen Halbinsel bestand aus Steppengebieten oder Wüsten mit Oasen, in denen es genug Wasser gab, um Nahrungsmittel anzubauen. Die Bewohner sprachen arabische Dialekte und unterschieden sich in ihrer Lebensweise voneinander. Ein Teil war Nomaden, auch Beduinen genannt, die Herden von Kamelen, Schafen oder Ziegen hielten. Daneben gab es sesshafte Bauern, die in den Oasen Getreide anbauten und Palmen pflanzten. Wichtig waren aber auch Händler oder Handwerker, die in kleinen Marktflecken lebten. Das Gleichgewicht zwischen den Nomaden und den sesshaften Gruppen war immer gefährdet. Die beweglichen, bewaffneten Kamelnomaden stellten zwar eine Minderheit in der Bevölkerung dar, doch sie erhoben sich ebenso wie die städtischen Kaufleute über die Ackerbauern und Handwerker. Sie standen nicht unter einer stabilen Herrschaft, sondern schlossen sich jeweils Führern aus Familien an, um die sich eine mehr oder weniger beständige Anhängerschaft scharte. Solche Gruppierungen werden üblicherweise als Stämme bezeichnet. Die Macht der Stammesführer ging oft von den Oasen aus, in denen sie enge Bindungen zu den Kaufleuten unterhielten, die den Handel im Stammesgebiet organisierten.

Diese Welt des Nahen Ostens sah sich im 6. und zu Beginn des 7. Jh. mit vielen Veränderungen konfrontiert. Byzanz und das Sassanidenreich führten lange Kriege gegeneinander, die mit einigen Unterbrechungen von 540 bis 629 dauerten. Dabei lagen die hauptsächlichen Kampfgebiete in Syrien und Irak. Für kurze Zeit drangen die Sassanidenheere bis zum Mittelmeer vor und besetzten neben den großen Städten Antiochia und Alexandrien auch das heilige Jerusalem. Aber Kaiser Heraklios drängte sie nach 620 wieder zurück. Die Sassanidenherrschaft erstreckte sich vorübergehend bis in das südwestliche Arabien hinein. Dort hatte das Jemenitische Reich unter anderem aufgrund äthiopischer Invasionen einen großen Teil seiner früheren Macht eingebüßt.

Die Macht und der Einfluss der Großreiche reichten bis zur Arabischen Halbinsel. Seit Jahrhunderten waren Nomaden vom nördlichen und zentralen Arabien in die ländlichen Teile einer Region gezogen, die man heute oft als den „fruchtbaren Halbmond" bezeichnet. Diese Bevölkerung im Inneren Syriens, einem Gebiet westlich des Euphrat im unteren Irak und in der Gegend zwischen Euphrat und Tigris im oberen Irak gelegen, bestand weitgehend aus Arabern. Durch diese Staaten und den Jemen, aber auch durch Kaufleute, die auf den Handelswegen durch die Länder kamen, verbreiteten sich Kenntnisse von der Außenwelt und ihrer Kultur bis nach Arabien. In den Oasen des Hedschas in Westarabien lebten jüdische Handwerker, Händler und Bauern, während es in Zentralasien christliche Mönche und Konvertiten gab.

DJAHILIJA ODER DAS „ZEITALTER DES UNWISSENS"

In der Zeit vor der Predigt Mohammeds beteten die Araber der Halbinsel, mit Ausnahme einiger jüdischer oder christlicher Stämme, in der Mehrzahl Götzen an. Diese Epoche nennt die muslimische Tradition das heidnische Altertum oder das „Zeitalter der Unwissenheit", auf Arabisch *Djahilija*. Die Anfänge des Islam eröffneten demgegenüber das „Zeitalter des Wissens".

Das heidnische Arabien wurde von Nomaden bewohnt, die von Raubzügen lebten und in Stämmen zusammengeschlossen waren, deren Namen sich von legendären Vorfahren herleiteten. Dies traf auch auf den Stamm der Koraisch von Mekka zu, der sich auf einen Gründervater namens Koraisch beruft.

Zu einem Stamm zu gehören hatte größere Bedeutung als die Bindung an religiöse Praktiken und brachte Rechte und Pflichten mit sich, die in erster Linie der Verteidigung der Sippe dienten. Vier heilige Tugenden regelten das Leben der Beduinen: Mut, Ehre, Großzügigkeit und Gastfreundschaft. Die Beduinen standen in einem gegenseitigen Abhängigkeitsverhältnis, und das fand im Zusammengehörigkeitsgefühl der Sippen seinen Ausdruck. Die Tugenden wurden in der Dichtung gerühmt und zu Heldengeschichten ausgemalt, was der berühmte Liedzyklus über Antar wohl am besten beweist.

Die Stammesbindungen waren so stark, dass der Islam sie nicht aufbrechen konnte. Dies hatte Konsequenzen für die Legitimationsansprüche, deren Grundlage die Zugehörigkeit zur Prophetenfamilie war. Die Abbasiden als direkte Nachkommen eines Onkels von Mohammed sahen sich als Vertreter seiner Sippe allein zur Herrschaft bestimmt: Sie nutzten dieses Argument, um das Kalifat für sich zu fordern und die Omaijaden zu stürzen.

Die Sprache der Dichtung

Unter den Hirtenstämmen verbreitete sich offenbar das Gefühl einer kulturellen Identität. Erkennbar wird dies am Entstehen einer gemeinsamen lyrischen Sprache, die sich aus den arabischen Dialekten bildete. Verwendet wurde sie von Dichtern verschiedener Stammesgruppen und in den Oasenstädten.

Die aus dieser Tradition hervorgegangenen Regeln der Dichtkunst sind kompliziert. Am höchsten geschätzt wurde die Form der Ode oder Kasside. Dies ist eine strophische Literaturform mit bis zu 100 Zeilen, die in kunstvollen Metren mit jeweils gleichem Endreim verschiedene poetische Themen nacheinander abhandelt.

Gedichte wurden nicht niedergeschrieben, obwohl das möglich gewesen wäre, denn die Schrift war auf der Arabischen Halbinsel bekannt. Die frühesten arabischen Inschriften in aramäischer Schrift hat man auf das 4. Jh. datiert. Später entwickelte sich auch eine eigene arabische Schrift. Dem Dichter oder dem *rawi* (Rezitator) blieb beim öffentlichen Vortrag Raum für Improvisationen. Mit bestimmten Worten oder Wortkombinationen wurden dabei die Ideen oder Gefühle des Dichters ausgedrückt. Deshalb existiert möglicherweise keine einzige authentische Fassung eines Gedichts.

Antar und Abla (*volkstümliches Gemälde, Damaskus, 20. Jh.) Antar, der Sohn einer schwarzen Sklavin, wird aufgrund seiner Tapferkeit vom Stamm seines Vaters bewundert, aber wegen seiner Hautfarbe nicht als Araber akzeptiert. Seine Verdienste um die Verteidigung der Stammesehre führen schließlich dazu, dass er anerkannt wird und Abla zur Frau gewinnen kann.*

Gelehrte und Kritiker einer späteren Zeit betrachteten bestimmte Gedichte aufgrund der Vielzahl der Überlieferungen als vollkommene Beispiele altarabischer Dichtkunst. Man fasste sie unter dem Begriff *Muallaqat* oder „aufgehängte Gedichte" zusammen, doch Ursprung und Bedeutung dieses Namens sind unbekannt. Die Dichter, die sie verfassten – Labib ibn Rabia, Zuhair, Imra al-Kais und ein halbes Dutzend anderer –, galten als große Meister ihrer Kunst.

Die Kritiker und Gelehrten unterschieden im Allgemeinen drei Elemente in der Kasside. Dies geschah, um die unglaubliche Vielfalt der Texte in eine feste Form zu bringen. Das Gedicht begann im Allgemeinen mit der Beschwörung eines Ortes, an dem der Dichter einmal verweilt hatte. Alternativ dazu drückten die Gedichte auch oft die Beschwörung einer vergangenen Liebe aus. Dabei ist die Stimmung jedoch nicht erotisch, sondern ruft vielmehr die Vergänglichkeit des menschlichen Lebens in Erinnerung.

Danach konnte eine Reise auf dem Kamelrücken folgen, wobei der Dichter über das Kamel, die Landschaft und die Jagd reflektiert. Die poetischen Motive der Kasside setzten sich aus Liebesklage oder Personen- und Landschaftsbeschreibungen zusammen. Dabei versuchte der Dichter zu vermitteln, dass er seine Stärke und sein Selbstvertrauen im Kampf mit den Kräften der Natur wieder gewonnen hatte. Die Kasside kann nach all diesen Ausführungn schließlich darin gipfeln, dass am Ende noch der Stamm des Dichters gepriesen wird.

Zwischen Lobpreis und Prahlerei ist oft auch ein nachdenklicher Ton zu hören: „Ich bin der Bürde des Lebens müde, täusche dich nicht. Wer achtzig Jahre gelebt hat, wird müde. Ich weiß, was heute geschieht und was gestern geschehen ist, aber ich kann nicht sagen, was das Morgen bringen wird. Ich habe die Schicksalsgöttinnen gesehen, die wie Kamele durch das Dunkel stapfen. Jene, die sie streifen, sterben. Und jene, die ihnen entgehen, leben weiter, um alt zu werden.“

Mohammed und das Auftreten des Islam

Zu Beginn des 7. Jh. wurde eine neue politische Ordnung geschaffen, welche die gesamte Arabische Halbinsel, das sassanidische Imperium und die syrischen und ägyptischen Provinzen des Byzantinischen Reiches erfasste. Alte Grenzen verschwanden und neue wur-

den gezogen. Die herrschende Gruppe innerhalb dieser Ordnung rekrutierte sich nicht aus den Völkern der großen Reiche, sondern aus Arabern. Sie kamen aus den westlichen Teilen Arabiens und zu einem großen Teil aus Mekka.

Vor dem Ende des 7. Jh. legitimierte diese herrschende arabische Gruppe ihre neue Ordnung durch eine Offenbarung, die Gott Mohammed, einem Bewohner Mekkas, in Form des Korans geschenkt hatte: Eine Offenbarung, die jene vervollständigte, welche frühere Propheten oder Sendboten Gottes erhalten hatten. Sie begründete mit dem Islam eine neue Religion, die sich von Judaismus und Christentum unterschied. Die arabischen Quellen, die vom Leben Mohammeds und der Bildung seiner Gemeinde berichten, stammen aus späterer Zeit. Der erste Biograf, dessen Werk wir kennen, verfasste es erst über 100 Jahre nach Mohammeds Tod. Quellen in anderen Sprachen bezeugen die Eroberung eines Reiches durch die Araber, aber was sie über Mohammeds Sendung berichten, unterscheidet sich von den Überlieferungen der muslimischen Tradition. Andererseits besteht kein Grund, daran zu zweifeln, dass der Koran im Wesentlichen ein Dokument aus Arabien im 7. Jh. ist. Außerdem enthalten die traditionellen Biografien und Geschichtswerke Elemente, die sehr wahrscheinlich nicht erfunden sind.

Der dunkelste Teil von Mohammeds Leben in den Darstellungen der Biografen sind seine Kindheit und Jugend. Sie berichten, dass er im oder um das Jahr 570 in Mekka geboren wurde. Seine Familie gehörte dem Stamm der Koraisch an, allerdings nicht deren Elite. Die Mitglieder dieses Stammes waren Händler, die einerseits Abkommen mit den Viehzüchterstämmen der Umgebung Mekkas hatten und darüber hinaus auch über Handelsbeziehungen bis nach Syrien und in den Südwesten Arabiens verfügten. Sie werden auch gern mit dem Heiligtum der Stadt, der Kaaba in Verbindung gebracht, wo die Bildnisse regionaler Götter noch bis in die heutige Zeit aufbewahrt und von den Muslimen verehrt werden. Mohammed heiratete Chadidja, eine reiche Kaufmannswitwe, und übernahm danach die Führung ihrer Geschäfte.

DER PROPHET UND DER ERZENGEL GABRIEL *(persisches Manuskript, 14. Jh.) Gabriel ist der Engel der Offenbarung. Sein Beistand gilt als notwendige Bedingung dafür, dass die Botschaft Gottes auch wirklich wörtlich auf den Propheten Mohammed „herabgekommen“ ist, der nun die Aufgabe hat, den Menschen die göttliche Botschaft zu verkünden.*

Die Botschaft des Korans

Diejenigen, die später Mohammeds Lebensgeschichte niederschrieben, haben eine Welt gezeichnet, die auf einen Führer wartet, und einen Mann, der eine Berufung sucht. Mohammed wurde zum einsamen Wanderer in den Felsen der Wüste. Eines Tages, als er etwas über 40 Jahre alt war, geschah etwas, was spätere Generationen die Nacht der „Macht“ oder des „Schicksals“ nannten. In einer Vision verkündete ein Engel, der in Gestalt eines Mannes am Horizont auftauchte, Mohammed, er sei zum Sendboten Gottes berufen. In einer anderen Erscheinung hörte er die Stimme des Engels, der ihm befahl, die Offenbarung vorzutragen.

Von da an verkündete Mohammed seinen Anhängern eine Reihe von Botschaften. Das Ende der Welt werde kommen und Gott, der Allmächtige, der die Menschen geschaffen

Das Prophetengrab in Medina *(19. Jh.)*
Das Grab des Propheten befand sich ursprünglich in Medina, im Haus der Aischa. Dieser Ort, an dem auch die sterblichen Überreste der beiden ersten Kalifen bestattet worden sind, wurde später der Großen Moschee eingegliedert. Das Grab wird durch ein vergoldetes Silbergitter geschützt, das in einer marmornen Umrahmung eingefasst ist.

hatte, werde sie alle richten. Dabei wurden die Wonne des Himmels und die Qualen der Hölle lebhaft dargestellt. Wenn die Menschen sich im irdischen Leben dem Willen Gottes fügten, konnten sie seiner Barmherzigkeit am Tag ihres Gerichts sicher sein. Nach Gottes Willen sollten sie ihre Dankbarkeit durch regelmäßiges Gebet, Mildtätigkeit und Selbstbeherrschung auf sexuellem Gebiet bezeugen. Gott wurde von da an „Allah" genannt. Ein Name, den bereits einer der örtlichen Götter trug (auch arabisch sprechende Juden und Christen rufen Gott heute noch so an). Die Gläubigen, die sich dem Willen Gottes unterwarfen, nannte man später Muslime (die Unterworfenen); der Name ihrer Religion, des Islam, entspringt demnach derselben Wurzel.

Als Mohammeds Rückhalt in der Bevölkerung stärker wurde, verschlechterten sich seine Beziehungen zu den führenden Sippen der Koraisch. Sie erkannten seinen Anspruch, ein Gesandter Gottes zu sein, nicht an und sahen in ihm jemanden, der ihre Lebensweise angriff. Mohammeds Lage verschlimmerte sich, als im selben Jahr seine Frau Chadidja und sein Onkel und Beschützer Abu Talib starben.

Mit der Ausformulierung seiner Lehre wurden die Unterschiede zu den traditionellen Glaubensvorstellungen deutlicher. Götterbilder und mit ihnen verbundene Riten wurden von Mohammed scharf kritisiert. Neue Formen des Gottesdienstes sowie das regelmäßige gemeinsame Gebet waren ebenso vorgeschrieben. Mohammed stellte sich mit Nachdruck in die Reihe der Propheten jüdischer und christlicher Tradition.

Die Übersiedlung nach Medina

Schließlich wurde Mohammeds Lage so schwierig, dass er 622 Mekka verließ und sich in einer 350 Kilometer nördlich gelegenen Oasensiedlung niederließ. Sie hieß Jathrib und wurde später unter dem Namen Medina (die Stadt) bekannt. Die Übersiedlung nach Medina, die spätere Generationen als den Beginn der muslimischen Epoche betrachteten, wird als Hidschra (Loslösung) bezeichnet. Das Wort beschreibt nicht nur die Flucht Mohammeds aus Mekka, sondern auch die Tatsache, dass man sich an einem anderen Ort niederlässt, um Schutz zu suchen. In späteren islamischen Jahrhunderten beschrieb man mit diesem Wort das Verlassen einer heidnischen oder sündigen Gemeinde zugunsten einer anderen, die nach den Regeln des Islam lebte. In Medina begann Mohammeds Macht zu wachsen und breitete sich innerhalb kurzer Zeit auf die ganze Oase und die umliegende Wüste aus. Er wurde bald in einen bewaffneten Kampf mit den Koraisch verwickelt, in dem es möglicherweise um die Kontrolle der Handelswege ging. Im Verlauf der Auseinandersetzung bildete sich das Wesen der Gemeinschaft heraus. Die Muslime glaubten, es sei notwendig, für das zu kämpfen, was richtig war. Sie kamen zu der Überzeugung, dass Gott und die Engel auf ihrer Seite kämpften, und nahmen Niederlagen als Prüfungen hin, die Gott den Gläubigen auferlegte.

In dieser Periode der Machtausdehnung und des Kampfes nahm die Lehre des Propheten ihre endgültige Gestalt an. Die Teile des Korans, die Mohammed, wie er glaubte, als göttliche Offenbarung empfing, befassen sich mit den Formen ritueller Verehrung, der gesellschaftlichen Moral, den Regeln des sozialen Friedens, aber auch mit Dingen wie Besitz, Ehe und Erbrecht. Zu manchen Punkten werden ausdrückliche Gebote erlassen, zu anderen allgemeine Prinzipien. Gleichzeitig wird die Lehre nun universaler, denn sie richtet sich an das gesamte heidnische Arabien, implizit sogar an die ganze Welt, und setzt sich damit deutlicher von der jüdischen und der christlichen Lehre ab.

Möglicherweise war der Bruch mit den Juden der Grund dafür, dass die Gemeinde beim Gebet die Richtung *(qibla)* änderte und nicht mehr nach Jerusalem, sondern nach Mekka blickte. Man legte größeren Wert auf die spirituelle Abstammung, die Mohammed mit Abraham verband. Die Vorstellung, dass Abraham Begründer eines mono-

DIE NÄCHTLICHE REISE MOHAMMEDS

Verschiedene Ereignisse im Leben Mohammeds haben zu zahlreichen Legenden geführt. Die wunderbarste unter ihnen erzählt von seiner Nacht- und Himmelsreise, *Miradj* genannt.

Mitten in der Nacht wird Mohammed vom Erzengel Gabriel geweckt und auf eine geheimnisvolle geflügelte Stute gesetzt, die den Kopf einer Frau hat und Burak (Blitz) heißt. Beide ziehen in Richtung Jerusalem, vorbei am Berg Sinai, an Bethlehem und Al-Chalil (Hebron) und erreichen die Ruinen des Tempels von Salomon, wo Mohammed zusammen mit Moses, Jesus und Abraham betet. Daraufhin entfliegt er in die sieben Himmel und trifft dort auf Adam und die Propheten. Am göttlichen Thron angekommen, wirft er sich vor Gott nieder und empfängt die Weisungen über die fünf täglichen Pflichtgebete. Wieder in Jerusalem angekommen, kehrt er in derselben Nacht auf dem Rücken von Burak nach Mekka zurück.

Im Koran findet sich nur eine kurze Anspielung auf diese Reise: „Lob und Preis sei ihm, der seinen Diener zur Nachtreise vom heiligen Tempel zum fernen Tempel geführt hat." Dabei symbolisiert der heilige Tempel Mekka, während der ferne Tempel, auf Arabisch al-Aksa genannt, für den von Jerusalem steht. Die Zurückhaltung des Korans steht hier im Kontrast zu den Auschweifungen theologischer oder mystischer Kommentare. Mit phantastischen Bildern ausgeschmückte Geschichten bereichern die gelehrte Bücherweisheit durch eine Ikonographie, welche den Propheten mit verschleiertem Gesicht darstellt. Für die Sufis symbolisiert diese Himmelfahrt den Aufstieg der Seele zur mystischen Erkenntnis, die alle irdischen Dinge hinter sich gelassen hat. Zur Erinnerung lässt Kalif Abd al-Malik im Jahr 696 in Jerusalem über dem Felsen, auf den Mohammed seinen Fuß gesetzt haben soll, eine Kuppel errichten.

theistischen Glaubens und des Heiligtums in Mekka war, existierte bereits. Man betrachtete ihn weder als Juden noch als Christen, sondern als gemeinsamen Vorfahren beider Religionen und als Vorfahren der Muslime. Auch die Beziehungen Mohammeds zu den Koraisch und zu Mekka veränderten sich. Es kam zu einem Interessenausgleich. Die Händler von Mekka liefen Gefahr, ihre Bündnispartner, die Führer der Beduinenstämme, und damit die Kontrolle über den Handel zu verlieren. Auch wuchs in der Stadt die Zahl der Anhänger des Islam. Mohammeds Gemeinde ihrerseits konnte sich nicht sicher fühlen, solange Mekka ihr feindlich gesonnen war.

Das Erbe des Korans

629 durfte die Gemeinde nach Mekka pilgern. Ein Jahr später übergaben die Führer von Mekka die Stadt an Mohammed, der sie schnell einnahm und eine neue Ordnung verkündete: „Jeder Anspruch aus Privilegien, Blut oder Besitz wird von mir aufgehoben; ausgenommen sind die Obhut des Tempels und die Wasserverteilung an die Pilger."

Medina blieb jedoch seine Hauptstadt. Dort übte er die Macht auf seine Anhänger durch politische Manöver und persönlichen Einfluss aus. Einige Ehen, die er nach Chadidjas Tod schloss, waren politisch motiviert. In Medina existierte kein durchdachter Verwaltungs- und Militärapparat, sondern schlicht Mohammed als oberster Herrscher mit einer Reihe von Stellvertretern. Für jeden Gläubigen Medinas galt aber eine militärische Dienstpflicht und es gab eine Schatzkammer, die durch freiwillige Spenden und Tributzahlungen von Stämmen, die sich Mohammed unterordneten, gefüllt wurde. Mohammeds Einflussbereich erstreckte sich über einen weiten Landstrich. Stammesführer waren gezwungen, Verträge mit ihm zu schließen, da er die Oasen und Märkte kontrollierte. 632 besuchte Mohammed Mekka zum letzten Mal. Seine Rede dort wurde in den traditionellen Schriften festgehalten: „Wisst, dass jeder Muslim der Bruder eines Muslims ist und dass die Muslime Brüder sind." Kämpfe zwischen ihnen sollten vermieden werden, und das Blut, das in heidnischer Zeit vergossen worden war, sollte nicht gerächt werden. Muslime sollten alle Menschen bekämpfen, bis sie sagten: „Es gibt keinen Gott außer Gott."

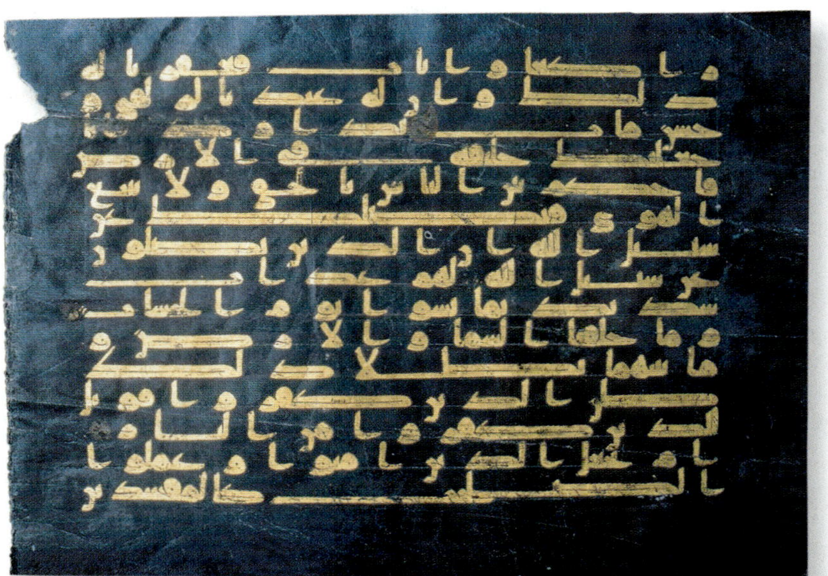

Der Blaue Koran *(10. Jh.) Diese Pergamentseite stammt aus Kairuan, aus der Zeit der Fatimiden. Der kufische Schreibstil zeichnet sich durch lang gezogene goldene Buchstaben aus. Das Blau war vielleicht Vorbild für jenes in den Manuskripten byzantinischer Herrscher.*

Mohammed starb im selben Jahr. Er hinterließ mehr als nur ein Erbe. Es war seine Persönlichkeit, an die sich seine engsten Gefährten erinnerten. Ihr Zeugnis, das hauptsächlich mündlich überliefert wurde, nahm erst viel später seine endgültige Form an. Doch es erscheint plausibel, dass die Menschen, die Mohammed gekannt hatten und ihm gefolgt waren, schon sehr früh versuchten, ihr Verhalten an seinem auszurichten. In den Augen seiner Anhänger erscheint er als Mann, der schon früh im Leben die Wahrheit suchte. Später verwirrte ihn aber das Gefühl, dass eine Macht von oben über ihn kam, die ihn dazu drängte, die Offenbarung zu verkünden. Er gewann Vertrauen in seine Mission und ein Gefühl von Autorität bestärkte ihn, als sich Anhänger um ihn scharten. Er bemühte sich als Schiedsrichter, Streitfälle nach Rechtsprinzipien zu schlichten, die seiner Meinung nach göttlichen Ursprungs waren – er war also ein Mann, der die Formen menschlichen Handelns nicht verurteilte, sondern versuchte, sie nach dem Willen Gottes zu regulieren.

Wenn das Bild Mohammeds allmählich ausgeschmückt und über die Generationen weitergegeben wurde, so gilt das auch für das Bild der von ihm gegründeten Gemeinde. Bedeutend waren ihre fundamentalen Rituale: Muslime begaben sich zur gleichen Zeit auf Pilgerreise, fasteten im selben Monat und kamen regelmäßig zum Gebet zusammen.

Vor allem war da noch das Erbe des Korans. Er schildert in einer Sprache von großer Ausdruckskraft das Eingreifen eines transzendenten Gottes, der Quelle aller Macht und alles Guten, in die von ihm geschaffene menschliche Welt. Er beschreibt die Offenbarung des göttlichen Willens durch eine Folge von Propheten, die gesandt sind, um die Menschen zu ermahnen und sie an ihr wahres Selbst als dankbare und gehorsame Geschöpfe zu erinnern. Er warnt sie vor Gottes Gericht über die Menschen am Ende der Zeiten und berichtet von den Belohnungen und Strafen, die sich daraus ergeben.

Doch die Frage ist, wann und wo der Koran seine endgültige Form erhielt. Mohammed verkündete seinen Anhängern die Offenbarung zu verschiedenen Zeiten und sie bewahrten sie im Gedächtnis oder hielten sie schriftlich fest. Die meisten Gelehrten stimmen darin überein, dass der Vorgang des Sammelns der verschiedenen Versionen und das Vorlegen eines allgemein anerkannten Textes in seiner endgültigen Fassung erst nach Mohammeds Tod abgeschlossen wurde. Nach traditioneller Darstellung geschah dies zur Zeit seines dritten Nachfolgers – Othman (644–656) –, aber es sind auch spätere Daten genannt worden. Und einige muslimische Sekten beschuldigen andere, Material in den Text eingefügt zu haben, das nicht vom Propheten überliefert wurde.

Reise nach Jerusalem *(Iran, um 1540) Von himmlischen Wesen begleitet, führt der Erzengel Gabriel Mohammed von Mekka nach Jerusalem.*

Eine wichtige Frage ist die nach der Orientierung des Korans. Zweifellos finden sich im Koran Einflüsse anderer Glaubenslehren: jüdische Ideen in seiner Doktrin, Anklänge an die monastische Frömmigkeit des Ostchristentums in den anschaulichen Beschreibungen der Schrecken des Jüngsten Gerichts. Man übernahm auch Varianten von biblischen Geschichten, außerdem findet sich ein Widerhall der manichäischen Vorstellung von einer Folge von Offenbarungen, die verschiedenen Völkern zuteil wurden. Der Koran weist zudem Spuren einer heimischen Tradition auf. So sind die Moralvorstellungen, die sich in ihm ausdrücken, eine Art Weiterführung der damals in Arabien vorherrschenden Auffassungen.

Die Kunst der Kalligrafie

SCHAFT EINER GRABSÄULE AUS MARMOR
Inschriften findet man auf unterschiedlichsten Gegenständen – in Stein, Holz oder Elfenbein gehauen, als Stuckverzierung, mit Gold oder Silber in Kupfer graviert oder auf Stoffen, Keramikflächen oder emailliertem Glas. Sie zeugen von der überragenden Bedeutung der Kalligrafie.

Die arabisch-islamische Welt hat die Kunst der Kalligrafie auf ein Niveau gehoben, das außerhalb Chinas nur selten erreicht wurde. Die Schönschrift wurde zu einem privilegierten Lehrfach in der Erziehung von Fürsten. Denn allein durch die Schrift war es möglich, das Wort, das Gott dem Propheten in arabischer Sprache offenbarte und das dann im Koran festgehalten wurde, zu bewahren. Die Entwicklung der Schrift in den islamischen Ländern geht auf das arabische Alphabet zurück. Man glaubt, dass sie sich aus der Meditation über die Form der beiden senkrechten Hauptstriche, aus denen sich der Name Allahs zusammensetzt, entwickelt hat.

Die ältesten Texte sind in einer eckigen Schrift verfasst, in der die äußerst klar konturierten Buchstaben ebenmäßig aneinander gesetzt und miteinander verbunden sind. Diese Schrift ist unter dem Namen Kufi bekannt, weil sie erstmals in der Militärstadt Kufi im Irak aufgetaucht sein soll. Sie eignete sich für Inschriften auf Stein, aber auch für kalligrafierte Koranhandschriften.

Seit dem 9. Jh. werden die einzelnen Zeichen breiter und gewinnen zunehmend an dekorativem Wert (verziertes Kufi): So werden z. B. die oberen Buchstabenenden mit Blumenornamenten versehen (blumiges Kufi) oder die langen senkrechten Striche mit Pflanzenmotiven verziert (blühendes Kufi), oder sie tragen an ihren oberen Enden sogar Gesichter (belebtes Kufi). Sonst sind die Buchstaben geometrisch gestaltet und rechtwinklig miteinander verbunden (geometrisches Kufi).

Ab dem 11. Jh. wurde das Kufi zugunsten einer Schrift aufgegeben, die stärker gerundet ist, was sicherlich mit dem allmählichen Aufkommen von Papier zu tun hatte: Es ist die rundere Kursivschrift oder das Naskhi. Die Buchstaben sind nun nicht mehr streng über einer Grundlinie aufgereiht, sondern wirken manchmal wie durcheinander geraten, während die blumigen und geometrischen Elemente nurmehr für die der Kalligrafie vorbehaltenen Flächen verwendet werden. In der Architektur dagegen bleibt das Kufi der Verzierkunst erhalten und hier werden auch beide Schrifttypen miteinander verbunden. Eine andere Schrift, die sehr gewunden ist, erhielt den Namen Taliq, aus der sich das Nastaliq, ein im Iran sehr verbreiteter Schreibstil, entwickelt hat. Im muslimischen Westen entstand die so genannte andalusisch-maghrebinische Schrift.

Das Schreibwerkzeug
Diese klassisch mameluckische Schreibgarnitur, die mit silberner Kursivschrift verziert ist, hat zwei Fächer: Eines ist für die Schreibfedern (calames), das andere für die Tinte sowie für Materialien, die notwendig sind, um Tinte herzustellen oder zu trocknen.

Beschriftetes Medaillon
Von einer Blumengirlande umgeben, trägt dieses Medaillon, das sich am Giebel der al-Aqmar-Moschee in Kairo befindet, in seiner Mitte in kufischer Schrift die Namen des Propheten und seines Schwiegersohns Ali.

In der Alhambra von Granada
Herrliche, mit Inschriften verzierte Friese, die über eine Wand von Arabesken verlaufen, gehören zu dem Stuckdekor aus fein gearbeiteten Täfelchen, der typisch für den Stil des muslimischen Westens in der merinidischen und nasridischen Epoche ist.

DIE SECHS FEDERN

Die Kunst der Kalligrafie, die bis in unsere Tage große Wertschätzung genießt, wurde während vieler Epochen von berühmten Kopisten praktiziert, die je nach Schreibstil unterschiedlichen Schulen zugerechnet wurden. Die Kursivschrift trat in zahlreichen Varianten in Erscheinung, von denen jede präzisen und strengen Regeln unterlag. Man kennt sechs klassische Stile – die „sechs Federn" –, deren Kodifizierung auf Yaqut al-Mustasimi zurückgeht, der als der größte Kalligraf des 13. Jh. gilt: Sie heißen Thuluth, Naskhi, Muhaqqaq, Raihani, Riqa und Tauqi. Letztere wurde vorwiegend in Kanzleien verwendet und daher auch Diwani genannt. Es war aber vor allem der Thuluth (Abbildung oben), der sich durch seine eleganten Proportionen als sehr gefällig erwies und deshalb auch weite Verbreitung fand.

Seite eines merinidischen Korans
Ein besonderer Liebreiz geht von diesen schön gerundeten Buchstaben aus, ein Beispiel für die andalusisch-maghrebinische Schrift, die oft noch mit Gold oder Farben verschönert wurde.

Apothekergefäss
Auf diesem syrischen Albarello ist die ganze Oberfläche kunstvoll mit einer Kursivschrift überzogen – in Blau auf weißem Hintergrund. Die Buchstaben, die wie ein Streumuster stilisierter Blumen ineinander verschlungen sind, rühmen die Heilkräfte des Inhalts.

KAPITEL 2

Ein Reich wird geschaffen

Mohammeds Nachfolger: die Eroberung eines Reiches

Mohammeds Tod löste bei seinen Getreuen im ersten Augenblick Verwirrung aus. Abu Bakr, einer ihrer Führer, verkündete der Gemeinde: „O ihr Männer, wenn ihr Mohammed anbetet, ist Mohammed tot. Wenn ihr Gott anbetet, lebt Gott." Aber auf Erden gab es eine Aufgabe, die zu erfüllen war. Es musste ein Schiedsrichter bei Streitfällen und ein Entscheidungsträger innerhalb der Gemeinde gefunden werden. Mohammeds Anhänger bestanden aus drei Gruppen: Den frühen Gefährten, die ihn bei der Hidschra begleitet hatten, den einflussreichen Männern von Medina, die dort den Pakt mit ihm geschlossen hatten, sowie den führenden Familien von Mekka. Nach einem Treffen der engsten Gefolgsleute und Führer wurde ein Mann der ersten Gruppe zum Nachfolger (*chalifa* – daher das Wort „Kalif") des Propheten gewählt: Abu Bakr war ein Gefährte der ersten Stunde und außerdem war seine Tochter Aischa eine Frau des Propheten.

KÖNIGLICHE BÜSTE EINES SASSANIDEN (11. Jh.) *Diese Bronzebüste verdeutlicht das Symbol sassanidischer Könige: die geflügelte Krone, die sich mit jedem Herrscher veränderte.*

Abu Bakr und seine Nachfolger sahen sich bald dazu aufgerufen, die Führung in einem größeren Ausmaß als Mohammed zu übernehmen. In Mohammeds Lehre und Handeln lag implizit ein Universalismus: Der Prophet beanspruchte universale Autorität und der von ihm eingerichtete Machtbereich hatte keine natürlichen Grenzen. In seinen letzten Jahren waren militärische Expeditionen in die Grenzgebiete des Byzantinischen Reiches unternommen worden und angeblich hatte Mohammed die Herrscher der großen Reiche durch Emissäre aufgefordert, seine Botschaft anzunehmen. Nach seinem Tod drohten diese Bündnisse zu zerbrechen. Einige wiesen nun seine Ansprüche auf das Prophetentum und die politische Kontrolle durch Medina zurück. Um dieser Herausforderung zu begegnen, griff die Gemeinde unter Abu Bakr zu militärischen Mitteln. Zunächst wurde ein Heer aufgestellt, welches in den Grenzregionen der großen Reiche viele siegreiche Schlachten focht. Am Ende der Herrschaft des zweiten Kalifen, Omar ibn al-Chattab (634–644), waren ganz Arabien, Teile des Sassanidenreichs und die syrischen und ägyptischen Provinzen des Byzantinischen Reiches erobert.

Für die meisten Bewohner dieser Länder machte es keinen Unterschied, ob sie von Iranern, Griechen oder Arabern regiert wurden. Die Herrschaft wirkte sich zum größten Teil nur auf das Leben in den Städten aus. Abgesehen von Beamten und von Angehörigen sozialer Schichten, deren Interessen der Beamtenschaft nahe standen, und den Eliten einiger religiöser Gruppen interessierte es auch die Stadtbewohner nicht, wer über sie herrschte, solange sie friedlich lebten und die Steuern ein vernünftiges Maß nicht überschritten. Die Menschen auf dem Land und in der Steppe unterstanden dagegen ihren eigenen Anführern und hatten ihre eigenen Sitten.

Erste Spannungen in der Gemeinde

Mit der Erweiterung des Herrschaftsbereichs musste sich auch die Regierungsform ändern. Die Eroberer übten ihre Macht von befestigten Feldlagern aus, in denen die arabischen Krieger stationiert waren. In Syrien befanden sich diese Lager in bereits bestehenden Städten, aber es wurden auch neue Siedlungen gegründet: Basra und Jufa in Irak, Fustat in Ägypten (daraus entwickelte sich später Kairo) und andere nahe der nördlichen Grenze in Khorasan. Als Machtzentren waren diese Feldlager Anziehungspunkte für Einwanderer aus Arabien und den eroberten Ländern. Sie wuchsen zu Städten mit einem Statthalterpalast und einer Moschee, die als öffentlicher Versammlungsplatz den Mittelpunkt der Gemeinden darstellte.

In Medina und den mit ihr verbundenen Heerlager-Städten ging die Macht auf eine neue Elite über. Einige ihrer Angehörigen waren Gefährten des Propheten, aber ein bedeutender Teil entstammte Familien aus Mekka und Ta'if. Als die Eroberungen andauerten, vergrößerte sich diese Gruppe durch Mitglieder führender Nomadensippen. Der Kalif Omar schuf ein Entlohnungssystem für alle, die im Namen des Islam gekämpft hatten. Es war nach militärischem Rang und dem Zeitpunkt des Übertritts zum Islam abgestuft und verstärkte den Zusammenhalt der herrschenden Elite. Zwischen den Mitgliedern dieser Elite und den ärmeren Volksgruppen gab es schon seit früher Zeit Anzeichen von sozialen Spannungen.

MOHAMMED UND DIE VIER ERSTEN KALIFEN *(16. Jh.) In seiner Ahnenreihe (darunter der Großvater väterlicherseits, Abd al-Muttalib) erscheint Mohammed in einem Feuerkreis, umgeben von frommen Kalifen. Diese osmanische Darstellung symbolisiert den Zusammenhalt des sunnitischen Islam, für den Abu Bakr, Omar, Othman und Ali als die unmittelbaren Nachfolger des Propheten galten.*

Unter der Herrschaft von Othman ibn Affan (644–656), dem dritten Kalifen, wurde der Konflikt offensichtlich. Othman wurde von einer kleinen Gruppe von Koraisch gewählt, nachdem Kalif Omar aus persönlicher Rache ermordet worden war. Er schien Hoffnungen auf die Versöhnung der rivalisierenden Fraktionen zu bieten, denn er gehörte einerseits zum Kern der Koraisch, hatte sich andererseits schon früh zum Islam bekannt. Othman betrieb jedoch Familienpolitik und ernannte Mitglieder seiner Sippe zu Provinzstatthaltern, was sowohl den Widerstand der Söhne des Propheten in Medina als auch den von Aischa, der Witwe des Propheten, zur Folge hatte. Unruhen in Medina, bei denen die Widerstandsgruppen durch Soldaten aus Ägypten unterstützt wurden, führten 656 zu Othmans Ermordung.

Damit begann die erste Periode des Bürgerkriegs. Der nächste Anwärter auf das Kalifat, der Koraisch Ali ibn Abi Talib (656–661), war ein Frühbekehrter, ein Vetter Mohammeds und mit dessen Tochter Fatima verheiratet. Er sah sich einer erbitterten Opposition gegenüber. Othmans Sippe stellte sich gegen ihn, da sie die Gültigkeit seiner Wahl anzweifelte. Daraufhin erklärte sich Ali in Kufa selbst zum Kalifen und sah sich sofort mit einer neuen Herausforderung aus Syrien konfrontiert. Der dortige Statthalter, Moawija I., war ein enger Verwandter Othmans. Die Streitmächte trafen bei Siffin aufeinander und einigten sich auf einen Kompromiss, zu dem einige Anhänger Alis jedoch nicht bereit waren.

Das Kalifat von Damaskus (661–750)

Die Machtübernahme durch Moawija I. (661–680) ist immer als das Ende einer Phase und als Beginn einer neuen betrachtet worden. Für die Mehrheit der Muslime gelten die vier ersten Kalifen, von Abu Bakr bis Ali, als die *raschidun*, die „Rechtgeleiteten". Spätere Kalifen werden differenzierter betrachtet. Es regierte von diesem Zeitpunkt an eine Sippe, die nach ihrem Vorfahren, Omaija, als Omaijaden bezeichnet werden. Nach Moawijas Tod folgte ihm sein Sohn auf den Thron und auch dessen Sohn herrschte für kurze Zeit. Daran schloss sich eine zweite Periode des Bürgerkriegs an und das Kalifat ging auf einen anderen Zweig der Sippe über.

Dieser Herrscherwechsel bedeutete auch, dass Damaskus zur Hauptstadt des Reiches wurde. Damaskus lag in einem Landstrich, der fruchtbar genug war, um die Mehrerträge zu produzieren, die zum Unterhalt eines Hofes, einer Regierung und einer Armee erforderlich waren. Von dort ließen sich auch die Küstenebenen des östlichen Mittelmeers und deren Hinterland leichter kontrollieren. Dies erwies sich als umso bedeutsamer, als muslimische Streitkräfte in Richtung des Maghreb vordrangen. Sie errichteten ihre erste wichtige Garnison Kairuan in der ehemaligen römischen Provinz Afrika, dem heutigen Tunesien. Von dort erreichten sie am Ende des 7. Jh. die marokkanische Atlantikküste und setzten bald darauf nach Spanien über. In der entgegengesetzten Richtung wurde das Gebiet östlich von Khorasan bis zum Oxus erobert und es kam zu den ersten muslimischen Vorstößen in das nordwestliche Indien.

Die Omaijaden verwalteten ein großes Reich und mussten daher bei der Sicherung ihrer Macht Kompromisse eingehen. Die ehemaligen arabischen Stammesführer entwickelten einen Lebensstil, der an die Gepflogenheiten der Herrscher des Nahen Ostens erinnerte. Sie empfingen Gäste und Untertanen mit dem Zeremoniell byzantinischer Kaiser oder iranischer Könige. Die ursprünglichen arabischen Heere wurden durch bezahlte stehende Armeen ersetzt. Daher bildete sich aus Heerführern und Stammesoberhäuptern eine neue herrschende Elite heraus.

Die Waffengewalt lag zwar in neuen Händen, aber die Finanzverwaltung blieb unverändert. Ihre Sekretäre rekrutierten sich aus Gruppen, die früheren Herrschern ge-

EIN HEILIGER ORT: DIE MOSCHEE

Das Wort Moschee bezeichnet jenen Ort, an dem man zum Gebet niederkniet *(masjid)*. Gemäß der Tradition liegen die Anfänge dieser Bezeichnung in Medina, im Haus des Propheten: ein Hof, auf dem sich an der einen Seite überdachte Räume befinden.

In Richtung Mekka *(qibla)* gewandt, versammeln sich die Gläubigen zum Gebet, die Augen der Gebetsnische *(mihrab)* zugewandt. Trotz gewisser Gemeinsamkeiten, die mit den rituellen Funktionen zusammenhängen, sehen Moscheen nicht immer und überall gleich aus. Die so genannte arabische Moschee übernimmt, wenn auch in anderer Ausrichtung, den Bauplan romanisch-byzantinischer Basiliken. Deren Gebetsraum, der eher länglich und niedrig ist, ist durch parallele Säulenreihen unterteilt, mit oder ohne Kuppel auf der Achse zwischen Eingang und *mihrab*. Diesem Innenraum ist ein Säulenhof vorgelagert, in dessen Mitte sich ein Brunnen befindet. Nur das senkrecht aufragende Minarett, das zum Gebet ruft, bricht die horizontalen Linien des Komplexes. Ursprünglich war der Grundriss quadratisch. Dieses Modell – das sich in der muslimischen Welt verbreitet hat – wurde im Westen übernommen, der Osten aber zog eine vieleckige oder runde Form vor.

Im 11. Jh. unterlegte Persien den Moscheen den kreuzförmigen Bauplan alter iranischer Paläste, wobei um einen Innenhof vier Langräume *(iwane)* errichtet werden, die mit einem hohen Gewölbe versehen und nach drei Seiten hin abgeschlossen sind. Von Minaretten flankiert, führt der Hauptiwan durch einen mit einer mächtigen Kuppel überdachten Zwischenteil in den Gebetsraum. In der Türkei wurde die Moschee, die zunächst nur aus einem kubischen Gebäude mit einer einzigen Kuppel bestand, im Lauf der Zeit durch die Vervielfältigung von Kuppeln und Halbkuppeln immer größer.

GROSSE MOSCHEE VON KAIRUAN *(9. Jh.)*
Sie besteht aus einem ausgedehnten monumentalen Komplex und wurde im so genannten arabischen Stil an der Stelle des ersten religiösen Bauwerks erbaut, das in die Zeit muslimischer Eroberung zurückreicht. Das Minarett, dessen quadratischer Grundriss später im Westen übernommen wurde, besteht aus drei übereinander gesetzten Türmen, deren oberster mit einer Faltkuppel versehen ist.

dient hatten. Im Westen des Reiches waren es Griechen und im Osten Perser, die Pahlewi sprachen. Nach 690 wurde Arabisch zur Amtssprache erhoben, aber dieser Umstand zog keine große Veränderung in Beamtenapparat und Verwaltungspraxis nach sich.

Die neuen Herren etablierten sich auch in den ländlichen Gebieten Syriens. Sie übernahmen Domänen und Gegenden des Landesinneren, die sich zur nordarabischen Steppe hin öffneten, und sie nutzten die Bewässerungsanlagen, die Paläste und Häuser, die sie vorfanden, und errichteten sie als Zentren der ökonomischen Kontrolle. Dabei folgte man in deren Ausgestaltung dem Baustil der gerade erst vertriebenen herrschenden Schicht. Besondere Merkmale hierfür waren Audienzsäle, Bäder, Mosaikfußböden sowie reich geschmückte Türen und Decken.

Die Festigung des Islam

Die neue Ordnung bewies ihre Beständigkeit und Individualität zum ersten Mal in den 90er-Jahren des 7. Jh. während der Regierungszeit des Kalifen Abd al-Malik (685–705). Mit der Einführung des Arabischen als Amtssprache kam ein neuer Münztypus in Umlauf. Er verkündete auf Arabisch die Einzigartigkeit Gottes und die Wahrheit der Religion, die sein Gesandter dem Propheten übermittelt hatte.

Die ersten Bauwerke für das Gemeinschaftsgebet (*masjid*, daher das über das spanische *mesqita* abgeleitete deutsche Wort „Moschee") dienten der Zusammenkunft der ganzen Gemeinde und zur Erledigung öffentlicher Angelegenheiten. Omar hatte Jerusalem nach der Einnahme besucht, und Moawija I. war dort zum Kalifen ausgerufen worden. Nach

690 wurde in Jerusalem der Felsendom gebaut. Er stand als Symbol für die Eigenständigkeit und die Dauerhaftigkeit des Islam. Errichtet wurde der Felsendom auf dem Platz des jüdischen Tempels von Jerusalem, der in einen muslimischen *haram,* einen heiligen, nur Muslimen zugänglichen Bezirk, umgewandelt worden war, auf dem die Pilger den Felsen umschreiten konnten. Dieser Fels ist nach jüdischer Überlieferung der Ort, an dem Gott von Abraham forderte, seinen Sohn Isaak zu opfern. Man interpretierte die Errichtung des Doms an dieser Stelle als einen symbolischen Akt, durch den der Islam in die Nachfolge Abrahams gerückt wurde und der ihn von Christentum und Judaismus trennte. Die Inschrift im Inneren des Doms ist die früheste bekannte Darstellung von Korantexten, sie preist die Größe Gottes, „des Mächtigen der Weisen". Sie bekräftigt, dass „Gott und seine Engel den Propheten segnen", und fordert Christen auf, Jesus als einen Apostel Gottes, als dessen Wort und Geist, nicht aber als seinen Sohn anzusehen.

Danach begann der Bau einiger Moscheen, die in ihrer Größe den Erfordernissen des rituellen Gebets gerecht wurden. Allen liegt derselbe Plan zu Grunde: Ein offener Innenhof führt zu einem überdachten Raum, welcher so angelegt ist, dass die langen Reihen der Gläubigen unter Anleitung eines Vorbeters *(imam)* ihr Gebet in Richtung Mekka verrichten können. Eine Nische *(mihrab)* kennzeichnet die Mauer, auf die sie blicken. Nebenan befindet sich eine Kanzel *(minbar),* von der freitags beim Mittagsgebet eine kurze Predigt gehalten wird. Dem Gebäude angefügt ist das Minarett, von dem der Muezzin *(mu'adhdhin)* zu den festgesetzten Zeiten die Gläubigen zum Gebet ruft.

Solche Gebäude waren Symbole des Wachstums einer neuen und eigenständigen Gemeinde. Die Religion, zunächst einer herrschenden Gruppe vorbehalten, breitete sich schnell aus. Die Tatsache, dass eine muslimische Kirche und ein kompliziertes Ritual der Bekehrung fehlten, gestalteten den Übertritt für Andersgläubige zum Islam zusätzlich recht einfach. Dieser Akt steht für etwas Besonderes – die Bereitschaft anzuerkennen, dass den Menschen das Heil Gottes in der arabischen Sprache geschenkt worden war. Dies war wohl auch eine Ursache für die Einführung des Arabischen als Alltagssprache. Die Verbreitung der arabischen Sprache war daher eng mit dem Wachstum des Islam verbunden. Dieser Vorgang war jedoch noch immer relativ neu, denn außerhalb Arabiens herrschten die Omaijaden über Länder, in denen der größte Teil der Bevölkerung nicht muslimisch war und nicht Arabisch sprach.

TRAGBARER *MIHRAB* *(11. Jh.)*
Um das Gebet außerhalb der Moschee feierlich auszuüben, benutzten die fatimidischen Muslime Ägyptens einen tragbaren Mihrab wie diesen aus Holz, auf dem die Namen der zwölf schiitischen Imame verzeichnet sind.

Die wachsende Größe und Stärke der muslimischen Gemeinde wirkte sich für die Omaijaden nicht günstig aus. Syrien, ihr Kernland, war eines der schwächsten Länder, die dem Reich einverleibt worden waren. Im Gegensatz zu den neu gegründeten Städten in Iran, Irak und in Afrika waren die Städte Syriens älter als der Islam und ihr Alltagsleben blieb von ihren Herrschern relativ unabhängig.

Die irakischen Städte wuchsen dagegen stetig durch Zuwanderung aus Iran und der Arabischen Halbinsel. Sie profitierten vom Reichtum der fruchtbaren, bewässerten Landstriche des südlichen Irak, wo sich bereits Araber als Grundbesitzer niedergelassen hatten. In diesen neuen Städten lebten mehr Araber als in den Städten Syriens und das urbane Leben wurde durch Mitglieder der ehemaligen herrschenden Klasse Irans bereichert, von der viele Beamte und Steuereinnehmer übernommen worden waren.

Ein ähnlicher Prozess lief in Khorasan ab, im fernen Nordosten des Reiches. In diesem zentralasiatischen Außenposten gab es große Garnisonen. Das für Ackerbau geeignete Land zog auch hier arabische Siedler an. Schon sehr früh lebte dort ein verhältnismäßig hoher arabischer Bevölkerungsanteil Seite an Seite mit den Iranern, deren alte herrschende Klasse der Grundbesitzer ihre Stellung behielt. Es kam allmählich zu einer Symbiose: Araber wurden in die iranische Gesellschaft aufgenommen und Iraner stiegen in die herrschende Gruppe der Araber auf.

Die Enttäuschung der Konvertiten

Das Wachstum muslimischer Gemeinden in den östlichen Städten und Provinzen führte zu sozialen Spannungen. Sie entstanden unter den zum Islam Konvertierten *(mawali)*, besonders unter den Iranern. Verstimmungen wegen der steuerlichen Begünstigung und anderer Privilegien für Einwohner arabischer Herkunft waren der Anlass.

Die Krieger der arabischen Heere konnten unter den neuen Bedingungen ihre Machtposition aber noch ausbauen. In den Städten und Dörfern der Zugewanderten lebten Gruppen mit gemeinsamen Wurzeln auf engerem Raum zusammen als in der arabischen Steppe. Starke Führer adliger Abstammung konnten so mehr Anhänger um sich scharen. Beim Kampf um die Kontrolle der Zentralregierung machte man sich Stammesnamen und -beziehungen zunutze. Ein Zweig der Omaijaden war durch Heirat mit den Banu Kalb verbunden, die sich bereits vor der Eroberung Syriens dort angesiedelt hatten. Nach dem Tod von Moawijas Sohn unterstützte jedoch eine Gruppe anderer Stämme im Kampf um die Nachfolge einen Anwärter, der nicht zu den Omaijaden gehörte.

Von nachhaltigerer Wirkung waren die Kontroversen über die Nachfolge im Kalifat und das Wesen der Autorität in der muslimischen Gemeinde. Den Ansprüchen Moawijas und seiner Sippe stellten sich zwei Strömungen entgegen. Da gab es zunächst die verschiedenen, unter den Namen Chardischija zusammengefassten Gruppen. Die ältesten waren jene, die Ali im Stich gelassen hatten, als er am Tag der Schlacht von Siffin eine Schlichtung akzeptiert hatte. Sie widersetzten sich den Ansprüchen von Stammesführern und erklärten, es gebe im Islam keinen Vorrang außer dem der Tugend. Nur der würdigste

DAS MARTYRIUM DES IMAM HUSAIN

Husain, der Sohn Alis und Enkel Mohammeds, gilt unter Muslimen als ranghöchster Märtyrer. Er zog nach der Ermordung seines Vaters gegen einen Herrscher in den Krieg, dessen Führungsanspruch er als unrechtmäßig ansah. Am 10. Muharram des 61. Jahres muslimischer Zeitrechnung (10. Oktober 680) wurde er bei Kerbela im Irak von den Truppen des omaijadischen Kalifen getötet. Am Ende einer grausamen Schlacht fanden Husain und seine Männer im Tiefland des Irak den Tod – eingekreist von feindlichen Truppen, abgeschnitten vom Euphrat, ihrer einzigen Wasserquelle, und halb verdurstet nach der langen Belagerung, starben schließlich alle. Ihr Lager wurde geplündert, der Leichnam Husains von den Pferden der Feinde zertreten; Frauen und Kinder, die dem Tod entronnen waren, wurden gefangen genommen. Auf Stöcke gespießt begleiteten die Köpfe Husains und seiner Anhänger den Zug der unglücklichen Gefangenen nach Damaskus. Die sterblichen Überreste der Toten wurden drei Tage zur Schau gestellt und dann begraben. Die Überlebenden kehrten nach ihrer Befreiung wieder nach Kerbela zurück, um über den Gräbern der Märtyrer zu weinen. Dieser Pilgerzug, der sich gemäß schiitischer Überlieferung 40 Tage nach dem Massaker ereignet haben soll, gilt als erste Gedächtnisfeier der „Passion" des Husain. Alljährlich gedenken die Schiiten seines Todestages, der *Aschura* (d.h. der „zehnte Tag" des Monats Muharram), mit spektakulären Bußprozessionen, bei denen sich Gläubige zum Zeichen der Trauer selbst geißeln.

Das Drama von Kerbela hat das religiöse Empfinden der Schiiten zutiefst geprägt und einen wahren Märtyrerkult ausgelöst, der den gerechten Kampf gegen eine ungerechte Herrschaft und das Opfer des eigenen Lebens um einer guten Sache willen verteidigt.

Muslim dürfe als Imam herrschen und falls er vom rechten Weg abkomme, müsse man ihm den Gehorsam verweigern. Othman hatte aber den Ansprüchen seiner Sippe Folge geleistet und Ali hatte in dieser prinzipiellen Frage einem Kompromiss zugestimmt. Sie waren also beide im Unrecht gewesen.

Der andere Teil der Opposition stützte die Herrschaftsansprüche der Prophetenfamilie. Auf Dauer erwies sich jene Konstellation, die Ali und seine Nachkommen als legitime Imame der Gemeinde betrachtete, als die zukunftsträchtigere. Ali und seinen Erben wurde wegen ihrer Nähe zu Mohammed eine besondere Beschaffenheit der Seele sowie eine intensive Kenntnis des Korans unterstellt. In gewisser Hinsicht wurden sie als übermenschliche Wesen angesehen. Einer von ihnen sollte eines Tages auftreten und die Herrschaft der Gerechtigkeit einsetzen. Die Erwartung der Ankunft eines *mahdi*, „dessen, der geführt wird“, findet sich schon früh in der islamischen Geschichte. Im Jahr 680 zog Husain, Alis zweiter Sohn, mit einer kleinen Schar Gefolgsleute in den Irak, denn er hoffte, in der Umgebung von Kufa und in der Stadt selbst Unterstützung zu finden. Er fiel in einem Gefecht bei Kerbela im Irak. Die Parteigänger Alis (die *schi'at Ali* oder Schiiten) konnten aus der Erinnerung an ihn als Märtyrer fortan zusätzliche Kraft gewinnen. Einige Jahre später brach dann eine andere Revolte zugunsten von Mohammed ibn al-Hanafiya aus. Auch er war ein Sohn Alis.

DAS MARTYRIUM DES HUSAIN *(Iran, 19. Jh.)*
In Kerbela von omaijadischen Truppen umzingelt, wurde der Sohn des Ali während eines blutigen Angriffs mehrmals getroffen und starb im Kreis seiner Anhänger. Sein Grab, nahe dem seines Vaters in Nadschaf, wurde bald ein bedeutender schiitischer Wallfahrtsort.

In den ersten Jahrzehnten des 8. Jh. unternahmen die Omaijaden eine Reihe von Versuchen, oppositionelle Bewegungen dieser Art zu unterdrücken. Es gelang ihnen vorübergehend, die fiskalischen und militärischen Grundlagen ihrer Herrschaft zu stärken. In den 40er-Jahren aber zerbrach ihre Macht unvermittelt in einem Bürgerkrieg gegen ein Bündnis verschiedener Gruppierungen.

Die Führung übernahm dann ein anderer Zweig der Prophetenfamilie, die Nachkommen von Mohammeds Onkel Abbas. Mit der Rechtfertigung, der Sohn von Mohammed ibn al-Hanafiya habe ihnen sein Nachfolgerecht übertragen, bauten sie von ihren Stammsitzen am Rand der syrischen Wüste eine organisierte Bewegung auf, deren Zentrum Kufa war. Zu ihrem Vertreter in Khorasan bestimmten sie Abu Muslim, einen Mann von unbekannter Herkunft. Ihm gelang es, die verschiedenen arabischen und oppositionellen Gruppen zu koordinieren und ein Heer aufzustellen. Unter dem schwarzen Banner, das zum Symbol der Bewegung werden sollte, und im Namen der Prophetenfamilie begann der Aufstand. Die Omaijaden wurden 749–750 in mehreren Schlachten geschlagen. Marwan II., der letzte Kalif der Dynastie, wurde bis nach Ägypten verfolgt und dort getötet. Inzwischen hatte man den unbekannten Nachkommen Mohammeds in Kufa zum Kalifen ausgerufen. Bei ihm handelte es sich um keinen Geringeren als Abu l-Abbas, keinen Nachkommen Alis, sondern von Abbas.

Das Kalifat von Bagdad (750–1258)

Die Zeit einer neuen Dynastie war also angebrochen, und der Irak löste Syrien als Zentrum des muslimischen Kalifats ab. Die Macht von Abu l-Abbas (749–754) und seinen Nachfolgern, die als Abbasiden bezeichnet werden, lag weniger in den östlichen Mittelmeerländern oder im Hedschas als vielmehr in den ehemaligen sassanidischen Territorien: dem südlichen Irak, den Oasen und Hochebenen des Iran, in Khorasan und östlich davon in Zentralasien.

In vielerlei Hinsicht unterschied sich die Herrschaft der Abbasiden nicht sonderlich von der Herrschaft der Omaijaden. Sie standen von Anfang an vor dem Problem einer neuen Dynastie: Wie ließ sich die beschränkte Macht, deren Grundlage aus einem unsicheren Bündnis verschiedener Interessen bestand, stabilisieren und dauerhaft sichern? Die Abbasiden waren durch einen Zusammenschluss von Kräften an die Macht gekommen, die nur die Opposition gegen die Omaijaden einte. Nun musste die Rollenverteilung innerhalb der Koalition geklärt werden. Der neue Kalif befreite sich als Erstes von den Männern, die ihn an die Macht gebracht hatten. Abu Muslim und andere wurden ermordet. Auch innerhalb der Familie entstanden Konflikte. Zunächst wurden Angehörige zu Statthaltern ernannt, doch diese erwiesen sich als zu mächtig, sodass innerhalb einer Generation eine neue Elite hoher Beamter hervortrat.

Unter den Nachfolgern von Abu l-Abbas kam es zur Konzentration der Macht in der Hand des Herrschers, besonders unter Abu Djafar (754–775) und Harun ar-Raschid (786–809). Sie verewigten sich später mit der Gründung ihrer neuen Hauptstadt – Bagdad.

Bagdad lag an einem Punkt, wo Euphrat und Tigris eng nebeneinander fließen. Durch ein Kanalsystem war ein fruchtbares Anbaugebiet entstanden, das Nahrung für eine große Stadt produzieren und Abgaben für die Regierung leisten konnte. Es lag an strategischen Routen, die nach Iran und weiter zur Dschezira im Nordirak führten, wo Getreide angebaut wurde. Wichtig waren auch die Verbindungen nach Syrien und Ägypten, denn dort war das Vertrauen in die Omaijaden nach wie vor groß. Bagdad entlastete die Herrscher von dem Druck, den die arabischen Muslime in Kufa und Basra ausübten. Nach einer alten Tradition des Nahen Ostens, welche die Herrscher von ihren Untertanen trennte, drückte sich in der Stadtplanung die Erhabenheit des Kalifen aus. Im Mittelpunkt, am Westufer des Tigris, lag die „Runde Stadt“ mit dem Palast, den Kasernen und Amtsgebäuden. Vor ihren Mauern befanden sich Märkte und Wohnquartiere.

GRABMAL DER SITT ZUBAIDA *(Bagdad, 13. Jh.) Das Mausoleum der Mutter des Kalifen an-Nasir hat eine konische Kuppel, die den Gegebenheiten und dem Klima der Region angepasst ist.*

OSTUFER DES TIGRIS

Stadtmauer der Kalifen al-Mustazhir und al-Mustarchid (11.–12. Jh.) 1
Hippodromtor oder Talismantor (13. Jh., zerstört 1917) 2
Mittleres Tor (13. Jh.) 3
Südtor 4
Sultanstor oder Edeltor (12. Jh.) 5
Plejadenpalast 6
Hippodrom und Polofeld 7
Zoologischer Garten 8
Grabmoschee des Scheichs Abd al-Qadir al-Gilani (rekonstruiert) 9
Grabmal des Scheichs Omar al-Suhrawardi (13. Jh.) 10
Friedhof 11
Aristokratenviertel (al-Mamunija) 12
Kalifenstadt mit halbrunder Innenstadtmauer 13
Kronenpalast 14
Hasanipalast 15
Paradiespalast 16
Große Moschee des Kalifen (mit dem so genannten Wollmarkt-Minarett, 13. Jh.) 17
Tigris 18
Schiffsbrücke 19
Dienstags-Suk (suq al-Thalatha) 20
Medrese Mustansirija (13. Jh.) 21
Medrese Nizamija 22
Karawanserei 23
Wesirpalast 24
Medrese Bechirija (Abbasidenpalast, 12. Jh.) 25

WESTUFER DES TIGRIS

Militärfeld 26
Parkanlage al-Nadschmi 27
Karkh oder Handwerker- und Wechslerviertel 28
Grabmal des Scheichs Maruf (9., 13., 17. Jh.) 29
Grabmal der Sitt Zubaida (13. Jh.) 30
Grabmal des Scheichs Dschunaid (10. Jh., rekonstruiert) 31
Qamarija-Moschee (um 1200 und 17. Jh.) 32
al-Adudi-Hospital 33
Öffentliche Bäder 34

Bagdad

Bagdad am Ende der Abbasidenherrschaft
Der am Westufer gelegene Stadtteil Bagdads mit seinen prächtigen Palästen war Zentrum des politischen Lebens. Die Einwohner der von al-Mansur gegründeten „Stadt des Friedens" wären für „Großzügigkeit, Eleganz und eine schöne Sprache" bekannt. Bagdad wurde 1258 von den Mongolen verwüstet.

Die Macht des Kalifen

Geschenk an Karl den Grossen *(10.–15. Jh.) Dieser Teil eines Schachbretts soll volkstümlicher Überlieferung nach Teil eines Schachspiels gewesen sein, das der Kalif Harun ar-Raschid 801 Karl dem Großen geschenkt haben soll. Das aus Indien stammende Stück aus Elfenbein, dessen Datierung unsicher ist, erinnert an den Besuch fränkischer Diplomaten in Bagdad.*

In den Palästen übte der Kalif seine Macht in einer Form aus, die von früheren Herrschern übernommen und von späteren Dynastien imitiert wurde. Ein aufwändiges Hofzeremoniell unterstrich seine Stellung: Höflinge kontrollierten den Zugang zu ihm und in seiner Nähe stand der Scharfrichter, der die Urteile sofort vollstreckte. Unter den frühen Regenten bildete sich ein Amt heraus, das im Lauf der Zeit noch an Bedeutung gewinnen sollte: das Amt des Wesirs (von arabisch *wazir*). Er war der Ratgeber des Kalifen und stand später an der Spitze der Verwaltung. Dieses Amt bildete somit das Bindeglied zwischen Verwaltung und Herrscher.

Die Verwaltung bestand aus einer Reihe von Ämtern *(diwan)*. Es gab einen Diwan für Heeresangelegenheiten, eine Kanzlei, die Briefe und Dokumente in gebührender Form verfasste und aufbewahrte, und ein Schatzamt, das die Steuereinnahmen und die Ausgaben verwaltete. Ein Spionagenetz informierte den Kalifen über die Vorgänge in den Provinzen. Mit seinen Statthaltern hielt er öffentliche Sitzungen ab, in denen sie Beschwerden anhörten und beurteilten.

Eine absolute und bürokratische Herrschaft benötigt Steuern und ein zuverlässiges Heer. Unter den Abbasiden entstand aus den Gepflogenheiten der frühislamischen Zeiten ein Besteuerungssystem, das mit den Regeln des Islam in Einklang stand. Dabei gab es zwei Hauptabgaben. Die eine, die *charadsch*, wurde auf Landbesitz oder auf landwirtschaftliche Erträge erhoben, wobei in der Anfangszeit ein Unterschied in Höhe und Art der Steuern zwischen muslimischen und nicht muslimischen Landbesitzern bestand. In der Praxis war dies zwar kaum von Bedeutung, doch es blieb gesetzlich verankert. Die zweite Abgabe war eine Kopfsteuer für Nichtmuslime, die sich ungefähr nach ihrem Vermögen richtete, die *dschizja*. Daneben wurden importierte und exportierte Waren sowie das städtische Handwerk mit Abgaben belegt. Bei Bedarf wurden gelegentlich auch auf das städtische Vermögen Steuern erhoben, doch diese Praxis wurde von den strenggläubigen Muslimen verurteilt.

Die Soldaten aus Khorasan, durch die die Abbasiden an die Macht gekommen waren, wurden in verschiedene Gruppen mit getrennter Führung eingeteilt. Es war nicht leicht für die Kalifen, sich die Loyalität der Soldaten dauerhaft zu sichern. Sie hatten außerdem einen Teil ihrer Schlagkraft eingebüßt, da sie in der Bevölkerung von Bagdad aufgegangen waren. Nach dem Tod von Harun ar-Raschid kam es zum Bürgerkrieg zwischen seinen Söhnen al-Amin und al-Mamun. Al-Amin wurde zum Kalifen ernannt. Die Armee von Bagdad kämpfte zwar für ihn, erlitt jedoch eine Niederlage.

Zu Beginn des 9. Jh. sorgte man dadurch für eine erhöhte Schlagkraft und Loyalität der Armee, dass Sklaven gekauft und Soldaten rekrutiert wurden, die aus den türkischsprachigen Nomadenstämmen jenseits der Grenze in Zentralasien stammten. Der Eintritt türkischer Soldaten in die Dienste der Abbasiden setzte einen Prozess in Gang, der das politische Leben der islamischen Welt nachhaltig verändern sollte. Um die Soldaten von der Bevölkerung Bagdads fernzuhalten, die seiner Herrschaft feindselig gegenüberstand, verlagerte der Kalif die Hauptstadt nach Samarra, das ein halbes Jahrhundert lang Sitz der Regierung blieb und später unter den Einfluss türkischer Militärführer geriet.

Die schiitische Herausforderung

Je stärker sich der Kalif vom Volk abhob und je mächtiger seine Stellung war, desto wichtiger wurde es für ihn, seine Macht auch in den Moralvorstellungen seiner Untertanen zu verwurzeln. Die Abbasiden bemühten sich systematischer als die Omaijaden darum, ihre Macht durch den Islam zu rechtfertigen. Der Kalif nahm für sich in Anspruch, als Mitglied der Prophetenfamilie kraft göttlicher Autorität zu herrschen. Daneben stand für ihn seine Herrschaft in Übereinstimmung mit dem Koran und mit den Regeln des rechten Verhaltens, die immer häufiger entsprechend den Gewohnheiten des Propheten, also entsprechend der Praxis des Propheten *(sunna)* definiert wurden.

Mit dem Anspruch, die einzigen legitimen Herrscher zu sein, widersetzten sich die frühen Abbasiden den Machtinteressen eines anderen Teils der Prophetenfamilie. Dies waren die Nachkommen Alis mit ihren Anhängern, den Schiiten. In den ersten beiden Generationen abbassidischer Herrschaft gab es mehrere revolutionäre Bewegungen im Namen von Mitgliedern der Familie Alis.

Als Antwort auf diese Bewegungen unternahm al-Mamun (813–833), der Sohn Haruns, zweimal den Versuch, seinen Herrschaftsanspruch zu festigen. Zunächst ernannte er Ali ar-Rida, in dem viele Schiiten den achten Imam sahen, zu seinem Nachfolger. Damit wollte er zum Ausdruck bringen, dass die Nachfahren von Abbas das gleiche Recht auf die Thronfolge hatten wie die Nachkommen Alis, da man die Kalifenwürde dem würdigsten Mann der Familie zusprach. Später förderte al-Mamun allerdings die Ideen rational orientierter Theologen mit der Absicht, ihre Zustimmung zur Bedingung für die Wahl des Kalifen zu machen. Damit stieß er aber auf den Widerstand jener Theologen, die unter der Führung Ahmed ibn Hanals behaupteten, dass der Koran und das Verhalten des Propheten bei buchstabengetreuer Auslegung genügend Richtlinien boten. Dies war ein letzter Versuch, durch die Macht des Herrschers eine einzige Auslegung der Glaubenslehre zu erzwingen.

Allmählich setzte sich also der Glaube an die Bedeutung des Korans und an das Handeln *(sunna)* des Propheten als Grundlage einer einheitlichen Religion durch und fand in einer Lehre Ausdruck, die sich vom Schiismus unterschied und als Sunnismus bekannt wurde.

IRANISCHE SCHATULLE
Mit Inschriften aus Gold und Silber nach einer Technik verziert, die in muslimischen Messingarbeiten zur Vollendung gebracht wurde, imitiert diese Schatulle (14. Jh.) einen Kuppelgrabbau, dessen Form – allerdings meist mit quadratischem Grundriss – in der muslimischen Welt weite Verbreitung fand.

Kapitel 3

Die Bildung einer Gesellschaftsordnung

Die Zerteilung des Reiches

Selbst auf dem Höhepunkt ihrer Macht war die Herrschaft der abbasidischen Kalifen immer noch beschränkt. Sie erstreckte sich hauptsächlich auf die Städte und die sie umgebenden fruchtbaren Gebiete. Ferne Bergregionen und Steppenzonen waren praktisch nicht unterworfen. Um seine fernen Provinzen beherrschen zu können, ermächtigte der Kalif seine Statthalter, Abgaben zu erheben und einen Teil der Einnahmen zum Unterhalt der örtlichen Streitkräfte zu verwenden. Der Kalif konnte jedoch nicht verhindern, dass manche Gouverneure ihre Posten so weit ausbauten, dass sie ihre Macht innerhalb der eigenen Familie weitervererben konnten. Auf diese Weise bildeten sich lokale Dynastien wie die Saffariden in Ostiran, (867– ca.1495), die Samaniden in Khorasan (819–1005), die Tuluniden in Ägypten (868–905) und die Aghlabiden in Tunesien (800–909). Die Aghlabiden eroberten von Tunesien aus Sizilien, das bis zur Einnahme durch die Normannen in der zweiten Hälfte des 11. Jh. unter der Herrschaft arabischer Dynastien verblieb. Um seine Stellung in den Zentralprovinzen zu stärken, musste der Kalif sich zunehmend auf sein Söldnerheer stützen, dessen Führer dadurch größere Macht und Einfluss erlangten. Im Jahr 945 rissen die Bujiden, eine Sippe von Söldnern vom Rand des Kaspischen Meeres, die Macht in Bagdad an sich.

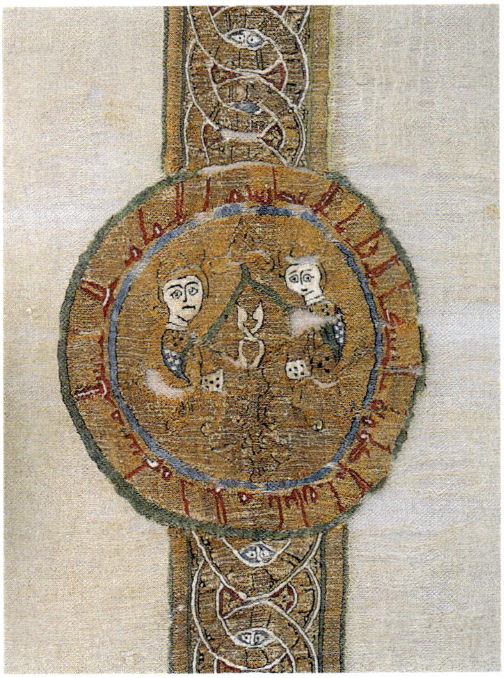

Mutmasslicher Schleier der Heiligen Anna *(11. Jh.) Hier lässt sich die hohe Kunstfertigkeit fatimidischer Weber aus Ägypten bewundern. Der Stoff ist wohl nach dem ersten Kreuzzug nach Frankreich gelangt, wo er für den Schleier der Mutter Marias gehalten wurde.*

Die Bujiden nahmen verschiedene Titel an, darunter auch den alten iranischen Titel Schahanschah (König der Könige), aber nicht den des Kalifen. Die Abbasiden trugen den Kalifentitel zwar noch über drei Jahrhunderte, aber in ihrer Geschichte hatte ein neuer Abschnitt begonnen. Denn die tatsächliche Macht über die zentralen Reichsgebiete hatte von nun an eine andere, von militärischen Gruppen gestützte Dynastie inne. Sie erkannte das Kalifat der Abbasiden zwar formal an, gestand ihm aber keine politische Macht zu.

In manchen Regionen entstanden im Namen islamischer Sekten Sezessionsbewegungen. Zu ihnen zählten die Charidjiten sowie eine ihrer Untergruppen, die Ibaditen. Sie teilten die Überzeugung, das Amt des Imam sollte dem würdigsten Mann übertragen werden und man sollte ihn absetzen, sobald er sich als unwürdig erwies. So entstand um die Mitte des 8. Jh. in Oman in Südostarabien ein ibaditisches Imamat, das von den Abbasiden am Ende des 9. Jh. jedoch wieder aufgehoben wurde. In Teilen des Maghreb widersetzten sich die Berberstämme zunächst der dort errichteten islamischen Herrschaft. Dieser Widerstand der Berber sollte jedoch nicht von langer Dauer sein. Nachdem sie zum Islam übergetreten waren, verbreitete sich auch unter ihnen das chardjitische Gedankengut.

Die Herausforderung der Ismailiten

Weiter verbreitet waren Bewegungen, die den Anspruch der Nachfahren von Ali ibn Abi Talib auf das Imamat vertraten. Die Mehrheit der Schiiten im Irak und in den umliegenden Ländern erkannte die Herrschaft der Abbasiden an oder akzeptierte deren Anspruch. Die Bujiden waren im weitesten Sinne Schiiten und stellten wie die lokale Dynastie der Hamdaniden (905–1004) in Nordsyrien die formale Oberhoheit der Kalifen nicht in Frage. Aus anderen schiitischen Gruppierungen gingen jedoch neue Dynastien hervor.

Eine direkte Herausforderung für die Abbasiden bildeten Gruppen eines anderen schiitischen Zweiges, der Ismailiten. Ihre Herkunft ist unbekannt, doch ihre Anfänge scheinen in einer Geheimorganisation verwurzelt zu sein. Ihr Zentrum befand sich zunächst im Irak, dann im südwestlichen Iran, in Khusistan, und später in Syrien. Sie unterstützte den Anspruch Ismails, des ältesten Sohnes von Djafar as-Sadik, auf das Imamat. Die Mehrheit der Schiiten sieht in ihm den sechsten Imam. Ismail starb 760, fünf Jahre vor seinem Vater. Daraufhin erkannte die Mehrheit der Schiiten schließlich seinen Bruder Musa al-Kasim, der 799 starb, als Imam an. Nach Überzeugung der Ismailiten war jedoch Ismail unwiderruflich zum Nachfolger seines Vaters bestimmt gewesen. Daher hätte nach ihm sein Sohn Mohammed als Imam folgen müssen. Sie glaubten, Mohammed werde früher oder später als *mahdi* zurückkehren, der gesandt sei, um die innere Bedeutung der Offenbarung des Korans zu enthüllen und gerecht über die Welt zu herrschen.

Die Bewegung missionierte daher auf breiter Basis. Im Jahr 910 erschien ein Mann mit Namen Ubaidallah in Tunesien, der sich in seiner Abstammung auf Ali und Fatima berief. Er nahm den Kalifentitel an und seine Familie begründete im Zeitraum von 50 Jahren eine stabile Dynastie. Es war die Zeit der Fatimiden, deren Namen von Fatima, der Tochter des Propheten, herrührte. Aus religiösen und politischen Gründen zogen sie nach Osten in die Länder der Abbasiden und besetzten 969 Ägypten. Von dort dehnten sie ihre Herrschaft auf das westliche Arabien und Syrien aus.

ISMAIL-SAMANI-MAUSOLEUM *(9./10. Jh.)* *Dieses Grabmal, das ganz aus Backsteinen erbaut ist, stellt einen an allen Seiten offenen Kubus dar, der von einer Kuppel gekrönt ist. Es befindet sich in Buchara in Usbekistan und ist eines der ältesten Beispiele für die islamische Grabmalarchitektur. Seine Dekoration spielt mit den Effekten von Licht und Schatten.*

Die Fatimiden nahmen beide Titel an, den des Imam und den des Kalifen. Sie waren Herrscher über ein großes Reich, dessen Zentrum im Niltal lag. Kairo, eine Stadt nördlich von Fustat, wurde von ihnen gegründet und bildete das Symbol ihrer Macht und Unabhängigkeit. Ihre Regierungsformen orientierten sich an denen des früheren Kalifats in Bagdad. Die Macht wurde in Kairo vom Kalifen ausgeübt und durch Pracht und aufwändiges Zeremoniell präsentiert. Unter den Fatimidenkalifen war es üblich, dass sie sich der Bevölkerung von Kairo in feierlichen Prozessionen zeigten. Die hohen Staatsbeamten versammelten sich im großen Saal des Palasts und der Kalif trat mit dem Zepter in seinen Händen hinter einem Vorhang hervor. Dann bestieg er sein Pferd und ritt zum Palasttor, wo Trompeten erschallten. Umgeben von seinem Gefolge und seinen Truppen ritt er anschließend durch Straßen, welche die Händler mit feinen Brokat- und Leinenstoffen geschmückt hatten. Diese prächtigen Prozessionen waren Ausdruck der Intentionen fatimidischer Herrschaft. Sie konnten sowohl religiöser Natur sein, als auch die Identifikation des Herrschers mit dem Leben der Stadt und den Menschen demonstrieren.

Besticker Stoff
Im fatimidischen Ägypten gab es spezielle Werkstätten, Tiras – der Begriff bezeichnet aber auch das Produkt selbst –, die damit beauftragt waren, Ehrengewänder herzustellen. Die Stoffe sind mit seidenen Zierstreifen geschmückt, die Tiermuster zwischen Schriftlinien enthalten.

Der Anspruch der Fatimiden auf das Kalifat war eine direkte Herausforderung der Abbasiden. Eine weitere Bedrohung für Fatimiden und Abbasiden kam aus dem Westen der muslimischen Welt. Diese von den Arabern eroberten Gebiete – Marokko und Spanien – ließen sich vom östlichen Mittelmeer nur sehr schwer und vom Irak aus überhaupt nicht unter Kontrolle halten. Am Ende des 8. Jh. begab sich dann Idris, ein Urenkel Alis, nach Marokko und traf dort auf eine große Unterstützung. Er gründete eine Dynastie, die in der Geschichte Marokkos einen wichtigen Platz einnimmt: Die Idrisiden erbauten Fès und begründeten eine bis heute lebendige Tradition, nach der unabhängige Dynastien Marokko beherrschen und ihren Machtanspruch mit der Abstammung vom Propheten legitimieren.

Das Überleben der Omaijaden in Spanien

Wichtiger für die Geschichte der muslimischen Welt war die separate Entwicklung in Spanien oder Al-Andalus (um seinen arabischen Namen zu nennen). Die ersten Araber landeten 710 in Spanien und errichteten dort eine Provinz des Kalifats. Den Arabern und Berbern der ersten Besiedlungswelle folgte bald eine große Anzahl Soldaten aus Syrien. Nach der Machtübernahme der Abbasiden suchte ein Omaijade Zuflucht in Spanien und übernahm dort den Thron. Er gründete eine neue Omaijadendynastie, die 300 Jahre an der Macht bleiben sollte.

Wiederum wurde eine neue Hauptstadt gegründet: Córdoba am Guadalquivir. Der Fluss diente als Wasserstraße für den Transport der Massengüter, die für die Ernährung und das Gewerbe benötigt wurden. Córdoba lag am Schnittpunkt wichtiger Handelsstraßen und war ein großer Markt für den Austausch von Waren der verschiedenen Regionen. Als die Dynastie autokratischer wurde, verlegte der Kalif seinen Hof in eine Königsstadt, nach Medinat az-Zahra, in einiger Entfernung von der Hauptstadt Córdoba. Dort residierte er in Prunk und Pracht, umgeben von einer herrschenden Schicht aus Ara-

Mihrab von Madinat al-Zahra *(10. Jh.)*
Die Gebetsnische ist in einen rechtwinkligen Rahmen eingelassen, der mit feinen Blumenmustern verziert ist und sich hufeisenförmig nach oben öffnet.

bern und arabisierten Familien, der jedoch auch ehemalige Sklaven vom Schwarzen Meer, aus Italien und anderswo angehörten.

Wie in Syrien nutzten die Omaijaden auch in Spanien ihre Macht, um die Interessen der Städte und des besiedelten Landes zu fördern. Die Städte – zuerst Córdoba und später Sevilla – wuchsen durch den Reichtum, den die Landwirtschaft einbrachte. Es war mit Anbauverfahren, die man aus dem Nahen Osten übernahm, gelungen, Überschüsse zu produzieren. In diesen Gebieten waren die Araber bedeutende Grundbesitzer und Pflanzer, obwohl ein großer Teil der einheimischen Bevölkerung dort verblieben war.

Der Zuzug von Berbern aus dem Maghreb nach Spanien hielt länger an als die Einwanderung der Araber. Vermutlich war deren Zahl aber größer. Im Laufe der Zeit konvertierte ein Teil der einheimischen Bevölkerung zum Islam. Am Ende des 10. Jh. war die Mehrheit der Bewohner von Andalusien möglicherweise muslimisch. Aber Seite an Seite mit ihnen lebten auch Christen und eine beachtliche Zahl jüdischer Handwerker und Händler. Zusammengehalten wurde diese Gruppe durch die Toleranz der Omaijaden gegenüber Juden und Christen und durch die Verbreitung der arabischen Sprache. Sie war im 11. Jh. gleichermaßen die Sprache von Christen, Juden und Muslimen. Toleranz, gemeinsame Sprache und eine lange Tradition unabhängiger Herrscher waren Faktoren für das Entstehen einer ausgeprägt andalusischen Gesellschaft und eines andalusischen Bewusstseins.

Durch das Kalifat von Abd ar-Rahman III. (912–961) kamen in der Politik nicht nur dynastische Interessen, sondern auch die Identität von Andalusien zum Ausdruck. Die unabhängige Macht der spanischen Omaijaden hatte mit seiner Herrschaft ihren Höhepunkt erreicht. Im 11. Jh. sollte ihr Reich in kleinere Staaten zerfallen, die von Araber- oder Berberdynastien, den so genannten „Cliquenkönigen“ regiert wurden.

Eine geeinte Gesellschaft und ihre ökonomischen Grundlagen

Inzwischen war eine muslimische Welt entstanden, die durch vielerlei Bindungen zusammengehalten wurde und eine große Zahl von Macht- und Kulturzentren hatte.

Das Aufgehen eines so riesigen Gebiets in einem einzigen Reich hatte im Laufe der Zeit eine ökonomische Einheit hervorgebracht, die nicht nur durch ihre Größe bedeutend war, sondern weil sie die beiden großen Meere der zivilisierten Welt miteinander verband: das Mittelmeer und den Indischen Ozean. Kaufleute, Handwerker, Gelehrte und Pilger konnten sich hier frei bewegen und es fand ein unabhängiger Austausch von Gedanken, Stilen und Techniken statt.

Die Schaffung des muslimischen Reiches und später der Staaten auf seinem Territorium ließ Großstädte entstehen, deren Paläste, Regierungen und Bewohner neben Nahrung und Rohmaterial für Handwerk und Gewerbe Luxusgüter benötigten, um Reichtum und Macht zu präsentieren. Die Vielschichtigkeiten des Stadtlebens weckten den Wunsch nach Imitation der Mode der Mächtigen oder der Fremden. Um den Bedarf an Nahrungsmitteln zu decken, war eine Stadt auf ihr unmittelbares Hinterland angewiesen. Andere Güter wurden von weit her eingeführt: Pfeffer und andere Gewürze, Edelsteine, edle Gewebe und Porzellan kamen aus Indien und China, Pelze aus den Ländern des Nordens, und im Austausch dafür lieferte man Korallen, Elfenbein und Stoffe. In den Großstädten des Mittleren Ostens lebten aber nicht nur Konsumenten, sondern auch Produzenten von Manufakturwaren. Manche Güter wurden in Massenproduktion hergestellt, zum Beispiel Rüstungen und Waffen in staatlichen Arsenalen, edle Stoffe für die Paläste, Zucker in Raffinerien und Papier in den Papiermühlen. Dennoch hielt man daran fest, die meisten Produkte in kleinen Textil- oder Metallwerkstätten herzustellen.

Scherbe mit Schiff *(um 1200)*
Trotz der Kreuzzüge intensivierten sich die Handelsbeziehungen über die Meere. Nutznießer waren die italienischen Städte, die Syrien und Ägypten etwa mit notwendigen Hölzern versorgten. Die Tauschgeschäfte brachten Venedig dazu, 1207 einen Handelsvertrag mit Aleppo zu unterzeichnen.

Damit die Bewohner einer Großstadt ernährt werden konnten, war es beinahe eine Voraussetzung, dass die Stadt an der Küste oder einem schiffbaren Fluss lag. Unter den Abbasiden waren die wichtigsten Umschlagszentren für den Handel Basra im unteren Irak und Siraf an der iranischen Golfküste. Beide Städte konnten den Bedarf der Hauptstadt decken. Im 10. Jh. kam es zu einer Verlagerung des Handels vom Persischen Golf zum Roten Meer, da Kairo zu einem bedeutenden Zentrum aufgestiegen war und die Nachfrage aus den italienischen Handelsstädten kontinuierlich wuchs.

Ab Basra und Siraf lag der Handel mit dem Osten hauptsächlich in den Händen iranischer, arabischer oder jüdischer Händler. Einige Zeit segelten sie sogar bis China, aber nach dem 10. Jh. waren die Häfen in Südostasien ihre entferntesten Ziele. Auch mit dem Süden bestanden Handelsverbindungen – mit Süd- und Westarabien und mit Ostafrika. Von Basra wurden die Waren auf dem Fluss nach Bagdad gebracht und von dort entweder auf den Wüstenrouten nach Syrien und Ägypten transportiert oder durch Anatolien nach Konstantinopel und Trapezunt oder auf der großen Handelsstraße von Bagdad nach Nischapur im nordöstlichen Iran und weiter nach Zentralasien und China. Im größten Teil des Nahen Ostens verschwand nach dem Aufstieg des muslimischen Reiches der Transport auf Rädern und erlangte erst im 19. Jh. wieder Bedeutung. Der Transport auf dem Kamelrücken war wirtschaftlicher als auf Wagen oder Karren.

Der Handel im Mittelmeer war zunächst ständig gefährdet und begrenzt. Den wichtigsten Faktor bildete er entlang der europäischen Südküste, der Spanien und den Maghreb mit Ägypten und Syrien verband; dabei kam Tunesien die Rolle eines Umschlagplatzes zu. Auf dieser Route bauten Kaufleute, darunter viele Juden, den Handel mit spanischer Seide, Gold aus Westafrika und Metallen und Olivenöl aus. Später, im 10. Jh., gewann der Handel mit Venedig und Amalfi große Bedeutung.

Die Grundbesitzer und das Geld

In den von den Arabern eroberten Ländern, besonders jenen, die viele arabische Einwanderer anlockten, wuchs eine neue Klasse von Landbesitzern heran. Enteignetes Land, das offiziell dem Herrscher gehörte, wurde Arabern mit der Verpflichtung überlassen, Steuern zu entrichten. Im 10. Jh. bildete sich eine Praxis heraus, nach der die Erhebung von Steuern auf Land Beamten oder Offizieren übertragen wurde, die dadurch praktisch Grundbesitzer wurden und ein Interesse daran hatten, die landwirtschaftliche Produktion in Gang zu halten.

Landbesitzer, die durch den Handel oder auf anderem Weg Gewinne machten, setzten diese für die landwirtschaftliche Produktion ein, und mithilfe ihres Kapitals wurden neue Techniken eingeführt. Es gibt Zeugnisse dafür, dass mit der Ausdehnung des islamischen Reiches neue Nutzpflanzen in Umlauf kamen. Im Allgemeinen verlief die Ausbreitung von China oder Indien über Iran zum Mittelmeer: Reis, Zuckerrohr, Baumwolle, Wassermelonen, Auberginen, Orangen und Zitronen wurden in weiten Landstrichen angepflanzt. Manche dieser Produkte erforderten hohe Investitionen für Bewässerung und Bodenverbesserung. Die Ausbreitung in Richtung Westen lässt sich in Spanien erkennen, das von Syrien das Schöpfrad *(na'ura, noria)* und von Iran den unterirdischen Kanal *(qanat)* übernahm. Ein international anerkanntes Geldsystem entstand. Der Strom von afrikanischem Gold in das Kalifat ermöglichte eine Erweiterung des Münzumlaufs. Der Golddinar der Abbasiden blieb jahrhundertelang die wichtigste Handelswährung, und islamische Silbermünzen hat man sogar in Skandinavien und in Wychowood Forest nördlich von Oxford gefunden. Mit der Entwicklung des Münzwesens ging der Aufbau eines Kreditsystems einher. Großkaufleute nahmen Einlagen entgegen und gaben Kredite. Auch Geldverleiher und Steuereinnehmer setzten ihr akkumuliertes Bargeld für Darlehen ein. Kaufleute mit Geschäftsfreunden oder

SILBERNER DIRHAM
Die wirtschaftlichen Transaktionen wurden in den beiden in den islamischen Ländern gültigen Währungen abgewickelt: dem goldenen Dinar und dem silbernen Dirham. Später begannen die unabhängigen Dynastien, ihre eigenen Münzen zu prägen und sie mit dem Namen des abbasidischen Kalifen zu versehen, dessen Autorität sie anerkannten.

Kunden an anderen Orten stellten ihnen Schuldscheine oder Kreditbriefe aus. Wirtschaftsverbindungen dieser Art verlangten ein System allgemein anerkannter Verhaltensregeln, und das wurde erst möglich, als immer größere Teile der Bevölkerung in den Ländern unter muslimischer Herrschaft selbst Muslime wurden.

Die Einheit von Glaube und Sprache

Es ist nicht einfach, etwas über die Stadien zu sagen, in denen sich die Islamisierung der unterworfenen Völker vollzog. Aber am Ende der Omaijadenherrschaft (das heißt in der Mitte des 2. islamischen und 8. christlichen Jh.) waren weniger als zehn Prozent der Bevölkerung von Iran und Irak, Syrien und Ägypten, Tunesien und Spanien Muslime. Abgesehen von den arabischen Stämmen, die bereits vor der muslimischen Eroberung im Irak und in Syrien lebten, kamen die Konvertiten wohl entweder aus den unteren Gesellschaftsschichten oder aus der Beamtenschaft des Sassanidenreichs, die in die Dienste der neuen Herren trat. Auf andere wurde kein Druck für einen Glaubenswechsel ausgeübt.

Am Ende des 4. islamischen Jh. (des 10. Jh. nach Christus) hatte sich das Bild geändert. Der Großteil der Bevölkerung war mittlerweile muslimisch geworden. Muslime lebten nun nach einer sorgfältig ausgearbeiteten Ordnung, die Rituale, Glaubensfragen und Gesetze umfasste und die sich deutlich von anderen Bevölkerungsgruppen unterschied, das muslimische Bewusstsein war stärker geworden. Der Status von Christen, Juden und Zoroastriern war genauer umrissen und in mancher Hinsicht dem der Muslime untergeordnet. Die Andersgläubigen waren das „Volk des Buches“, da sie eine geoffenbarte heilige Schrift besaßen, oder sie wurden das „Volk des Bundes“ genannt, denn man hatte Schutzverträge mit ihnen geschlossen (im so genannten „Vertrag von Omar“). Im Allgemeinen zwang man sie nicht zum Glaubenswechsel, aber sie entrichteten eine besondere Steuer; ihre Kleidung durfte bestimmte Farben nicht enthalten; sie konnten keine muslimische Frau heiraten; vor Gericht galt ihre Aussage nichts gegen die eines Muslim; ihre Häuser und Gebetsstätten durften nach außen hin nicht auffällig sein; sie waren von Machtpositionen ausgeschlossen (obwohl an verschiedenen Orten Juden und Christen als Sekretäre oder Finanzbeamte für muslimische Herrscher arbeiteten).

DER VERTRAG VON OMAR – DER GEIST DER TOLERANZ

Der Kalif Omar besetzte 638 die Stadt Bethlehem in Palästina. Seine Herrschaft über die Christen war von Toleranz geprägt, die er in einem Vertrag garantierte, der beispielhaft ist für die Religionsfreiheit, die in der ersten Zeit des Islam noch vorherrschte: „Im Namen Allahs, dem barmherzigen Wohltäter! Dies ist die Garantie, die den Bewohnern durch Omar, den Diener Gottes und Heerführer der Gläubigen, gewährt wird. Er verpflichtet sich dazu, die Rechte ihrer Person, ihre Güter, Kirchen, Kreuze und ihren Kult im Allgemeinen zu schützen. Ihre Kirchen werden weder zu Wohnstätten entfremdet noch zerstört; sie sollen keinen Schaden nehmen. Keinerlei Zwang wird ausgeübt und niemandem soll Schaden zugefügt werden. Dieses Schreiben steht unter der Autorität Allahs und dem Schutz des Propheten, der Kalifen und der Gläubigen ... Geschrieben und sogleich unterzeichnet in Gegenwart folgender Zeugen: Khaled ibn al-Walid, Amr ibn al-As, Abd al-Rahman ibn Awf, Moawija ibn Abu Sufjan, im Jahre 15 der Hidjra [638].“ Daraus erwuchs eine dauerhafte Verbindung zwischen Christen und Muslimen, die später auch der Kalif Harun ar-Raschid schützen sollte. Denn die Muslime respektieren Jesus als einen Propheten und verehren Maria als seine Mutter.

In frühislamischer Zeit hatte man die Juden zwar vom größeren Teil der Arabischen Halbinsel vertrieben, aber in den großen Städten anderer muslimischer Länder lebten sie weiterhin als Händler und Handwerker und in manchen ländlichen Distrikten als kleine Kaufleute. Dass sie überlebten und sogar eine Blütezeit erlebten, lag daran, dass es ihnen gelang, gewisse ökonomische Positionen zu besetzen. Diesen Erfolg erreichten sie nicht zuletzt deshalb, weil sie nicht mit einem der Staaten zu identifizieren waren, mit denen die Muslimherrscher von Zeit zu Zeit im Krieg lagen.

Für die Christen sah die Lage anders aus. Manche hatten religiöse Bindungen an das Byzantinische Reich und konnten in Kriegszeiten in den Verdacht geraten, mit dem Feind zusammenzuarbeiten. Die Bindungen ihrer Gemeinschaft waren nicht so eng wie bei den Juden; in einigen Landesteilen war das Christentum vielleicht auch nicht so tief verwurzelt. In Spanien gehörte ein großer Teil der Bevölkerung auch weiterhin der römisch-katholischen Kirche an; anderswo überlebte das Christentum in Sekten.

SEIDENER WANDBEHANG MIT REITER
Die im muslimischen Spanien hergestellten kostbaren Stoffe (13. Jh.) wurden in der ganzen Welt hoch geschätzt. Ihre Verzierungen bestanden oft aus farbigen Medaillons mit figürlichen Darstellungen, deren Umrandung häufig einen beschrifteten Zierstreifen aufweist, der einen kufischen Schreibstil erkennen lässt.

Die Verbreitung der arabischen Sprache

Die arabische Sprache verbreitete sich zusammen mit dem Islam, in manchen Gegenden war sie bereits in vorislamischer Zeit in Gebrauch. Als gesprochene Sprache stieß Arabisch in Iran an seine Grenze, denn dort sprach man weiterhin Persisch. Als Schriftsprache dagegen gab es für das Arabische in der Welt des Islam keine Grenzen. Die Religion trug die Sprache mit sich. Konvertiten nichtarabischer Herkunft, besonders Iraner, lasen den Koran auf Arabisch und spielten eine bedeutende Rolle bei der Ausformung des Gedanken- und Rechtssystems, das im Koran wurzelte.

Unter den Omaijaden erlebte die poetische Tradition eine Blüte; die meisten berühmten Dichter der frühen Periode entstammten noch arabischen Beduinenstämmen. Etwas hatte sich jedoch verändert. Unter der Schirmherrschaft der Höfe – dem Hof der Omaijaden in Damaskus, aber auch der Residenzen mächtiger Stammesführer – vergrößerte sich die geographische Reichweite der Dichtung, und nicht selten veränderte sich auch ihr Wesen. Preislieder auf die Mächtigen nahmen einen größeren Raum ein; gleichzeitig fand die Liebesdichtung *(Ghasel)* zu einem persönlicheren Ton.

Während der Spätzeit der Omaijaden und der frühen Periode der Abbasidenherrschaft veränderte der Islam den Blick der Menschen auf die arabische Sprache. Der Koran war das erste auf Arabisch geschriebene Buch; nach Überzeugung der Muslime war er auch in dieser Sprache geoffenbart worden. Für alle, die daran glaubten, dass der Koran das Wort Gottes sei, war es ein absolutes Gebot, dass sie seine Sprache verstanden.

Arabisch wurde nun das Ausdrucksmedium für alle, die den islamischen Glauben annahmen oder diese Sprache zumindest bei ihrer Arbeit oder in ihrem Land gebrauchten. Das Zentrum literarischen Schaffens verlagerte sich von den Oasensiedlungen und Stammeslagern in die neuen Städte: zunächst nach Basra und Kufa und dann in die neue Reichshauptstadt Bagdad. Das literarische Milieu schloss die Kalifen und ihre Höfe ein, also die hohen Würdenträger und die neue städtische Elite gemischter Herkunft. Mit dem Beginn des 9. Jh. sorgte die Einführung des Papiers für eine weitere Verbreitung der geschriebenen Werke. Zuvor hatte man zum Schreiben Papyrus und Pergament benutzt; aber in der zweiten Hälfte des 8. Jh. gelangte aus China die Technik der Papierherstellung in den Westen. Um die Mitte des 10. Jh. hatte das Papier den Papyrus mehr oder weniger verdrängt.

Die arabischen Schriften

Es war nur natürlich, dass mit der Verbreitung der arabischen Sprache in manchen Menschen das Bedürfnis nach einem umfassenden Verständnis wuchs. Die Grammatik des Arabischen wurde zuerst von Sibawaih, einem Nichtaraber, der 793 starb, systematisch erfasst. Alle späteren Werke basieren auf seinen Schriften. Der Wunsch, das Arabische besser zu verstehen, brachte Gelehrte auch dazu, die altarabische Dichtung zu sammeln und zu studieren. Gleichzeitig wurden die formalen Prinzipien der Dichtkunst ausgearbeitet, die einen großen Einfluss auf spätere Dichter haben sollten. Ibn Qutaiba (828–889), der erste bedeutende Literaturtheoretiker, schrieb eine Abhandlung über die typische Kasside. Nach seiner Ansicht sollte sie im eigentlichen Thema gipfeln – dem Lobpreis, der Elegie oder der Satire.

Die Schriften der Theoretiker waren für die Entwicklung der Dichtkunst vielleicht weniger von Bedeutung als die Praxis von Dichtern einer neuen Art. Ihre Dichtung war individueller als die der Verfasser vorislamischer Kassiden. Es entwickelte sich ein neuer Stil, der *badi*. Er war gekennzeichnet durch eine kunstvolle Sprache und rhetorische Figuren: Alles wurde nach wie vor in dem für die frühe Dichtung charakteristischen starren Rahmen von Metren und Reimen ausgedrückt.

Die Themen der Dichtung waren aber nun vielfältiger als zuvor. Die Dichter schrieben über die erotische Liebe und begnügten sich nicht mehr mit dem formalisierten Bedauern um den Verlust der Geliebten oder den Verzicht auf die verbotene Liebe. Manche Dichter beteiligten sich an den religiösen und ethischen Kontroversen der frühen islamischen Jahrhunderte.

Ein besonderes Gewicht wurde auf Panegyrik gelegt, das Preisgedicht. Seine Themen waren allerdings weniger der Stamm des Dichters, sondern vielmehr dessen Herrscher oder Gönner.

In späterer Zeit galt al-Mutanabbi (915–968) als größter Meister dieser Gattung. Er entstammte einer arabischen Familie, war in seiner Jugend politisch aktiv und lebte in

Abu Nuwas, der Dichterfreund des Kalifen

Mit seinen Gesängen, die Ausdruck überschwänglicher Lebensfreude sind, wurde Abu Nuwas gegen Ende des 8. Jh. zum berühmtesten arabischen Dichter der abbasidischen Epoche. Er wurde im südlichen Persien geboren und begab sich später nach Bagdad, wo er der Freund des Kalifen Harun ar-Raschid wurde. Mit seinem Werk erneuerte er die arabische Dichtung, deren Anfänge in der Wüste liegen: „Es ist der Wein, den ich besinge, nicht das Zelt der Beduinen." Er ist in allen literarischen Gattungen zu Hause, glänzt aber vor allem mit seiner bacchantischen, erotischen und satirischen Schreibweise, die nicht selten den Hauch des Skandalösen verströmt und die doch gewisse Grenzen nie überschreitet. Auch der „arabische Anakreon" genannt, besingt er die Süße des Weins, die Liebe schöner Jünglinge und die Freuden der Jagd und rühmt sich, entgegen den Vorschriften des Islam zu leben. Dem befreundeten Kalifen, der ihn dafür ins Gefängnis brachte, antwortete er: „Wenn Du den Abu Nuwas tötest, wo wirst Du dann einen anderen hernehmen?" Mit dem Alter weiser geworden, verstand er es durch seine mystische Dichtung, der Angst der Menschen vor dem Tod Ausdruck zu verleihen. Bis heute ist er in der arabischen Welt sehr populär geblieben.

späteren Jahren als Hofrichter verschiedener Herrscher in Aleppo, Kairo, Bagdad und Schiraz.

Die Dichter beriefen sich zwar auf eine alte Tradition, aber arabische Prosa war eine neue Entwicklung. Da nun der Koran das erste überlieferte Prosawerk in Hocharabisch darstellte, war das Entstehen von Folgewerken nicht verwunderlich. Geschichten über den Propheten und die Siege der Araber wurden gesammelt und niedergeschrieben, wozu populäre Prediger eine rhetorische Sprache für islamische Themen entwickelt hatten. Einige Zeit später wandte sich die Prosa auch erstmals Themen aus anderen Kulturkreisen zu. Eines der berühmtesten Beispiele dafür ist *Kalila und Dimna,* eine Sammlung moralischer Fabeln aus dem Tierleben von Ibn al-Mukaffa (ca. 720–756).

Eine andere Gruppe Schriftsteller ließ sich von der gewaltigen Welt inspirieren, die durch die Verbreitung des Islam und sein Reich entstanden war: die Vielzahl der Völker und Länder, die neue Vielfalt menschlicher Charaktere, die neuen Probleme von Moral und Verhalten. Sie versuchten, diese Themen im Licht der Normen des neuen islamischen Glaubens zu sehen und sie in einer angemessenen Form auszudrücken.

RABE UND FUCHS
Diese mameluckische Miniatur (14. Jh.) ist einer arabischen Übersetzung der indischen Fabeln des Bidpay entnommen – auch bekannt als Kalila und Dimna. *Dieses Buch diente der Erziehung von Fürsten und war oft bebildert. Die Miniatur steht in der Maltradition der Schule von Bagdad, auch wenn das dekorative Moment stärker in den Vordergrund tritt.*

Die *adab*-Literatur, die sich in der Frühzeit der Abbasiden entwickelte, sollte erbauen und unterhalten. Dies war ebenso der Hauptzweck der Makame, einer Sammlung von Erzählungen in gereimter Prosa *(sadsch).* Es sind Geschichten über einen Schwindler oder einen Landstreicher in allen möglichen Situationen. Diese Gattung blieb in den literarischen Kreisen Arabiens bis ins 20. Jh. populär.

Die Überlieferung der Vergangenheit ist in allen Gesellschaften wichtig. Aber in Gemeinschaften, die auf dem Glauben gründen, dass sich einmalige Geschehnisse zu bestimmten Zeiten und an bestimmten Orten ereigneten, ist sie von besonderer Bedeutung. Vor dem Aufkommen des Islam hatten die arabischen Stämme eigene mündliche Überlieferungen der Taten ihrer Vorfahren. In den frühislamischen Jahrhunderten erlangte die Geschichte eine neue Bedeutung und wurde nun schriftlich festgehalten. Es entwickelten sich zwei eng miteinander verwandte Gattungen. Auf der einen Seite schrieben

Philologen und Genealogen die mündliche Überlieferung der Geschichte der arabischen Stämme nieder. Andererseits war es noch wichtiger, die Ereignisse im Leben des Propheten und der ersten Kalifen, die ersten Eroberungen und die öffentlichen Angelegenheiten der muslimischen Gemeinde festzuhalten. Es entstand allmählich eine Unzahl von darstellenden Geschichten, und daraus entwickelten sich mehrere Literaturgattungen: Sammlungen von Hadithen; Biografien des Propheten, Sammlungen der Lebensbeschreibungen der Überlieferer von Hadithen und schließlich erzählende Historiografien, welche die göttliche Vorsehung im Hinblick auf seine Gemeinde überlieferten. Sie enthielten oft ein Element exemplarischer Erzählung, aber auch einen festen Kern Wahrheit. Die Einführung des islamischen Kalenders, der ab der Hidschra eine chronologische Ordnung schuf, lieferte den Rahmen, in dem die Ereignisse festgehalten werden konnten. Die Geschichtsschreibung erreichte mit dem Erscheinen von at-Tabari und al-Masudi im 9. Jh. ihre volle Reife. Ein anderer Schriftsteller, al-Biruni (973 – ca. 1050), ist einzigartig in der Breite seines Interessenspektrums.

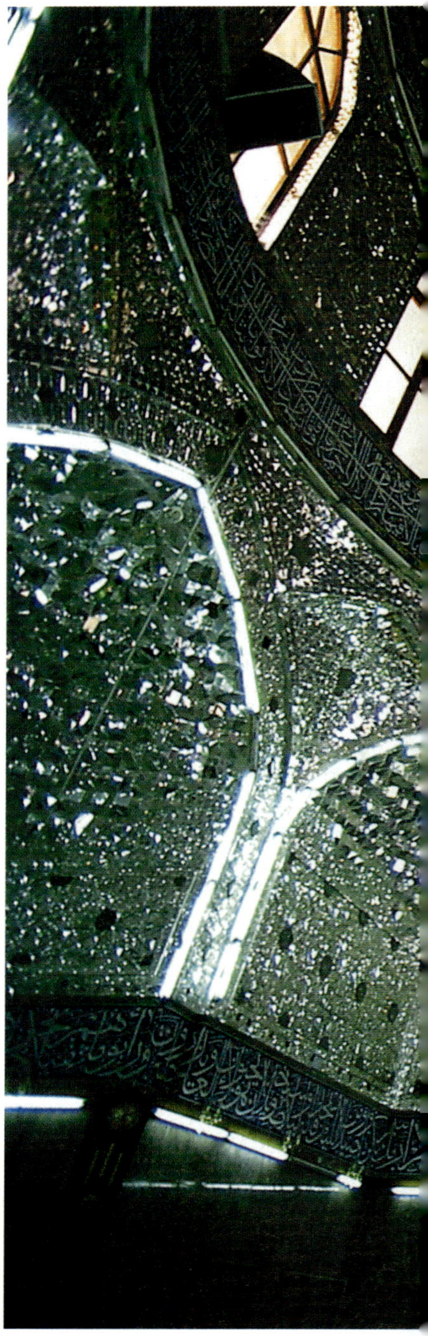

DIE RAWDA-ASKARIJA-MOSCHEE IN SAMARRA
(Innenraum, 19. Jh.) Unter der mit Spiegeln verkleideten Kuppel dieser Moschee in Irak befinden sich die Gräber des zehnten und elften schiitischen Imams, Ali al-Hadi (der Führer) und seines Sohnes Hasan al-Askari (der Soldat). An dieser Stelle verschwand 874 deren junger Enkel und Sohn Mohammed, der seither als der „erwartete“ oder „verborgene Imam“ gilt.

Die islamische Welt

Bis zum 3. und 4. islamischen Jh. (9. oder 10. Jh. n. Chr.) hatte sich eine erkennbar „islamische Welt“ herausgebildet. Deren äußere Formen waren durch eine Völkerwanderung weitergetragen worden – von Dynastien und ihren Armeen, von Händlern, die durch die Länder am Rand des Indischen Ozeans und des Mittelmeers zogen, und von Handwerkern, die durch ihre Auftraggeber von einer Stadt in die andere gelockt wurden. Diese Expansion wurde auch durch importierte oder exportierte Gegenstände begünstigt, die dem islamischen Stil entsprachen – durch Bücher, Metallarbeiten, Keramik und vielleicht besonders durch Textilien, die wichtigsten Waren des Fernhandels.

Vor allem die großen Gebäude waren äußere Symbole dieser „Welt des Islam“. Die Moschee war inzwischen in vielen Fällen ein Zentralbau, um den sich eine Reihe anderer religiöser Gebäude gruppierten: das Haus, in dem der Kadi Recht sprach, Herbergen für Reisende oder Pilger und Hospitäler für die Kranken. Diese Bauten zu finanzieren und zu unterhalten war ein vom Koran vorgeschriebenes wohltätiges Werk. Eine besondere Rolle für den Zusammenhalt der muslimischen Gemeinschaft über die Grenzen einer Stadt oder Region hinaus spielten die Heiligtümer. Bestimmte Pilger- und Gebetsstätten waren von früheren religiösen Traditionen übernommen worden und hatten eine islamische Bedeutung erhalten: Die berühmtesten Beispiele sind die Kaaba in Mekka, der Felsendom in Jerusalem oder das Grab Abrahams in Hebron. Neben ihnen entstanden neue Anziehungspunkte; die Gräber jener, die mit der Früh-

geschichte des Islam verbunden waren. Muslime sahen in Mohammed anfangs zwar einen Menschen wie alle anderen, doch mit der Zeit entstand die Glaubensvorstellung, er werde beim Jüngsten Gericht für sein Volk sprechen, und viele Muslime besuchten nun während der Wallfahrt nach Mekka auch sein Grab in Medina.

Die Grabstätten der schiitischen Imame, die für ihren Glauben gestorben waren, wurden schon sehr früh zum Ziel von Pilgern. Im Lauf der Zeit vermehrten sich überall in der islamischen Welt die Gräber derer, die als „Freunde Gottes“ galten und Fürsprache bei ihm einlegen konnten.

Andere Bauwerke waren Ausdruck der Macht eines Herrschers. Darunter befanden sich große Anlagen von allgemeinem Nutzen: Karawansereien entlang der Handelsstraßen und Aquädukte, die in den trockenen Ländern des Mittleren Ostens und des Maghreb die Bevölkerung der Städte mit Wasser versorgten. Infolgedessen breitete sich die Bewässerung des Agrarlandes mit der Expansion der Araber am Mittelmeer aus. Es waren jedoch die Paläste, die am eindrucksvollsten imperiale Größe demonstrierten: Lusthäuser, umgeben von Gärten und plätschernden Brunnen, Symbole für ein Paradies, und offizielle Paläste, die das Zentrum von Herrschaft und Rechtsprechung sowie des fürstlichen Lebens waren.

EIN FÜRSTLICHER ZEITVERTREIB
Die kulturellen Verbindungen zwischen dem Hof von Kairo und dem von Bagdad sind auf Holz- und Elfenbeinschnitzereien sichtbar, wie etwa auf dieser Verkleidung einer Kassette, auf der ein Reiter mit seinem Falken und ein Jäger mit seinem Wild dargestellt sind (11. Jh.). Kunstfertig werden so die Freuden der Jagd in der fatimidischen Epoche in Erinnerung gerufen.

Die Paläste hatten nichts spezifisch „Islamisches“, denn durch die Eingliederung großer Teile der Welt in das islamische Reich vereinigten sie Elemente unterschiedlichen Ursprungs zu einem neuen Ganzen. Ihre Wandgemälde zeigten in Darstellungen von Tieren und Menschen die traditionellen Attribute fürstlichen Lebens: den Kampf und die Jagd, den Wein und den Tanz.

In Gebäuden, die religiösen Zwecken dienten, vermied man solche figürlichen Darstellungen. Obwohl der Koran die Abbildung von Lebewesen nicht ausdrücklich verbot, sahen die meisten Rechtsgelehrten darin einen Verstoß gegen die alleinige Macht Gottes, Leben zu schaffen. Die Schreibkunst hatte für Muslime eine besondere Bedeutung, da sich Gott nach ihrem Glauben in arabischer Sprache offenbart hatte. Die Schriftform dieser Sprache wurde von Kalligrafen so hoch entwickelt, dass sie sich als Wandschmuck anbot. So wurde die Kalligrafie zu einer der wichtigsten islamischen Künste; die arabische Schrift schmückte nicht nur Gebäude, sondern auch Münzen, Messing- oder Tonwaren und Stoffe, besonders wenn sie in den königlichen Webereien hergestellt wurden und als Geschenke dienten. Man benutzte die Schrift, um den Ruhm und die Ewigkeit Gottes oder die Großzügigkeit und Erhabenheit eines Wohltäters oder das Können eines Architekten zu verkünden.

DIE ANFÄNGE DER GRABMALARCHITEKTUR

Das muslimische Gesetz, nach dem ein Toter unter einer nackten Steinplatte „in der Wüste" begraben werden musste, wurde lange Zeit respektiert. Die Kunst des Grabbaus tauchte auf islamischem Boden erst im 9. Jh. mit dem Qubbat as-Sulaibija, dem ältesten uns bekannten Grab, auf. Ob dieses Grabmal, das dem Kalifen al-Mustansir von seiner griechischen Mutter in Samarra errichtet wurde, auf christlichen oder türkischen Einfluss zurückgeht? Die andere Hypothese, nach der die Steppennomaden den Brauch pflegten, für ihre Bestattungszeremonien Zelte zu verwenden, scheint plausibler. Spätere Grabmäler wurden weiter im Osten erbaut, in von den Türken beherrschten Regionen. Das berühmteste ist das Ismail-Samani-Mausoleum in Buchara (9./10. Jh.), ein mit einer Kuppel bekrönter Kubus, der nach allen Seiten offen ist. Dieser Typus eines Bauwerks verbreitete sich im Osten wie im Westen und setzte sich als Vorbild für muslimische Grabmäler durch. Ihr jeweiliges Aussehen kann allerdings variieren: Die Bauten haben einen runden oder vieleckigen Grundriss, später kamen Grabtürme hinzu, die typisch für den Iran sind. Die Grabmalarchitektur weitete sich nach und nach aus, bis schließlich das Grab unter den indischen Moguln einem Palast ähnlich war.

Das „Haus des Islam" und das „Haus des Krieges"

Die Männer und Frauen im Nahen Osten und im Maghreb lebten spätestens im 10. Jh. in einem Universum, das in den Begriffen des Islam definiert war. Die Welt wurde eingeteilt in das Haus des Islam und das Haus des Krieges; Orte, die den Muslimen heilig waren oder mit ihrer Frühgeschichte in Zusammenhang standen, gaben dem Haus des Islam ihren unverkennbaren Charakter. Das Zeitmaß bildeten die fünf täglichen Gebete, die wöchentliche Predigt in der Moschee, die jährliche Fastenzeit im Monat Ramadan, die Wallfahrt nach Mekka und der islamische Kalender.

Der Islam gab den Menschen eine Identität, die sie von anderen abgrenzte. Außerhalb ihrer individuellen Existenz definierten sie sich bei den meisten Alltagsangelegenheiten über die Familie oder die weiteren Verwandtschaftsgruppen, die Hirtengruppe oder den Stamm, das Dorf oder den ländlichen Distrikt, das Viertel oder die Stadt. Daneben waren sie sich jedoch bewusst, dass sie einer größeren Einheit angehörten – der Gemeinschaft der Gläubigen *(umma)*. Die gemeinsamen rituellen Handlungen und die Auffassung von der Bestimmung des Menschen in dieser und in der nächsten Welt verbanden sie miteinander und trennten sie von den Menschen anderen Glaubens. Dabei war es ganz gleich, ob sie mit ihnen im Haus des Islam lebten oder außerhalb seiner Grenzen.

IBN-TULUN-MOSCHEE
Ibn Tulun, der nahezu unabhängige Statthalter der Abbasiden in Ägypten, erteilte einem koptischen Architekten den Auftrag, in Kairo eine Moschee zu bauen, die dann nach ihm benannt wurde und eine der ältesten der Stadt (9. Jh.) ist. Das spiralförmige Minarett erinnert an den Aufenthalt dieses ehemaligen türkischen Offiziers am Hof von Samarra.

PRUNKDOLCH
Mit seiner geschwungenen Form stellt dieser mit einem geometrischen Muster aus Filigrangold und Edelsteinen versehene Dolch (djambija) *ein Modell dar, das bis heute weitgehend unverändert erhalten geblieben ist. Die Klingen aus Damaskus, deren Herstellungsgeschichte bis in die Zeit der römischen Herrschaft zurückreicht, hatten einen hervorragenden Ruf.*

Kreuzrittersturme

Das christliche Emblem, das auf ihre Kleidung genäht war, brachte den Kämpfern, die dem Aufruf Papst Urbans II. zur Rückeroberung Jerusalems folgten, den Namen Kreuzritter ein. Der erste Kreuzzug (1096–99) endete mit der Eroberung Jerusalems. Es folgte ein Gegenangriff der Moslems, an den sich ein erfolgloser zweiter Kreuzzug anschloss (1147–49). 1187 wurde Jerusalem von Saladin zurückerobert. Ab diesem Moment lässt sich ein Zurückweichen der Kreuzritter beobachten. Der dritte Kreuzzug (1189–92), der von Philipp II. Augustus (Frankreich), Richard Löwenherz (England) und Kaiser Friedrich Barbarossa (der unterwegs ertrank) angeführt wurde, scheiterte: Saladin behauptete seine Macht in Jerusalem, gewährte den christlichen Pilgern jedoch freien Zutritt zu den heiligen Stätten. Der vierte Kreuzzug führte ab 1202 unter dem Einfluss der Venezianer nach Konstantinopel, das 1204 geplündert wurde. Der fünfte (1217–19), der nach Ägypten führte, gipfelte in einer erneuten Niederlage. Der sechste Kreuzzug (1228–29) stand im Zeichen der Diplomatie: Kaiser Friedrich von Sizilien erwirkte durch den Vertrag von Jaffa die Rückgabe der heiligen Orte Bethlehem, Nazareth und Jerusalem, während den Moslems das Recht auf die Beibehaltung der Moscheen zufiel. Die Besetzung Jerusalems durch die vor den Mongolen fliehenden Khwarazmier setzte diesem Abkommen 1244 ein Ende.

Die beiden letzten Kreuzzüge unter der Führung Ludwigs IX. von Frankreich markieren den Beginn der Vertreibung der Kreuzritter. Der eine endete in Ägypten mit einer demütigenden Niederlage (1254), der andere wurde vor Tunis durch den Tod des französischen Königs beendet, der ein Opfer der Pest wurde (1270). Als Herrscher über Ägypten vertrieben die Mamelucken die Kreuzritter mit der Eroberung Akkos (1291) endgültig aus Palästina.

Die Pracht der Kreuzritterfestungen kann nicht über die negativen Auswirkungen der Kreuzzüge hinwegtäuschen. Über die militärische Niederlage hinaus haben sie dauerhaft ein Klima mangelnden Verständnisses zwischen Orient und Okzident geschaffen und zudem den Graben zwischen den katholischen und orthodoxen Christen vertieft.

Die arabische Welt, die bald unter osmanische Herrschaft geriet, verlor nach den Kreuzzügen stetig an Glanz.

SELDSCHUKENKRIEGER
Bevor es Saladin gelang, im Vorderen Orient eine Einheit herzustellen, kam es gelegentlich zu erstaunlichen Bündnissen zwischen den Kreuzrittern und den Seldschuken – im Bild zwei ihrer Krieger.

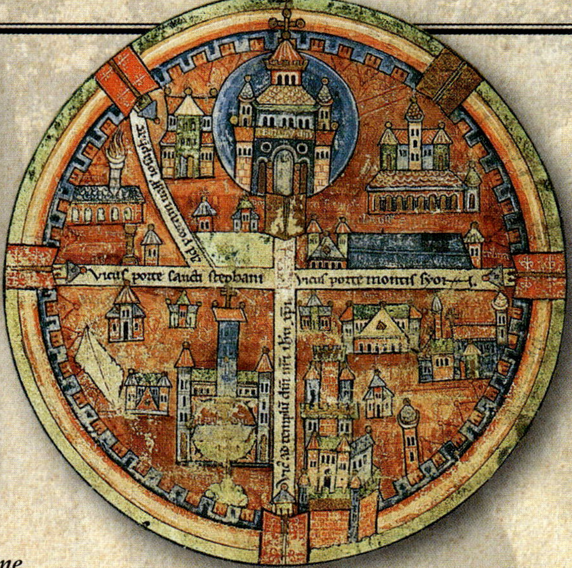

JERUSALEM
Auf alten Karten wird die Heilige Stadt in der idealen Form eines Kreises dargestellt, in dem die Monumente und heiligen Stätten vom Grab Jesu dominiert werden – dessen Rückeroberung als Hauptziel der Kreuzzüge galt.

SULTAN SALADIN
Der Herrscher, der Jerusalem von den Kreuzrittern zurückeroberte, beeindruckte das Abendland durch seinen Edelmut und seinen Scharfsinn. Als Sieger im Unabhängigkeitskampf gilt er in der arabischen Welt zugleich als Symbolfigur der Einheit.

SCHWIERIGER DIALOG

Die politische Lage verlangt heute die Vermeidung jeder gewaltsamen Konfrontation. Sie erfordert vielmehr einen Dialog zwischen den verschiedenen an das Mittelmeer grenzenden Staaten. Die Bemühungen dauern an, den Mittelmeerraum insgesamt zu einem Gebiet des Friedens, der Stabilität und des Wohlstands werden zu lassen. So lautet zumindest die politische, ökonomische und kulturelle Zielsetzung, die im Rahmen der ersten Mittelmeer-Konferenz 1995 in Barcelona festgehalten wurde. Symbolträchtig ist das Datum der Abschlusserklärung von Barcelona, in der die Partnerschaft der Europäischen Union mit zwölf Mittelmeerstaaten festgelegt ist: Der 27. November 1995 war der 900. Jahrestag des Aufrufs Urbans II. zum Kreuzzug nach Jerusalem.

KRIEGSKUNST
Ein Grund für die Erfolge der Moslems zu Zeiten Saladins war ihre militärische Aufstellung: Zum Angriff bereite Reiterscharen verbargen sich hinter einer Front aus Bogenschützen, denen ein Heer von Lanzenträgern voranging.

UNEINNEHMBARE FESTUNG
Unter allen Burgen der Kreuzritterzeit besticht dieser in Syrien gelegene Krak durch seine gewaltigen Ausmaße. Lange Zeit galt er als uneinnehmbar. An seiner Erstürmung scheiterte sogar Saladin. Erst dem Mameluckensultan Baibars gelang 1271 mithilfe einer List die Eroberung der Festung.

Kapitel 4

Die Ausformungen des Islam

Die Autoritätsfrage

Rituelle Axt
In der Zeit der Kreuzzüge als Waffe gedacht, wurde die Axt bald auch rituell bedeutsam. Auf diesem osmanischen Exemplar (16. Jh.) ist in Spiegelschrift mit Goldbuchstaben der Name Alis eingraviert, dessen Tapferkeit in den Schriften gelobt wird.

Die Verbreitung der arabischen Sprache bei anderen Völkern veränderte das Wesen dessen, was in dieser Sprache geschrieben wurde. Die Veränderung zeigte sich nicht nur in den säkularen Werken, sondern noch auffälliger in einer neuen Art Literatur, in der die Bedeutung und die Implikationen der von Mohammed erhaltenen Offenbarungen formuliert wurden. Wer zum Islam konvertierte, stand neuen Glaubensfragen gegenüber, die unumgänglich waren. Diese Fragen entsprangen nicht nur intellektueller Neugier, sondern auch der Kritik, die Christen, Juden und Zoroastrier am Islam übten, oder vielleicht mehr noch dem Bedürfnis, die Auswirkungen des Glaubens auf das Gesellschaftsleben herauszufinden. Natürlich versuchte man, diese Fragen im Licht des Allgemeinwissens zusammen mit eigenen, neu eingebrachten Denkmethoden zu beantworten.

Die Einfügung des Islam in ein System religiöser Wissenschaft und Praxis fand weitgehend während der Abbasidenzeit im Irak statt. In gewisser Hinsicht war sie eine Weiterführung von Gedankenströmungen, deren Anfänge in der vorislamischen Zeit liegen – was jedoch nicht heißt, dass der Islam ihnen keine neue Richtung gab. Gelehrten und Denkern standen für ihre Arbeit unterschiedliche Materialien zur Verfügung – allen voran der Koran. Darüber hinaus gab es eine lebendige Tradition, die zeigte, wie die Glaubensgemeinschaft sich seit der Zeit des Propheten verhalten hatte; ihr Kern war eine Art kollektive Erinnerung an das Wesen des Propheten. Auch erinnerte man sich an das öffentliche Handeln der Gemeinschaft und ihrer Oberhäupter, der Kalifen, vor allem an die Kämpfe und Kontroversen unter der Herrschaft von Othman, die unterdrückten Widerstandsbewegungen sowie Alis Anspruch auf das Kalifat und die ersten Spaltungen unter den Anhängern Mohammeds.

Die Suche nach religiösem Wissen, *ilm*, setzte bereits früh in der islamischen Geschichte ein. Allmählich entstand eine Körperschaft interessierter muslimischer Gelehrter (*alim*, Plural *ulama*). An erster Stelle stand das Autoritätsproblem. Die Lehre Mohammeds hatte eine Glaubensgemeinschaft entstehen lassen, die sich streng nach dem Koran richtete. Aber wer sollte in dieser Gemeinschaft Autorität haben, und wie sollte diese Autorität aussehen? Diese Frage ging einher mit Spaltungen und Konflikten in den ersten 50 Jahren und fand ihre Antwort in der Reflexion dieser Probleme. Sollte die Nachfolge Mohammeds, das Kalifat – oder Imamat –, allen Muslimen offen stehen, nur den Gefährten des Propheten oder nur seiner Familie? Wie sollte der Kalif gewählt werden? Wo lagen die Grenzen seines legitimen Handelns? Sollte man ihm den Gehorsam verweigern oder ihn absetzen, wenn er unrechtmäßig handelte?

Die verschiedenen Auffassungen

Im Lauf der Zeit kristallisierten sich unterschiedliche Einstellungen zu solchen Fragen heraus. Die Gruppe der Gläubigen, die später als Sunniten bekannt wurde, vertrat die Ansicht, es sei für alle Muslime wichtig, in Frieden und Eintracht zusammenzuleben. Die Sunna in ihrer entwickelten Form sah in den Kalifen jedoch weder Propheten noch unfehlbare Interpreten des Glaubens, sondern Führer, deren Aufgabe es war, den Frieden und die Gerechtigkeit in der Gemeinschaft zu erhalten. Dazu musste ein Kalif entsprechende Tugenden sowie Kenntnisse über die religiösen Gesetze besitzen. Überdies wurde allgemein akzeptiert, dass der Kalif aus dem Stamm des Propheten, den Koraisch, kommen sollte.

Nach Ansicht der Ibaditen jedoch musste es nicht jederzeit einen Imam geben, aber jeder Muslim konnte unabhängig von seiner Familie oder Herkunft Imam werden. Er sollte von der Gemeinde gewählt werden und in Übereinstimmung mit dem von Koran und Hadith vorgegebenen Recht handeln; wenn er dagegen verstieß, sollte er abgesetzt werden. Die schiitischen Strömungen erkannten die Ansprüche der ersten Kalifen nicht an. Für sie war Ali ibn Abi Talib der einzige rechtmäßig ernannte Nachfolger des Propheten als Imam. Sie waren indessen über die Legitimität der Nachfolger Alis und die Autorität der Imame zerstritten. Die Zaiditen standen in ihren Ansichten den Sunniten am nächsten. Sie vertraten den Standpunkt, dass jeder Nachkomme Alis und Fatimas Imam werden könne, vorausgesetzt er sei fromm, besitze die notwendigen Kenntnisse und habe unter Beweis gestellt, dass er stark genug war, um gegen das Unrecht vorzugehen. Und deshalb, so erklärten sie, könne sich die Linie der Imame immer wieder erneuern.

Die beiden anderen bedeutenden schiitischen Strömungen gingen jedoch noch weiter. Beide stimmten darin überein, dass der jeweilige Imam seinen Amtsnachfolger bestimmte und dass der so ernannte Imam der einzige und unfehlbare Interpret der vom Propheten empfangenen göttlichen Offenbarung wäre. Die Richtung, die später die meisten Anhänger gewinnen sollte, behauptete, die Nachfolge sei unter den Nachfahren Alis

DER *MINBAR* DER KUTUBJIA-MOSCHEE
Die erste Kanzel (minbar) *der Kutubija-Moschee in Marrakesch, die der Almohadenherrscher Ali ibn Yusuf 1137 in Córdoba anfertigen ließ, gilt als Meisterwerk andalusischer Holzschnitzkunst. An ihrer Außenseite befindet sich eine Intarsienarbeit mit geometrischem Muster.*

weitergegeben worden, bis der zwölfte Imam im 9. Jh. verschwunden war (daher der weit verbreitete Name „Zwölfter" oder *Ithna ascharija*). Da die Welt ohne einen Imam nicht bestehen konnte, glaubte man, der zwölfte sei nicht gestorben, sondern lebe im Verborgenen *(ghaiba)*; anfangs hielt er durch Vermittlung die Verbindung zu den muslimischen Gläubigen, danach war er den Blicken der Lebenden entzogen, die seine Wiederkunft erwarteten, mit der die Herrschaft des Rechts begründet würde. Die Ismailiten stimmten ihnen zu, dass der Imam der unfehlbare Interpret der Wahrheit sei, aber die Linie der sichtbaren Imame sei mit dem siebten, Muhammad ibn Ismail, zu Ende gegangen. Manche Anhänger dieser Richtung änderten jedoch ihre Überzeugung, als die Fatimidenkalifen das Imamat für sich beanspruchten. Diese unterschiedlichen Auffassungen von Kalifat oder Imamat führten zu unterschiedlichen Schlussfolgerungen für das Wesen der Regierung und ihre Rolle in der Gesellschaft.

Die Macht und Gerechtigkeit Gottes

In der Frage der menschlichen Autorität spiegelten sich in gewisser Hinsicht fundamentalere Fragen, die sich aus dem Koran ergaben: Fragen über das Wesen Gottes und seine Haltung gegenüber der Menschheit, über seine Einheit und seine Gerechtigkeit.

Mit Problemen dieser Art muss sich jede Religion auseinander setzen, die an einen höchsten Gott glaubt, der sich in irgendeiner Form den Menschen offenbart. Für Christen ist die Offenbarung an eine Person gebunden, und die prinzipielle theologische Frage kreiste in den ersten Jahrhunderten um die Beziehung dieser Person zu Gott; für Muslime ist die Offenbarung an ein Buch gebunden, das von fundamentaler Bedeutung ist.

Mauerornament mit dem Namen Allahs *(Fes, 14. Jh.)* *Im Zentrum des sternförmigen Polygons steht der Name Gottes. Von Allah, der den Auserwählten erst im Paradies erscheint, kann es keine andere Darstellung als eine solche Inschrift geben.*

Die Frage nach dem Wesen Gottes führte zu der Frage seines Verhaltens gegenüber den Menschen. Für jeden Menschen, der den Koran gelesen oder gehört hatte, ist Gott allmächtig und allwissend, aber der Mensch war auch eigenverantwortlich für sein Handeln und wurde von Gott gerichtet. Wie ließen sich diese beiden Aussagen vereinbaren? Auch das ist ein Problem, das jedem monotheistischen Glauben innewohnt: Ist der Mensch frei in seinem Handeln oder ist alles von Gott bestimmt? Hat der Mensch diese Handlungsfreiheit nicht, wie kann Gott ihn für seine Taten richten? Ist der Mensch aber frei und kann deshalb von Gott gerichtet werden, orientiert sich dann das Urteil an einem Rechtsprinzip? Wenn ja, gibt es dann nicht auch ein Rechtsprinzip, dem Gott in seinem Handeln unterworfen ist, und kann Gott dann „allmächtig" genannt werden?

Der Koran warf implizit solche Fragen auf. Daher überrascht es nicht, dass die ersten, gegen Ende des 1. islamischen (7. christlichen) Jh. entstandenen Dokumente zeigen, dass der Koran im Hedschas, in Syrien und in Iran mit einem dialektischen Denkansatz ausgelegt wurde; es bildeten sich die ersten so genannten Denkschulen. Die einen argumentierten, der Mensch habe einen freien Willen und bestimme seine Handlungen selbst; die anderen erklärten, der Mensch habe keinen freien Willen und Gott habe keine Attribute, die er mit den Menschen teile und anhand derer man ihn beschreiben könne.

Um die Mitte des 2. islamischen (8. christlichen) Jh. entstand eine Schule im umfassenderen Sinn, eine Schule von Denkern mit einer einheitlichen Haltung zu unterschiedlichen Problemen. Es handelte sich um die Mutasiliten („die sich absondern"). Nach ihrer Überzeugung ließ sich die Wahrheit finden, wenn man den Inhalt des Korans unter dem Aspekt der Vernunft betrachtete. Auf diese Weise formulierten sie Antworten auf längst gestellte Fragen und erklärten: Gott ist der Alleinige. Er hat keine Attribute, die seinem Wesen etwas hinzufügen. Vor allen Dingen hat er keine menschlichen Attribute; der Koran kann nicht das von ihm gesprochene Wort sein, er muss auf andere Weise geschaffen worden sein. Gott ist gerecht und deshalb an ein Rechtsprinzip gebunden. Der Mensch muss frei sein, denn es wäre ungerecht, den Menschen für Handlungen zu richten, die er nicht aus freiem Willen begehen kann. Wenn die Menschen frei sind und dem Gericht unterliegen, folgt daraus, dass der Glaube ohne gute Werke nicht genügt.

Die Kontroverse zwischen Traditionalisten und Rationalisten

Zur gleichen Zeit entwickelte sich jedoch eine andere Betrachtungsweise. Sie war vorsichtiger und skeptischer im Hinblick auf die Möglichkeit, mithilfe der Vernunft zu einer einheitlichen Wahrheit zu gelangen. Es war klar, dass eine Ausweitung rationalen Argumentierens und Debattierens eine Gefahr für die Glaubensgemeinschaft darstellte. Ihre Anhänger maßen der Erhaltung der Einheit von Gottes Volk größere Bedeutung bei als der Übereinstimmung in dogmatischen Fragen. Sie hielten die Welt des Korans für die einzige Grundlage für Glauben und Volksfrieden. Richtschnur für die Interpretation des Korans sollte die Praxis des Propheten und seiner Gefährten, die Sunna, sein, und zwar

DIE SUNNITISCHEN RECHTSSCHULEN ANGESICHTS DER ERNEUERUNG

Das islamische Gesetz ist zum Gegenstand verschiedener Interpretationen geworden. Im Sunnismus haben die Rechtsschulen *(madhhab)*, die im 13. Jh. entstanden sind, diese Denkarbeit mit einer mehr oder weniger liberalen Haltung geleistet. Man unterscheidet im Wesentlichen vier Schulen oder Lehrmeinungen.

Die hanbalitische Schule (gegründet in Bagdad von Ibn Hanbal) gilt als die strengste, da sie die Auslegung des Korans mit der Praxis des Propheten und seiner Gefährten verbindet und sich jeder Neuerung widersetzt. Nach ihrer Reform durch den Denker Ibu Taimija stand sie Pate für die weitaus radikalere Bewegung der Wahhabiten, die zur Gründung Saudi-Arabiens führte.

Die malikitische Schule (gegründet in Medina von Malik Ibn Anas), die stark an die durch Sunna und Hadith begründete Tradition angelehnt ist, ist im Maghreb und in Westafrika weit verbreitet.

Die schafiitische Schule (von Asch-Schafii, einem palästinensischen Rechtsgelehrten begründet) argumentiert mittels Analogiebildung, um das muslimische Gesetz bestimmten Situationen anzupassen. Dabei wird zwischen „guten" und „tadelnswerten" Neuerungen unterschieden. Diese Schule ist in Ägypten, Indonesien, Malaysia und Südostasien vorherrschend.

Die hanafitische Schule (gegründet von einem Iraner, Abu Hanifa) vertritt die offenste Lehre. Sie schreibt dem Urteil der Gelehrten mehr Bedeutung zu, da sie die persönliche Auslegung *(idjtihad)* aufwertet. Mit der Zeit setzten sich jedoch die Einhaltung der Tradition und das Streben nach Imitation *(taqlid)* durch. Diese Schule wurde von den Osmanen privilegiert und wird auch von den nicht Arabisch sprechenden Muslimen in der Türkei, in Afghanistan, Pakistan, in Bangladesch, Indien und China bevorzugt.

so, wie sie an spätere Generationen weitergegeben wurde. Ahmad ibn Hanbal (780–855) war der bedeutendste Vertreter dieser Schule und wurde wegen seiner Auffassung zeitweise verfolgt. Das Einzige, so sagt ibn Hanbal, worauf der Gläubige sich stützen kann, sind der Koran und die Sunna des Propheten; beide zeigen, dass Gott allmächtig ist und dass seine Gerechtigkeit nicht die menschliche Gerechtigkeit ist. Mit diesen grundlegenden Gedanken wurde die Sunna zu einer ausgeformten Glaubensrichtung. Die Kontroverse zwischen den Rationalisten und den Anhängern von Ibn Hanbal hielt lange an – allerdings unter sich wandelnden Vorzeichen. Ein Religionsgelehrter, der im Wesentlichen die „traditionalistische" Haltung vertrat, verteidigte sie mit der Methode des rationalen Denkens *(kalam)*: al-Aschari (873–935) trat für eine wörtliche Interpretation des Korans ein, behauptete aber, dass sich dies nur bis zu einem gewissen Punkt durch die Vernunft rechtfertigen lasse, und darüber hinaus müsse der Koran einfach akzeptiert werden. Gott war der Alleinige. Seine Attribute waren Teil seines Wesens, waren nicht Gott, aber auch nicht verschieden von Gott. Zu ihnen zählten Hören, Sehen, Sprechen, aber sie waren nicht wie das Hören, Sehen und Sprechen der Menschen; dies musste akzeptiert werden „ohne zu hinterfragen" *(bila kaif)*. Gott ist die unmittelbare Ursache allen Geschehens im Universum und durch nichts außerhalb seiner selbst begrenzt. Er verleiht dem Menschen die Macht zu handeln; er will und er schafft, was gut und was böse ist. Die richtige Reaktion des Menschen auf das geoffenbarte Wort Gottes ist der Glaube; ist ein Mensch gläubig, tut aber kein gutes Werk, ist er dennoch ein Gläubiger, und der Prophet wird am jüngsten Tag für ihn da sein.

Die *Schahada*, das islamische Glaubensbekenntnis *(Pakistan, 17. Jh.) Als erste der fünf Säulen des Islam besagt die* Schahada, *„es gibt keinen anderen Gott als den einen Gott" und „Mohammed ist sein Gesandter". Mit der Äußerung dieser Formel bekennt man sich zum Islam und gibt sich als Muslim zu erkennen. Diese Worte sind zu einem beliebten Motiv der Kalligrafie geworden.*

Im Denken al-Ascharis liegt ein gewisser Nachdruck auf der Bedeutung des Nichtstreitens in der Religion und auf der Anerkennung der Herrschaft eines Imam oder Kalifen, ohne sich mit dem Schwert dagegen aufzulehnen.

Die Scharia oder das islamische Gesetz

Der Koran enthält implizit nur ein Lehrsystem, aber er sagt den Menschen explizit, was Gott von ihnen erwartet. Er beinhaltet nur wenige genaue Anweisungen, zum Beispiel im Hinblick auf die Ehe und die Besitzverteilung nach dem Tod eines Muslim; meist wird der Wille Gottes jedoch in Form allgemeiner Prinzipien zum Ausdruck gebracht.

Die gedankliche Auseinandersetzung mit dem Koran und die Praxis der frühislamischen Gemeinde führten bald zu einer allgemeinen Übereinkunft im Hinblick auf gewisse Grundpflichten des Muslim, die so genannten „Säulen des Islam". Dazu gehörten das öffentliche mündliche Bekenntnis: „Es gibt keinen Gott außer Gott, und Mohammed ist der Prophet Gottes", sowie das rituelle Gebet *(salat)*, bei dem bestimmte Worte in einer bestimmten Häufigkeit und in festgelegter Körperhaltung wiederholt werden mussten; das sollte fünfmal am Tag geschehen. Andere „Säulen" waren die Spende eines gewissen Einkommensanteils für wohltätige Zwecke oder für das Allgemeinwohl *(zakat)*, das strenge Fasten *(sawm)* von Sonnenaufgang bis Sonnenuntergang für einen Monat im Jahr, den Ramadan, der mit einem Fest endete, sowie der *hadsch*, die Wallfahrt nach Mekka zu einem festen Zeitpunkt im Jahr, die ebenfalls mit einem Fest endete, an dem die ganze Glaubensgemeinschaft teilnahm. Zu diesen Bräuchen gehörte eine Hauptanweisung: dem Weg Gottes – Dschihad – zu folgen. Das konnte eine weit gefasste oder auch die präzise Bedeutung haben, für die Ausdehnung der Grenzen des Islam zu kämpfen.

Zur Zeit der ersten Kalifen und der Omaijaden gab es daher zwei Entwicklungen. Der Herrscher, seine Statthalter und Bevollmächtigten, die Kadis, sprachen Recht. Dabei respektierten sie die Bräuche und Gesetze anderer Religionen. Zugleich versuchten aber strenggläubige Muslime, alles menschliche Handeln ihrer Religion zu unterstellen. Dazu mussten sie nicht nur den Koran interpretieren, sondern auch die überlieferten Erinnerungen der Gemeinde.

Die beiden Prozesse verliefen nicht völlig voneinander getrennt. Der Kalif, Statthalter oder Kadi änderte zweifellos bestehende Bräuche im Licht der ideengeschichtlichen Entwicklung des Islam, und die Gelehrten übernahmen manches von den herrschenden Sitten der jeweiligen Gemeinschaft in ihr Idealsystem. Zu Beginn gab es jedoch wenig Berührungspunkte. Außerdem zeigten sich innerhalb der beiden Entwicklungen unterschiedliche Tendenzen.

Mit dem Aufkommen der Abbasiden um die Mitte des 2. islamischen Jh. veränderte sich jedoch die Lage. Die Entstehung eines zentralistisch und bürokratisch regierten Staates verlangte eine Übereinstimmung darüber, wie Streitfälle geregelt und die Gesellschaft regiert werden sollte. Die von den Abbasiden beanspruchte religiöse Legitimation ihrer Herrschaft verlangte darüber hinaus, dass alles, worauf man sich einigte, auf der Lehre des Islam basierte. So kamen sich die beiden Entwicklungen näher. Der Kadi wurde, zumindest in der Theorie, ein von der Exekutivmacht unabhängiger Richter, der Entscheidungen im Licht der religiösen Lehre traf. Der Koran, die Praxis (Sunna) des Propheten, zusammengefasst in den Hadithen, die Meinungen von Gelehrten, die Praxis örtlicher Glaubensgemeinschaften – all das war wichtig, doch es gab noch keine Einigkeit darüber, wie ihre Beziehung untereinander auszusehen hatte.

Das Gebet
Die zweite Säule des Islam ist das Gebet (salat). *Fünfmal am Tag spricht es der Gläubige gen Mekka. Begleitet wird es von rituellen Waschungen und genau festgelegten Gesten.*

Die schafiitische Interpretation und die Gesetzesschulen

Den entscheidenden Schritt zur Definition der Rechtsprechung unternahm Asch-Schafii (767–820). Der Koran, so erklärte er, sei das eigentliche Wort Gottes: Er drücke den Willen Gottes in allgemeinen Regeln und Geboten zu bestimmten Angelegenheiten aus, so zu Gebet, Almosen, Fasten, Wallfahrt, Verbot des Ehebruchs, Verbot von Wein und Schweinefleisch. Von gleicher Bedeutung sei jedoch die Praxis (Sunna) des Propheten, die in den Hadithen aufgezeichnet worden war. Sie habe größeres Gewicht als die Traditionen der verschiedenen Gemeinden. Die Sunna des Propheten sei eine deutliche Manifestation des göttlichen Willens, und ihr Rang werde durch Koranverse bestätigt: „Oh ihr, die ihr glaubt, gehorchet Gott und seinem Gesandten." Die Taten und Worte des Propheten gäben Anleitung bei Dingen, zu denen der Koran schweige.

ZIERKACHEL MIT DEM MA SHA ALLAH
Der fromme Muslim handelt stets im Angesicht Gottes und bestärkt die Hoffnung auf Erfüllung seiner Wünsche am Ende einer Rede mit den Worten „In sha Allah" (So es Gott gefällt). In dem Kreis dieser mit einem Blumenmuster verzierten osmanischen Kachel (19. Jh.) findet man eine andere, im Vorderen Orient gebräuchliche Formulierung: „Ma sha Allah" (Was Gott gefällt).

Der göttliche Wille mochte in Koran oder Sunna noch so klar zum Ausdruck kommen, es blieb das Problem der Interpretation. Nach Asch-Schafii gab es für den gewöhnlichen Muslim nur eine Methode, Irrtümer zu vermeiden: Er musste Religionslehrern die Auslegung überlassen, die mithilfe ihrer Vernunft innerhalb enger Grenzen erklärten, was Koran und Hadith enthielten. Wenn sich eine neue Situation ergab, sollte jemand, der seine Vernunft einsetzen konnte, mithilfe der Analogie *(qijas)* die Problemlösung finden. Diese disziplinierte Anwendung der Vernunft bezeichnete man als *idschtihad*; die Rechtfertigung dafür fand sich in einem Hadith: „Die Gelehrten sind die Erben des Propheten." Führte dieser Weg zu einer Einigung, hatte dieser Konsens *(idschma)* Wahrheitsgehalt.

Asch-Schafii fügte seinen Interpretationsprinzipien eine Art Anhang hinzu, der allgemein akzeptiert wurde: Wer den Koran und die Sunna auslegt, muss die arabische Sprache ausreichend beherrschen. Asch-Schafii zitiert Stellen des Korans, in denen erwähnt wird, dass er in arabischer Sprache geoffenbart worden war. Nach Asch-Schafiis Ansicht sollte jeder Muslim wenigstens so viel Arabisch lernen, dass er das Glaubensbekenntnis – Schahada – ablegen, den Koran rezitieren und Gott mit den Worten *„Allahu akbar"* (Gott ist groß) anrufen konnte.

Nachdem diese Grundsätze festgelegt worden waren, konnte man versuchen, sie mit allgemeinen Gesetzen und Moralvorschriften zusammenzuführen. Dieser Denkprozess *(fiqh)* führte zu einem Ergebnis, das als Scharia bezeichnet wurde. Es entstand eine Reihe von „Gesetzesschulen" (*madhahib*, Singular *madhhab*), die sich nach frühen Religionsgelehrten benannten, auf die sie sich stützten: die Hanafiten (von Abu Hanifa), die Malikiten (von Malik), die Schafiiten (von Asch-Schafii), die Hanbaliten (von ibn Hanbal).

Die vier Schulen gehörten alle der sunnitischen Gemeinde an. Andere muslimische Gruppierungen hatten eigene verbindliche Systeme von Recht und Gesellschaftsmoral.

Trotz des teils theoretischen Wesens der Scharia, oder gerade deshalb, sollten die *ulama*, die sie lehrten, auslegten und anwandten, eine besondere Stellung in den muslimischen Staaten und Gesellschaften einnehmen. Im Großen und Ganzen versuchten sie jedoch, sich sowohl von der Politik als auch von der Gesellschaft fernzuhalten; sie wahrten das Bewusstsein von einer gottgeleiteten Gemeinde, die die Zeiten überdauerte und nichts mit den Interessen von Herrschern oder den Launen der Volksmeinung zu tun hatte.

Die Traditionen des Propheten: Sunna und Hadith

Die Gemeinde, die sich um Mohammed bildete, hatte von Anfang an ein gewohnheitsmäßiges Verhaltensmuster, eine Sunna, in zwei Ausformungen. Als Gemeinde schuf sie sich im Lauf der Zeit ihr eigenes Modell rechten Verhaltens, das sich aus einer Art Konsens heraus entwickelte. Der Gemeinde gehörten jedoch auch Menschen an, die versuchten, die Sunna des Propheten zu bewahren, die Erinnerung daran, was er gesagt und getan hatte. Seine Gefährten erinnerten sich an ihn und gaben ihr Wissen an die nächste Generation weiter. Die Berichte von seinen Taten und Worte, die Hadithe, wurden schon sehr früh nicht nur mündlich, sondern auch schriftlich überliefert. Der Vorgang war damit jedoch nicht abgeschlossen. Die Sunna der Gemeinde und die überlieferte Sunna des Propheten variierten von Ort zu Ort und von Zeit zu Zeit. Am Anfang war die Sunna der Gemeinde die wichtigere, aber mit der Zeit maßen Rechtsgelehrte und Theologen der Sunna des Propheten eine größere Bedeutung bei. So entstand eine kritische Bewegung mit dem Ziel, das Wahre vom Falschen zu unterscheiden. Möglicherweise gegen Ende des 1. islamischen Jh. begannen religiöse Denker auf der Suche nach Gewährsleuten, die zum Beispiel von ihren Eltern eine mündliche Überlieferung bekommen hatten, weite Reisen zu unternehmen. Sie versuchten, eine Überlieferung möglichst durch eine Kette von Gewährsleuten auf den Propheten oder einen seiner Gefährten zurückzuführen. Dadurch wurde der Corpus der Überlieferungen verringert und vereinheitlicht.

Durch diesen Prozess, teils durch Erinnerung, teils durch Erfindung, nahmen die Hadithe ihre endgültige Form an. Jeder bestand aus zwei Teilen: einem Text, der einen Ausspruch oder eine Handlung des Propheten wiedergab, sowie der Aufzählung der Überlieferer zurück bis zu einem Gefährten des Propheten, der den Ausspruch gehört oder das Geschehen als Zeuge mit angesehen hatte. Beide Elemente waren keineswegs unanfechtbar. Der Text konnte erfunden oder falsch in Erinnerung geblieben sein und dasselbe galt auch für die Überlieferer. Deshalb bestand die Notwendigkeit einer wissenschaftlichen Hadith-Kritik, durch die das Wahre vom Falschen unterschieden werden konnte.

DER SCHUH DES PROPHETEN
Die Zeichnung aus einer Sammlung des Hadith (Fes, 19. Jh.) zeigt den Schuh des Propheten. Die Hadithe ziehen Lehren aus Reden und Gesten Mohammeds. Nach dem Koran sind sie die wichtigste Quelle islamischer Gesetzgebung.

Gelehrte, die sich die kritische Untersuchung der Hadithe zur Aufgabe machten, richteten ihr Hauptaugenmerk auf die Überliefererkette *(isnad)*. Sie überprüften die Geburts- und Sterbedaten sowie die Wohnorte von Überlieferern verschiedener Generationen und ob sie sich möglicherweise begegnet waren und untersuchten die Glaubwürdigkeit der Betreffenden.

Anhand dieser Kriterien konnten die Gelehrten die Überlieferungen nach dem Grad ihrer Zuverlässigkeit ordnen. Die beiden großen Sammlungen von Mohammed ibn Ismail al-Buchari (810–870) und Muslim ibn al-Hadjdjadj (um 820–875) enthalten nur solche Hadithe, von deren Authentizität die Autoren überzeugt waren. Andere Sammlungen, denen man eine gewisse Autorität zubilligte, legen weniger strenge Maßstäbe an.

Die meisten westlichen Wissenschaftler und einige moderne Muslime sind noch weit skeptischer als Buchari oder Muslim und halten viele Hadithe, die diese als authentisch ansahen, für Konstruktionen, die aus dem Meinungsstreit über Autorität und Doktrin oder die Entwicklung der Rechtsordnung erwuchsen. Damit soll jedoch die bedeutende Rolle, die Hadithe in der Geschichte der muslimischen Gemeinschaft gespielt haben, nicht infrage gestellt werden. Ebenso wichtig wie die Frage nach ihrem Ursprung ist die nach der Art ihrer Anwendung. Wenn der Feind vor den Toren stand, forderte der Herrscher vielleicht die Ulama auf – als eine Art Bekräftigung dafür, was Gott für sein Volk getan hatte –, in der großen Moschee Abschnitte aus der Sammlung Bucharis zu lesen. Spätere Autoren, die sich mit Theologie, Rechts- oder Geisteswissenschaften befassten, konnten ihre Ideen auf Hadithe aus dem großen Reservoir stützen, das selbst dann noch vorhanden war, nachdem Buchari und Muslim ihre Werke vorgelegt hatten.

SCHALE EINES DERWISCHS *(S. 71) Das Almosen, eine der fünf Säulen des Islam, gibt dem Reichen die Gelegenheit, die Armen vor den Toren der Gebetsstätten zu unterstützen. Dies ist die Pflicht eines jeden Muslim, auch wenn er nur wenig wohlhabend ist. Diese Holzschale, die im Iran aus der Schale einer Frucht geschnitzt wurde (19. Jh.), zeigt zwei Figuren, von denen eine als Gebende, die andere als Nehmende abgebildet ist.*

Der Pfad der Mystik: der Sufismus

Die Theologie, die Rechts- und die Traditionswissenschaft nahmen ihren Ausgang bei den Aussagen des Korans und ihre Wirkung bestand darin, dass sie die Ansprüche des Islam untermauerten und die Abgrenzungen zu den verwandten Religionen festigten. Es gab aber auch Gedankenströmungen, die einen ähnlichen Ansatz hatten, jedoch dazu neigten, die Gemeinsamkeit der Muslime mit den Anhängern anderer Religionen zu betonen.

RABIA, EINE ANGEHÖRIGE DER SUFIS

Obwohl man sie in engen Zusammenhang mit dem Mystiker Hasan von Basra (gest. 729) bringt, scheint Rabia al-Adawija, genannt Rabia von Basra, nach ihm gelebt zu haben und erst 821 gestorben zu sein. Als Anhängerin des Sufismus stand sie noch in der Tradition der Asketik des 7. Jh.: Gebet, Meditation, Fasten und Kasteiung gehörten zu ihrem Alltag, ihre Einsamkeit wurde nur durch die Pilgerreise nach Mekka unterbrochen. Den Versepen Attars zufolge hatte sie, obwohl sie eine Frau war, den Rang einer „zur Elite Gehörenden". Sie begründete die Lehre von der göttlichen Liebe, die später einer der wesentlichen Züge des muslimischen Mystizismus wurde: „Mein Gott, lass mich Deiner Liebe so sehr teilhaftig werden, dass keine andere Liebe von mir Besitz ergreifen kann. [...] Wenn ich Dich aus Angst vor dem Höllenfeuer liebe, so verbrenne mich darin. Wenn ich Dich aus Sehnsucht nach dem Paradies liebe, so verbanne mich aus dem Paradies. Wenn ich Dich um deinetwillen liebe, so offenbare mir Deine Schönheit." Auf sie geht die berühmte, v. a. im Europa des 18. Jh. bekannte Allegorie von der Heiligen zurück, die in der einen Hand einen Schlauch Wasser hält, um das Höllenfeuer zu löschen, in der anderen eine Fackel, um den Himmel anzuzünden. Eine Heirat lehnte sie ab, um dem Herrn allein zu gehören.

Eine dieser Richtungen des Denkens und Handelns bezeichnet man allgemein als „Mystizismus“; die arabische Entsprechung dieses Wortes ist *tasauwuf* (im Deutschen: Sufismus), was sich möglicherweise auf die wollenen Gewänder *(suf)* bezieht, die manche der frühen Anhänger angeblich getragen haben. Man ist sich inzwischen einig, dass der Koran die Inspirationsquelle für den Mystizismus war.

Bereits in frühislamischer Zeit scheinen zwei eng miteinander verbundene Entwicklungen eingesetzt zu haben. Es gab eine Strömung hin zu Frömmigkeit und Gebet mit dem Ziel, auf eigennützige Motive und weltliche Genüsse zu verzichten, und eine andere, die über die innere Bedeutung des Korans meditierte. Beide Bewegungen entstanden mehr in Syrien und im Irak als im Hedschas und bezogen ihre Impulse aus den Denkweisen und Formen moralischen Handelns, die bereits in der muslimischen Gesellschaft existierten. Die Konvertiten hatten ihre eigenen Sitten in den Islam eingebracht, und sie lebten in einer Umgebung, die immer noch mehr christlich und jüdisch als muslimisch war. Es war die letzte große Zeit des ostchristlichen Mönchtums und asketischen Denkens und Handelns. Der Prophet hatte mönchisches Leben im Prinzip missbilligt. „Kein Klosterleben im Islam“, heißt es in einem berühmten Hadith, und die islamische Entsprechung war, wie man sagte, der Dschihad. In Wirklichkeit scheint der Einfluss christlicher Mönche jedoch sehr tief greifend gewesen zu sein: Ihre Vorstellung von einer verborgenen Welt der Tugend, die den bloßen Gesetzesgehorsam weit übersteigt, und der Glaube, dass der Rückzug aus der Welt, Kasteiung und die Wiederholung des Namens Gottes im Gebet mit Gottes Hilfe zur Reinheit des Herzens und zur Befreiung von allen weltlichen Dingen führen kann.

Bei den frühen Mystikern findet das Bewusstsein von der Ferne und der Nähe Gottes seinen Ausdruck in der Sprache der Liebe: Gott ist das einzige angemessene Objekt menschlicher Liebe. Das Leben des wahren Gläubigen ist ein Pfad, der zur Erkenntnis Gottes führt. So wie der Mensch Gott näher kommt, so kommt Gott dem Menschen näher und wird „sein Sehen, sein Hören, seine Hand und seine Zunge“.

In einem Teil seiner fragmentarisch überlieferten Autobiografie zeigt at-Tirmidhi, ein Schriftsteller des 3. islamischen Jh., der über spirituelle Themen schrieb, wie eine Seele zum Pfad geführt werden kann. Im folgenden Jahrhundert wurden der Pfad, auf dem Männer und Frauen Gott näher kommen konnten, sowie das Ende dieses Pfades weiter erforscht. Möglicherweise kannte man bereits im 8. Jh. das charakteristische Ritual, gemeinsam den Namen Gottes zu wiederholen *(dhikr)*; zu dem Ritual gehörten verschiedene Körperbewegungen, Atemübungen oder Musik, um die Seele von den Zerstreuungen der Welt freizumachen. Die Gedanken der Sufimeister über das Wesen des Wissens, das am Ende des Pfads stand, wurden von den Gläubigen, die den Pfad beschritten, festgehalten. Auf diese Weise entstand das Gefühl einer Gruppenidentität unter jenen, die sich auf dieser „Reise“ befanden.

Die ersten mystischen Schriften

Im 3. islamischen Jh. wurden der Pfad zur Erkenntnis Gottes und das Wesen dieser Erkenntnis zum ersten Mal in einer systematisierten Form zum Ausdruck gebracht. In den Schriften von al-Muhasabi (9. Jh.) wird die Lebensweise eines Wahrheitssuchenden beschrieben, und al-Dschunaid (9./10. Jh.) analysiert das Wesen der Erfahrung, die am Ende des Pfades liegt. Dort könnte der treue Gläubige vielleicht für einen kurzen Augenblick Gott von Angesicht zu Angesicht gegenüberstehen. Danach kehrt er in seine eigene, weltliche Existenz zurück; in sich aber trägt er die Erinnerung an diesen Moment, an die Nähe Gottes, aber auch an seine Transzendenz. Muhasabi und Dschunaid lebten und schrieben nach sunnitischer Tradition. Sie kannten die Scharia und ihnen lag daran, dass ein Muslim, egal wie weit er auf dem mystischen Pfad fortgeschritten war, die Gebote treu befolgte.

KALLIGRAFIE AUF ELFENBEIN
Mit einer Ziselierung auf Elfenbein und zierenden Pflanzenmotiven rühmt diese in der beliebten Schreibweise jener Zeit gehaltene Inschrift (15. Jh.) den Sultan Qait-Bay und seine siegreiche Herrschaft. Sie stammt aus der Medresse, die zu Ehren dieses Mameluckenherrschers in Kairo erbaut wurde.

Ihre Vorstellung von der überwältigenden Größe und Macht Gottes steht der eines Theologen wie al-Sch'ari, für den die Kraft allen Handelns von Gott kommt und ein Gläubiger auf Gottes Führung hoffen kann, nicht allzu fern. In beiden Auffassungen lebt die Vorstellung vom Einbruch des Göttlichen in das menschliche Leben und von einer unergründlichen Vorsehung, die das Leben der Menschen nach ihren Absichten formt. Das Gefühl, von der Präsenz Gottes erfüllt zu sein, und sei es auch nur für einen Augenblick, konnte berauschend wirken. Manche Sufis, deren Vorstellungen sich nicht sehr von denen Dschunaids unterschieden haben mögen, versuchten, die unbeschreibliche Erfahrung in einer hyperbolischen und farbigen Sprache auszudrücken, die Widerspruch wecken konnte. Ein berühmtes Beispiel ist al-Halladsch (um 857–922), der in Bagdad wegen blasphemischer Äußerungen hingerichtet wurde. Sein Ausspruch: „Ich bin die Wahrheit (oder Gott)“, war vielleicht nur ein Versuch, die mystische Erfahrung, in der die Eigenschaften des Menschen von denen Gottes ersetzt werden, in Worte zu fassen.

DIE MYSTISCHEN THEMEN DES KORAN

Der Sufismus entlehnt seine wesentlichen Themen dem Koran, dessen Symbolgehalt mit dem anderer Religionen vergleichbar ist. Die theologische Auslegung obliegt jedoch dem muslimischen Mystiker. Die Koranverse, die allein oder in der Gruppe rezitiert werden, sind die Stütze seines Gebets und seiner Kontemplation. Die Unterwerfung unter den Willen Gottes, das Licht und die Bedeutung des Gebets, die Liebe und die Demut aus Liebe inspirieren seine Meditation. Mit der Rezitation der ersten Sure, *fatiha* (Eröffnung) genannt, gibt sich der Mensch in die Abhängigkeit des einen Gottes: „Lob und Preis sei Allah, dem Herrn aller Welten […], von Dir allein erflehen wir Beistand. […] Führe uns!“ Vor allem die Sure über das Licht und seine Symbolik beeinflusste die Sufis : „Allah ist das Licht des Himmels und der Erde. Sein Licht gleicht dem in einer Mauernische, in der eine Lampe brennt. […] Licht über allem Lichte!“

Dieser Vers wird von den Mystikern als Versprechen der ekstatischen Vereinigung gedeutet. Der Koran zieht eine Religion des Herzens der bloßen Wahrung von Ritualen vor: „Frömmigkeit besteht nicht darin, dass ihr das Antlitz beim Gebet nach Osten oder Westen richtet; jener ist fromm, der an Allah glaubt […], der sich an geschlossene Verträge hält, der geduldig Not und Unglück […] erträgt!“

Über die wörtliche Auslegung des Korans hinausgehend verwendet der sufische Mystiker zärtliche Worte, um seine persönliche Beziehung zu Gott auszudrücken: „Dann erhebt Allah ein Volk, das Er liebt und das Ihn liebt!“ Wenn das islamische Gesetz die Unterwerfung (unter den einen Gott) vorschreibt, so sieht der Mystiker darin das Verlangen, auf die göttliche Liebe mit der Sehnsucht nach einer innigen Verbindung mit Gott zu antworten.

DAS MARTYRIUM DES AL-HALLADSCH
Diese Miniatur aus Zentralasien (18. Jh.) zeigt die Kreuzigung eines der bedeutendsten Vertreter des muslimischen Sufismus. Der aus Persien stammende Anhänger der Gottesliebe wählte im Jahr 922 in Bagdad den Weg des Martyriums, um durch seinen Tod ewiges Leben zu gewinnen.

Das Erbe des antiken Denkens

Spätere sufistische Spekulationen über die Erschaffung des Menschen durch Gott und die Rückkehr des Menschen zu ihm wurden stark von einer anderen Geistesströmung beeinflusst, die sehr früh einsetzte und versuchte, dem Arabischen die Tradition griechischer Wissenschaft und Philosophie einzuverleiben oder, anders ausgedrückt, diese Tradition durch das Medium der arabischen Sprache weiterzuführen und zu entwickeln.

Die Machtergreifung einer arabischen Dynastie verursachte keinen abrupten Bruch im intellektuellen Leben Ägyptens, Syriens, des Irak oder des Iran. Die Schule von Alexandria bestand noch einige Zeit weiter. Auch die medizinische Schule in Gundeschapur in Südiran, die unter der Schirmherrschaft der Sassaniden von nestorianischen Christen gegründet worden war, blieb erhalten. An diesen und anderen Orten gab es eine lebendige Tradition hellenistischer Gedanken und Wissenschaften. Daneben bestand eine bedeutende irakische Tradition jüdischer Gelehrsamkeit und eine iranische Tradition in Pahlawi, die einige wichtige, aus Indien stammende Elemente einschloss.

Während der ersten Generation muslimischer Herrschaft waren Übersetzungen aus dem Griechischen in das Syrische und dann in das Arabische nicht nötig, denn die meisten derer, die die Tradition weiterführten, waren immer noch Christen, Juden oder Zoroastrier. Und selbst die Konvertiten beherrschten die Sprache des Denkens. Beginnend mit den letzten Jahren des 2. und bis zum 4. islamischen Jh. (ungefähr vom christlichen 8.–10. Jh.) arbeitete man intensiv an Übersetzungen, und zwar unter ausdrücklicher Ermutigung einiger Abbasidenkalifen. Hauptsächlich übernahmen Christen diese Arbeit, deren erste Kultursprache Syrisch war – sie übersetzten aus dem Syrischen ins Arabische –, aber einige Werke wurden direkt aus dem Griechischen ins Arabische übertragen. Ein wesentlicher Teil der Arbeit bestand darin, die Möglichkeiten der arabischen Sprache, ihr Vokabular und ihr Idiom zu erweitern, um sie zu einem adäquaten Medium für das gesamte intellektuelle Leben der Zeit zu machen. Eine wichtige Rolle spielte dabei der bedeutendste Übersetzer seiner Zeit Hunajn ibn Ishah (808–873).

Der Traum des Kalifen al-Mamun

Die Abbasiden förderten ein glanzvolles intellektuelles Leben, das Bagdad zu einem Zentrum islamischer Kultur werden ließ, an deren Grundlegung der Kalif al-Mamun (813–833) maßgeblich beteiligt war. Man sagt, alles habe mit einer Vision des Kalifen begonnen.

Im Traum erschien ihm ein ehrwürdiger alter Mann von sehr heller Hautfarbe, mit breiter Stirn, dichten Augenbrauen, einem kahlen Schädel, blauen Augen und angenehmer Ausstrahlung. Ängstlich fragte der Herrscher der Gläubigen seinen Besucher: „Wer seid Ihr?" – „Aristoteles", antwortete der Mann. Erfreut über diese Antwort und zu weiteren Fragen ermutigt, kam al-Mamun zum Wesentlichen: „Was ist gut?" – „Was im Geiste gut ist", antwortete Aristoteles. „Und was noch?" fuhr der Kalif fort. – „Was vor dem Gesetz gut ist." – „Und was außerdem noch?" – „Was von den Leuten als gut erachtet wird." Schließlich gab Aristoteles al-Mamun den Ratschlag, jeden wie Gold zu behandeln, der ihm einen Rat gab oder sein Wissen bereicherte, und er berief sich dabei auf die Lehre vom *tauhid* (vom rationalen Verständnis der göttlichen Einheit). Nach diesem Traum beschloss al-Mamun, wie sein Biograf Ibn al-Nadim berichtet, die Bücher der antiken Philosophen zu suchen und ins Arabische übersetzen zu lassen.

Der Pfad der Vernunft

Die überlieferte griechische Kultur wurde in diese erweiterte arabische Sprache aufgenommen. Es war allerdings eine bereits stark beschnittene Kultur. Rhetorik, Poetik, Drama und Geschichte wurden nicht mehr gelehrt. Zu den üblichen Studien gehörten Philosophie – die meisten Schriften von Aristoteles, einige Dialoge von Platon und einige neuplatonische Werke –, Medizin, die exakten Wissenschaften Mathematik und Astronomie sowie die okkulten Wissenschaften Astrologie, Alchemie und Magie.

Die Motive der Übersetzer und ihrer Schirmherren, der Kalifen, mögen praktischer Natur gewesen sein: Das medizinische Können wurde gebraucht, denn die Kontrolle über die Naturkräfte konnte wiederum Macht und Erfolg bringen. Daneben herrschte jedoch auch eine umfassende intellektuelle Neugier, wie sie etwa in den Arbeiten von al-Kindi (um 801–866) zum Ausdruck kommt; mit ihm nimmt die Geschichte der islamischen Philosophie ihren Anfang. Diese Übersetzungen stehen am Beginn einer wissenschaftlichen Tradition in arabischer Sprache. Sie führte die spätgriechische Tradition in vieler Hinsicht fort und entwickelte sie weiter.

Aristoteles als Lehrer *(arabische Quelle 13. Jh.) Die Araber beschäftigten sich während der Abbasidenherrschaft intensiv mit Aristoteles und der griechischen Philosophie. Nach al-Kindi stand das 10. Jh. ganz im Zeichen al-Farabis, der den Beinamen „der zweite Lehrer" (nach Aristoteles) trug.*

In die Wissenschaften griechischen Ursprungs mischten sich jedoch Elemente, die aus iranischen und indischen Traditionen stammten. Bereits im 9. Jh. erwähnte der Mathematiker Al-Charismi (um 800–847) den Gebrauch indischer – der so genannten arabischen – Ziffern bei mathematischen Berechnungen. Diese Mischung der Elemente ist von großer Bedeutung. So wie das Abbasidenkalifat die Länder des Indischen Ozeans und des Mittelmeerbeckens zu einer einzigen Handelszone vereinigte, so wurden die griechischen, iranischen und indischen Traditionen zusammengeführt, und so wurde vielleicht zum ersten Mal in der Geschichte die Wissenschaft in internationalem Rahmen betrieben. Man integrierte die Wissenschaften ohne große Probleme in jene Kultur und Gesellschaft, die sich in der arabischen Sprache artikulierte. Die Astronomen wurden zu Zeitmessern und legten die Zeiten für Gebet und rituelle Handlungen fest. Ärzte waren allgemein geachtet und konnten mitunter Einfluss auf die Herrscher ausüben. Manche Wissenschaftler stellten Fragen nach den Grenzen menschlichen Wissens. Vor allem die Philosophie stellte Fragen, denn es schien schwierig, die Schlussfolgerungen der griechischen Philosophie mit den fundamentalen Lehren des Islam in Einklang zu bringen.

Die Philosophie ging von der Voraussetzung aus, dass der Mensch durch die richtig angewandte menschliche Vernunft eine bestimmte Kenntnis des Universums erlangen konnte. Aber ein Muslim zu sein bedeutete, daran zu glauben, dass manches für das menschliche Leben wesentliche Wissen von Menschen nur durch das Wort Gottes, das der Prophet offenbart hatte, geschenkt worden war. Wenn der Islam Recht hatte, wo lagen dann die Grenzen der Philosophie? Waren die Behauptungen der Philosophen richtig, wozu bedurfte es dann der Prophezeiung? Der Koran lehrte, dass Gott die Welt durch sein schöpferisches Wort „Werde" geschaffen hatte. Wie ließ sich das mit der aristotelischen Theorie vereinbaren, nach der die Materie ewig und nur ihre Form geschaffen sei?

Abu Bakr ar-Razi (865–925), ein berühmter medizinischer Autor des 9. Jh., gab eindeutige Antworten auf solche Fragen. Der Pfad der Philosophie sei offen für jeden Zweck; die Behauptung, Offenbarungen erhalten zu haben, sei falsch, und Religionen seien gefährlich.

Die Auffassung al-Farabis (um 870–950), der den Beinamen „zweiter Meister" erhielt (der „erste Meister" ist Aristoteles), war vielleicht typischer für Philosophen, die überzeugte Muslime blieben. Nach seiner Ansicht kann der Philosoph mithilfe der Vernunft die Wahrheit finden und danach leben. Aber nicht alle Menschen seien Philosophen und in der Lage, die Wahrheit direkt zu begreifen. Die prophetische Religion sei also ein Pfad, die Wahrheit durch Symbole allen Menschen verständlich zu machen. Den verschiedenen Religionen lägen unterschiedliche symbolische Systeme zugrunde, aber alle versuchten, derselben Wahrheit Ausdruck zu verleihen. Das bedeutete nicht, dass es allen Propheten in gleicher Angemessenheit gelänge.

Die Gedanken al-Farabis liefen daher darauf hinaus, dass die Philosophie in ihrer reinen Form nicht für jedermann bestimmt sei. Die Unterscheidung zwischen der intellektuellen Elite und der Masse sollte zum Gemeinplatz islamischen Denkens werden. Die Philosophie blieb zwar lebendig, wurde jedoch zur Privatangelegenheit – häufig von Medizinern –, der man mit Vorsicht nachging und die oft Misstrauen erregte. Trotzdem fanden einige der philosophischen Ideen Eingang in das Denken dieser Zeit und späterer Zeitalter.

QUADRANT ZUR MESSUNG DER STERNHÖHE
In der muslimischen Welt seit dem 9. Jh. bekannt, diente dieses Instrument demselben Zweck wie das tragbare Astrolabium, dessen vereinfachte Version es darstellt. Dieses marokkanische Exemplar (18. Jh.) ist von besonderer Qualität.

Kapitel 5

Die arabisch-muslimische Welt

Staaten und Dynastien

Am Ende des 10. Jh. war eine islamische Welt entstanden, die von einer gemeinsamen religiösen Kultur in arabischer Sprache und durch menschliche Bindungen zusammengehalten wurde, welche sich begüstigt durch Handel, Umsiedlung und Pilgerreisen entwickelt hatten. Diese Welt bildete jedoch nicht länger eine politische Einheit. Drei Herrscher – in Bagdad, in Kairo und in Córdoba – erhoben Anspruch auf den Kalifentitel, und es gab andere, die de facto über unabhängige Staaten regierten. Das Abbasidenkalifat verfügte weder über die militärischen noch über die administrativen Ressourcen, die es ihm ermöglicht hätten, den Rahmen der politischen Einheit in einem Reich, das sich von Zentralasien bis zur Atlantikküste erstreckte, auf Dauer zu erhalten. Ab dem 10. Jh. ist die politische Geschichte der Länder, in denen die Herrscher und ein zunehmend größerer Teil der Bevölkerung Muslime waren, eine regionale Geschichte vom Aufstieg und Fall von Dynastien, deren Macht von ihrer Hauptstadt ausstrahlte.

Hier soll nicht der Versuch unternommen werden, eine detaillierte Geschichte all dieser Dynastien zu schreiben, aber man kann die islamische Welt in drei große Gebiete aufteilen. Das erste umfasste Iran, das Land jenseits des Oxus, und den südlichen Irak – sein wichtigstes Machtzentrum war noch einige Zeit nach dem 10. Jh. Bagdad. Das zweite Gebiet schloss Ägypten, Syrien und Westarabien ein, sein Machtzentrum war Kairo, eine von den Fatimiden gegründete Stadt mit einem landwirtschaftlich produkti-

SALADIN, HELD DER ARABISCHEN EINHEIT IM ORIENT

Der 1138 in Tikrit im Irak als Sohn einer kurdischen Familie geborene Saladin setzte in Syrien das auf eine Einheit zielende politische Werk des Emirs Nur al-Din fort. In Ägypten stürzte er die schiitische Dynastie der Fatimiden, führte dort den Sunnismus wieder ein und gründete in Kairo die Dynastie der Aijubiden. Sein Ruhm geht jedoch v. a. auf die Rückeroberung Jerusalems von den Kreuzrittern (1187) zurück. Dieser militärische Erfolg im Kampf gegen die Franken brachte ihm den Ruf eines heldenhaften Verteidigers des Islam ein, der die Jahrhunderte überdauerte und bis heute in der muslimischen Erinnerung eine große Rolle spielt. Saladin, der schon zu Lebzeiten sehr verehrt wurde, starb im Jahr 1193 in Damaskus, wo sich auch sein Grab befindet.

In seinem Kampf gegen die Christen, denen er jedoch freien Zugang zu Jerusalem gewährte, zeigte Saladin seine Vorliebe für einen „Krieg ohne Hass". Gegenüber der schiitischen Sekte der Assassinen, deren terroristische Aktivität er zu zügeln suchte, zeigte er sich brutaler. Seine Ritterlichkeit trug ihm auch im Abendland einen guten Ruf ein: So ließ er einen Ritter frei, obwohl dieser das festgesetzte Lösegeld nicht bezahlen konnte. Als der Ritter ein Jahr später zu Saladin zurückkehrte, erließ der ihm in Bewunderung seiner Ehrlichkeit die Schulden.

ven Hinterland. Kairo war auch ein Kreuzungspunkt von Handelswegen, die die Länder am Indischen Ozean mit denen des Mittelmeers verbanden. Das dritte Gebiet ist der Maghreb und Andalusien, der muslimische Teil Spaniens; es hatte kein beherrschendes Machtzentrum, sondern mehrere Zentren.

Seldschuken, Fatimiden und Omaijaden von Córdoba

Vereinfacht kann man die politische Geschichte aller drei Regionen in mehrere Perioden einteilen. Die erste umfasst das 11. und 12. Jh.: In diesem Zeitraum stand das östliche Gebiet unter der Herrschaft der Seldschuken, einer türkischen Dynastie, die sich auf eine türkische Armee stützte und der sunnitischen Richtung des Islam angehörte. Die Seldschuken schwangen sich 1055 in Bagdad unter der formellen Oberhoheit der Abbasiden zu den wahren Herren auf. Sie herrschten über den Iran, Irak und den größten Teil Syriens und entrissen dem byzantinischen Kaiser große Gebiete Anatoliens (1038–1194). Die Kalifenwürde beanspruchten sie jedoch nicht. Üblicherweise bezeichnet man sie und die Herrscher späterer Dynastien als „Sultane", das bedeutet in etwa „Träger der Macht".

In Ägypten regierten bis 1171 die Fatimiden; sie wurden dann von Saladin (Salah ad-Din 1169–93), einem Militärführer kurdischer Abstammung, entmachtet. Die Fatimiden hatten der ismailitischen Richtung der Schia angehört, Saladin war Sunnit. Ihm gelang es, die Kampfkraft und die religiöse Begeisterung der ägyptischen und syrischen Muslime zu entfachen, um die europäischen Kreuzritter zu besiegen, die am Ende des 11. Jh. in Palästina und an der syrischen Küste christliche Staaten errichtet hatten. Die von Saladin gegründete Dynastie, die Aijubiden, herrschte in Ägypten von 1169 bis 1252, in Syrien bis 1260 und in Teilen Westarabiens bis 1229.

MAMELUCKISCHE KANNE *(14. Jh.)* *Diese dem Emir Toqtay gewidmete Kanne trägt seine Insignien als Mundschenk am Hof des Sultans von Kairo. Solche Wasserkannen wurden traditionell für rituelle Waschungen verwendet.*

Im Westen zerfiel das Omaijadenkalifat von Córdoba im frühen 11. Jh. in viele kleinere Reiche, was den christlichen Staaten in Nordspanien ermöglichte, sich nach Süden auszudehnen. Ihre Expansion wurde aber von zwei aufeinander folgenden Dynastien für einige Zeit aufgehalten: zuerst von den Almoraviden aus Randgebieten der Wüste im südlichen Marokko (1056–1147), dann von den Almohaden. Sie konnten sich auf die Bündnistreue der Berberstämme des Atlas verlassen; zu ihrem Reich zählten zur Zeit seiner größten Ausdehnung Marokko, Algerien, Tunesien und der muslimische Teil Spaniens (1130–1269).

Mongolen und Mamelucken

Eine zweite Periode umfasst das 13. und 14. Jh. Während des 13. Jh. wurde das östliche Gebiet von einer nichtmuslimischen Mongolendynastie bedroht. Sie unterwarf Iran, Irak und erzwang 1258 das Ende des Abbasidenkalifats von Bagdad. Die Mongolen versuchten, nach Westen vorzudringen, wurden aber in Syrien von einer ägyptischen Armee aus Militärsklaven (Mamelucken) aufgehalten, die von den Aijubiden ins Land gebracht worden waren. Die Führer dieser Armee stürzten die Aijubiden und bildeten eine militärische Elite, die durch Rekrutierungen im Kaukasus und in Zentralasien weiterlebte und mehr als zwei Jahrhunderte über Ägypten herrschte (1250–1517), ab 1260 auch über Syrien; die Mamelucken kontrollierten zudem die heiligen Städte in Westarabien.

Mameluckische Reiter beim Training *(14. Jh.) Die mameluckische Herrschaft wurde von Offizieren ausgeübt. Diese Offizierskaste erneuerte sich durch den systematischen Ankauf von Sklaven, die in den Kasernen Kairos nach streng definierten Regeln in Theorie und Praxis der Kriegskunst eingewiesen wurden.*

In dieser zweiten Periode veränderten sich die Grenzen der muslimischen Welt erheblich. Mancherorts mussten die Muslime vor Angriffen der christlichen Staaten Europas zurückweichen. Sizilien ging an die Normannen verloren, der größte Teil Spaniens an die christlichen Reiche im Norden der Iberischen Halbinsel; um die Mitte des 14. Jh. beherrschten die Christen mit Ausnahme des Königreichs Granada das gesamte Land. Die arabisch-muslimische Bevölkerung Siziliens und Spaniens hielt sich noch einige Zeit, wurde am Ende jedoch durch Konversion oder Vertreibung ausgelöscht. Die Mamelucken zerstörten endgültig die von den Kreuzrittern in Syrien und Palästina gegründeten Staaten, und andere türkische Dynastien führten die von den Seldschuken begonnene Expansion in Anatolien fort. Durch den andauernden Zuzug türkischer Stämme und die Bekehrung eines großen Teils der griechischen Bewohner veränderte sich überdies die Bevölkerungsstruktur. Die muslimische Herrschaft und die muslimischen Völker dehnten sich zudem im Osten bis nach Nordindien aus. Auch in Afrika verbreitete sich der Islam über die Handelswege in die Sahelzone am südlichen Rand der Sahara, im Niltal und entlang der ostafrikanischen Küste.

In der dritten Periode, die ungefähr das 15. und 16. Jh. umfasst, standen die muslimischen Staaten vor einer neuen Herausforderung: Die Produktion und der Handel europäischer Städte wuchsen, die von venezianischen und genuesischen Kaufleuten exportierten Stoffe konkurrierten mit den Textilerzeugnissen aus muslimischen Städten. Die christliche Eroberung Spaniens fand 1492 mit der Eroberung des Königreichs Granada ihren Abschluss. Die spanische Macht bedrohte auch die Muslimherrschaft über den Maghreb, außerdem waren südeuropäische Seeräuber, die im östlichen Mittelmeerraum die Handelsschiffe überfielen, für die Muslime eine ernste Gefahr.

Der Aufstieg der Osmanen

Neue Militärtechniken und vor allem der Einsatz von Schießpulver trugen wesentlich zur Entstehung mächtiger und lang lebender Staaten bei, die in dieser Periode den größten Teil der muslimischen Welt unter ihrer Kontrolle hatten. Im fernen Westen, in Marokko, lösten neue Dynastien die Meriniden und andere ab – zuerst die Saditen (1511–1628), danach die Alawiten, die seit 1631 bis heute herrschen. Am anderen Ende des Mittelmeers entstand unter den Osmanen eine türkische Dynastie in Anatolien, an der umstrittenen

Grenze des Byzantinischen Reiches. Die Osmanen weiteten ihr Herrschaftsgebiet zunächst nach Südosteuropa aus und eroberten dann das übrige Anatolien. Konstantinopel, die byzantinische Hauptstadt, wurde unter dem Namen Istanbul die Hauptstadt der Osmanen (1453). Im frühen 16. Jh. besiegten die Osmanen die Mamelucken und gliederten Syrien, Ägypten und Westarabien ihrem Reich ein (1515–17). Sie übernahmen die Verteidigung der maghrebinischen Küste gegen Spanien und wurden dadurch die Nachfolger der Hafsiden. Ihr Herrschaftsgebiet erstreckte sich schließlich über den ganzen Maghreb bis an die Grenzen Marokkos. Ihr Reich sollte bis 1922 existieren.

Weiter im Osten gründete Timur (Tamerlan), ein Herrscher, der mit seiner siegreichen Armee aus Angehörigen innerasiatischer Stämme Iran und Transoxanien erobert hatte, eine Dynastie, die sich aber kaum mehr als ein Jahrhundert hielt (1370–1506). Anfang des 16. Jh. wurde sie von der neuen, über zwei Jahrhunderte bestehenden Dynastie der Safawiden verdrängt, die ihre Herrschaft vom nordwestlichen Iran auf das ganze Land und weiter ausdehnten (1501–1732). Die Moguln, eine Dynastie, die auf die mongolischen Herrscher und auf Timur zurückging, gründeten in Nordindien ein Reich mit der Hauptstadt Delhi (1526–1858).

Außerhalb dieser vier großen Reiche – der Alawiden, Osmanen, Safawiden und Moguln – gab es kleinere Staaten auf der Krim und dem Land nordöstlich des Oxus, in Zentral- und Ostarabien und in den afrikanischen Ländern.

BAHRAM GUR UND DIE SCHÖNE AZADEH
Diese Zierfliese (Iran, 13. Jh.), eine minai, *rühmt Bahram Gur für die Taten, die er aus Liebe zu Azadeh vollbrachte. Der König spannt den Bogen, um eine Gazelle gleichzeitig mit zwei Pfeilen zu treffen.*

Araber, Perser, Türken

Diese politischen Veränderungen zerstörten jedoch nicht die kulturelle Einheit der islamischen Welt. Diese verstärkte sich sogar, als immer größere Teile der Bevölkerung konvertierten und der islamische Glaube sich in Denksystemen artikulierte und durch einflussreiche Institutionen wirkte.

Im westlichen Teil der muslimischen Welt verdrängte das Arabische allmählich die Landessprachen. In Iran und in anderen Ostgebieten sprach man weiterhin Persisch. Perser benutzten Pahlewi weiterhin in der religiösen zoroastrischen Literatur und eine gewisse Zeit auch in der Staatsverwaltung.

Besuch des Königs bei der indischen Prinzessin *(um 1550) Nach dem Beispiel Firdausis erzählt der persische Dichter Nizami die Abenteuer Bahram Gurs, der in sieben Prinzessinnen gleichzeitig verliebt war, sodass er für jede einen Pavillon erbauen ließ.*

Im 10. Jh. entstand etwas Neues: eine Hochliteratur in einer neuen Form des Persischen, die sich in der grammatischen Struktur nicht wesentlich vom Pahlewi unterschied, jedoch in arabischer Schrift geschrieben wurde; arabische Lehnwörter dienten zur Vergrößerung des Wortschatzes. Die neue Literatur war gewissermaßen ein Spiegelbild der an anderen Höfen verfassten arabischen Werke, zu denen lyrische Poesie und Preisgedichte gehörten, aber auch Geschichte und Religion. Es gab jedoch eine andere, ausgesprochen persische literarische Form aus vorislamischer Zeit: das epische Gedicht. Sein Inhalt war die überlieferte Geschichte Irans und seiner Herrscher. Es wurde in Neupersisch wiederbelebt und erhielt mit dem *Schah-name*, einem Werk von Firdausi (um 940–1020), seine endgültige Prägung.

Auf diese Weise zerfielen die muslimischen Länder in zwei Teile: im einen war Arabisch die einzige kulturelle Hochsprache, im anderen dienten Arabisch und Persisch unterschiedlichen Zwecken. Eng verbunden mit der Sprachgrenze war die Eigenständigkeit der politischen Machtzentren. Durch den Aufstieg der Fatimiden im Westen und der Seldschuken im Osten entstand eine sich stets verändernde Grenze zwischen Syrien und dem Irak. Das Verschwinden des Abbasidenkalifats im 13. Jh., die Zerschlagung der Macht Bagdads durch die Mongolen und ihre spätere Niederlage gegen die Mamelucken in Syrien machten die Teilung dauerhaft. Von nun an standen im Osten Territorien unter der Herrschaft von Staaten mit Machtzentren in Iran, Transoxanien oder Nordindien; die Länder im Westen wurden von Kairo, Städten des Maghreb oder Spaniens beherrscht. Der Südirak, das ehemalige Zentrum, war damit zur Grenzregion geworden. Diese Teilung dauerte an, als die Safawiden im Iran an die Macht kamen und die Osmanen die meisten arabischsprachigen Länder in ihren Staat eingliederten: Die beiden Reiche kämpften eine Zeitlang um die Kontrolle über den Irak. Die politische Teilung konnte man jedoch nicht als eine Teilung zwischen Arabern und Persern betrachten, denn ab dem 11. Jh. waren die meisten herrschenden Gruppen in beiden Gebieten Türken, die Nachfahren der Nomadenvölker Innerasiens.

Arabisch sprachige Länder hatten immer noch vieles gemeinsam mit Ländern, in denen persisch oder türkisch gesprochen wurde. Die Länder am Indischen Ozean und um das Mittelmeer standen in enger Verbindung miteinander – egal, ob der Islam ihre Hauptreligion war oder nicht. Die

IRANISCHE HELDENDICHTUNG: DAS SCHAH-NAME

In einer schillernden Heldendichtung, dem *Schah-name (Buch der Könige)*, erzählt der persische Dichter Firdausi (um 940–1020) die Geschichte des Iran von der Erschaffung der Welt bis zur arabischen Eroberung. Er wurde inspiriert von Erinnerungen an die iranische Frühzeit und verband seine Erzählung mit religiösen Texten und Heldensagen, mit dem Phantastischen und dem Wunderbaren. Nach der Beschreibung der wichtigsten Könige lenkt das Epos den Blick auf die großen Gestalten im Kampf gegen Turan und verherrlicht die Taten Rostams. Anschließend erinnerte Firdausi noch einmal an die Taten der haschemitischen und sassanidischen Dynastien, in die er die Abenteuer von Bahram Gur oder die Liebesgeschichten von Chosrau und Schirin einbettete. Dieses Werk prägte im 10. Jh. die Erneuerung der persischen Sprache und ließ im Iran ein Nationalbewusstsein erwachen. Firdausi, der sein Werk Mahmud von Gazna widmete, fühlte sich durch die Knausrigkeit des Sultans so beleidigt, dass er seinen Ärger darüber nicht verhehlte und vor dem Zorn Mahmuds fliehen musste. Später plagten den Sultan Schuldgefühle; er schickte eine Karawane mit Gold nach Khorasan. Als diese die Stadt Tus erreichte, kam ihr jedoch bereits der Leichenzug des Poeten entgegen.

ganze Welt lebte mit den gleichen Beschränkungen, die ihr die Begrenztheit menschlicher Ressourcen und technischer Kenntnisse auferlegten. Es wäre auch zu vereinfacht, sich das riesige Territorium der islamischen Welt als ein einziges „Land“ vorzustellen. Man sollte die Gebiete mit Arabisch als Hauptsprache besser als eine Gruppe von Regionen von unterschiedlicher geographischer Lage und Eigenart sehen. Hier gab es Völker mit einem Erbe ausgeprägter sozialer und kultureller Tradition. Sie hatten überlebt und mit ihnen bestimmte Lebensweisen und Lebensgewohnheiten, selbst wenn das Bewusstsein vom Leben in der vorislamischen Zeit nur noch schwach vorhanden oder völlig erloschen war.

GRABMAL DES MAHMUD VON GAZNA
Das Kenotaph aus Marmor (11. Jh.) und seine kufische Inschrift ehren den türkischen Sultan, der im Jahr 1030 starb. Von Afghanistan ausgehend hatte er ein großes Reich geschaffen, das sich vom Kaspischen Meer bis nach Nordindien erstreckte. In der Hauptstadt Gazna suchte er die intellektuelle Elite seiner Zeit um sich zu scharen.

Vier Gebiete der arabischen Welt – die Arabische Halbinsel

Das Gebiet, in dem Arabisch die Hauptsprache war, lässt sich in vier Regionen unterteilen. Die erste ist die Arabische Halbinsel, wo die arabisch sprachige muslimische Gemeinschaft entstanden war. Die Halbinsel ist auf drei Seiten von der sie umgebenden Welt getrennt – durch das Rote Meer, den Arabisch-Persischen Golf und das Arabische Meer, das ein Teil des Indischen Ozeans ist. Sie ist unterteilt in Gebiete mit unterschiedlichen natürlichen Gegebenheiten und zu den meisten Zeiten fand dort auch eine unterschiedliche historische Entwicklung statt. Die westliche Trennungslinie verläuft parallel zum Roten Meer von Norden nach Süden. Auf der Westseite dieser Linie befindet sich ein vulkanisches Felsgebiet. Der flache Küstenstreifen, Tihama, geht in Hügelland und Hochebenen und danach in Gebirgsketten über – Hedschas, Asir und Jemen –, deren Gipfel im Süden bis zu 4000 Meter erreichen. Die südliche Gebirgskette verlängert sich nach Südosten und wird von einem großen Tal, dem Wadi Hadramaut, durchschnitten.

Im Osten der Gebirge fällt das Land zum Arabisch-Persischen Golf ab. Im Norden und Süden liegen Sandwüsten – die Wüste Nefud und „das Leere Viertel" –, dazwischen befindet sich eine Felssteppe, der Nedschd, und ihre Verlängerung an der Golfküste, al-Hasa. Im südöstlichen Zipfel der Halbinsel liegt ein drittes Gebiet: Oman. Es ist dem Jemen im Südwesten nicht unähnlich. Dort steigt die Küstenniederung zu einem Gebirge von einer Höhe bis über 3000 Meter an. An der Küste liegt eine Reihe von Häfen, wo die Einheimischen seit alter Zeit Fischerei und Perlentaucherei betrieben.

Von Norden nach Süden verlaufende Routen im Westen der Halbinsel waren die Handelswege, die Länder am Indischen Ozean mit den Mittelmeerländern verbanden. Die wichtigsten Karawanenstraßen im Osten führten entlang einer Kette von Oasen nach Syrien und in den Irak. Die Häfen an der Golfküste und in Oman waren Anlaufstationen für Schiffe, die von der indischen und der ostafrikanischen Küste kamen. Mekka und Medina, die heiligen Städte, lebten von der Freigebigkeit der Nachbarländer.

Der Fruchtbare Halbmond

Im Norden geht die Arabische Halbinsel in ein zweites Gebiet über, den Fruchtbaren Halbmond, der sich um den Rand des so genannten Hamad oder der Syrischen Wüste zieht, eine nördliche Verlängerung der Steppen und Wüsten des Nefud. Die westliche Hälfte des Fruchtbaren Halbmonds war für frühere Gelehrte und Reisende „Syrien". Wie in Westarabien verlaufen die geographischen Grenzen in diesem Gebiet von West nach Ost. Hinter einem flachen Küstenstrich erhebt sich ein Bergland mit dem Libanongebiet in der Mitte, das im Süden zum palästinensischen Hügelland abfällt.

DIE DATTELERNTE
(S. 83) Das aus mehreren Kreisbögen geformte Medaillon auf dieser Elfenbeindose aus Córdoba (10. Jh.) zeigt zwei Reiter, die neben einer Dattelpalme stehen und Datteln pflücken. Die Ernte dieser Früchte brachte den Arabern im Mittelalter einen großen Teil ihres durch Landwirtschaft erworbenen Reichtums ein.

Syrien war eng mit den übrigen Ländern des östlichen Mittelmeers verbunden – auf dem Seeweg durch seine Häfen und zu Land durch die Küstenstraße, die bis nach Ägypten führte. Im Landesinnern gab es zudem Verbindungen nach Westarabien und in die Länder im Osten. Der Fernhandel und die Überschussproduktion von Nahrungsmitteln und Rohmaterialien ließen zwei große Städte entstehen, die im Landesinnern lagen, aber mit der Küste verbunden waren – im Norden Aleppo und in der Mitte Damaskus.

Die Wege durch oder um den Hamad führten in die Flussniederungen von Euphrat und Tigris. Beide Ströme entspringen in Anatolien und fließen etwa in südöstliche Richtung; sie vereinigen sich, ehe sie in den nördlichen Teil des Arabisch-Persischen Golfs münden. Das Land, das sie umschließt, ist in zwei Gebiete unterteilt. Im Norden, in der Dschezira – früher das Obere Mesopotamien –, erschwerte die karge Bodenbeschaffenheit die Nutzung des Wassers der Ströme für die Bewässerung. Im Nordosten der Flüsse liegt das Gebiet der Kurden (Kurdistan). Hier konnte man, wie in den Bergtälern an der syrischen Küste, Land und Wasser zur Pflanzung von Bäumen in den hochgelegenen Gebieten sowie zum Getreideanbau nutzen, es fanden aber auch große Schaf- und Ziegenherden genügend Nahrung.

Weiter südlich im Irak hatte das Land einen anderen Charakter. Durch die Schneeschmelze in den anatolischen Bergen schwellen die Flüsse im Frühjahr an, und die Wassermassen überschwemmen die umliegenden Niederungen. Über viele Jahrtausende hinweg ist durch die abgelagerten Schlammmassen ein riesiges Schwemmlandgebiet entstanden – der Sawad. Dort konnte man sehr gut Getreide anbauen und Dattelpalmen pflanzen. Die Bewässerung war hier einfacher als im Norden, denn es gab in der Ebene kaum Erhebungen, und seit alter babylonischer Zeit sorgte ein ausgedehntes Kanalsystem für eine gleichmäßige Verteilung des Wassers. Im Herzen des Sawad, wo sich Euphrat und Tigris einander nähern, waren viele große Städte entstanden: Babylon, Ktesiphon, die Hauptstadt des Sassanidenreichs, und Bagdad, die Hauptstadt der Abbasiden.

Die Flüsse waren größtenteils nicht ohne weiteres schiffbar. Aber von dem Punkt, wo sie zusammenflossen, bis zur Mündung in den Golf führten Wasserstraßen zu den Häfen des Golfs und des Indischen Ozeans. Basra, die wichtigste Endstation der Schiffe, war für einige Zeit der bedeutendste Hafen des Abbasidenreichs.

Das Niltal

Im Westen der Arabischen Halbinsel, auf der anderen Seite des Roten Meeres und einer schmalen Landbrücke im Norden, liegt eine Sandwüste und dahinter ein drittes Gebiet – das Niltal. Der nördliche Teil des Niltals in Ägypten ist ein Land mit einer alten Hochkultur und großer sozialer Einheitlichkeit. Diese Hochkultur entstand im Verlauf einer langen Geschichte, in der Herrscher in einer Stadt residierten, die an dem Punkt liegt, wo der Fluss mehrere Arme bildet und das Delta durchfließt. Kairo war die letzte der Stadtgründungen, deren Geschichte bis auf Memphis im 3. Jt. v. Chr. zurückgeht. Hier lag das Zentrum eines ausgeprägten Verkehrsnetzes, das nach Norden zu den Mittelmeerhäfen und von dort über das Meer nach Syrien, Anatolien, den Maghreb und Italien, nach Osten zum Roten Meer und zum Indischen Ozean und nach Süden zum Oberlauf des Nils und nach Ost- und Westafrika führte.

Im Hochtal des Nils war die gesellschaftliche und politische Macht, die über das Delta und die Hauptstadt herrschte, weniger zu spüren. Der Nil durchfließt hier ein Gebiet, in dem es so gut wie niemals regnet. An seinem Ostufer lag nur ein schmaler Streifen landwirtschaftlicher Nutzfläche. Das flache Land am Westufer ermöglichte die Ausweitung des Agrarlands mithilfe von Bewässerungsanlagen. Im Süden dieser niederschlagslosen Region schließt sich ein Gebiet mit ausgiebigen sommerlichen Regenfällen an, die von Mai bis September andauern können. Hier waren Getreideanbau und Viehzucht in einer Zone möglich, die sich westlich über das Flussbecken hinaus ausdehnte und schließlich in eine sandige Halbwüste, beziehungsweise im Süden in weite Gegenden mit immergrüner Vegetation überging – in den Sudan. Dies war ein Land der Viehzüchter und Bauern, in dem es Dörfer, Nomadenlager und Marktflecken gab, jedoch keine großen Städte. Durch den Nil war der Sudan mit Ägypten verbunden sowie über Landwege mit Äthiopien und der Sahelzone am Südrand der Sahara.

KUTUBJIA-MOSCHEE IN MARRAKESCH
Dieses almohadische Minarett (12. Jh.) hat zwei Doppelgänger: Der Hasan-Turm in Rabat blieb unvollendet, der andere in Sevilla wurde zum Glockenturm. Die Türme sind schlicht gebaut und mit gekreuzten Bögen verziert.

Das Land des Sonnenuntergangs

Von der Wüste im Westen Ägyptens bis hin zur Atlantikküste erstreckt sich eine vierte Region, die arabisch Maghreb genannt wird – das Land des Westens oder des Sonnenuntergangs. Es umfasst die heutigen Staaten Libyen, Tunesien, Algerien und Marokko. Im Süden der Sahara schließt sich der Sahel oder der Westsudan an, ein Grasland, das durch Regenfälle und den Niger bewässert wird.

Der Maghreb hat nur wenige Flüsse, die sich zur Bewässerung eignen. Die Menge und der Zeitpunkt der Niederschläge regulieren auch Form und Umfang der Besiedlung. Die wichtigsten Routen, die den Maghreb mit der Außenwelt verbanden, verliefen von Norden nach Süden. Die Häfen am Mittelmeer und am Atlantik stellten die Verbindung mit

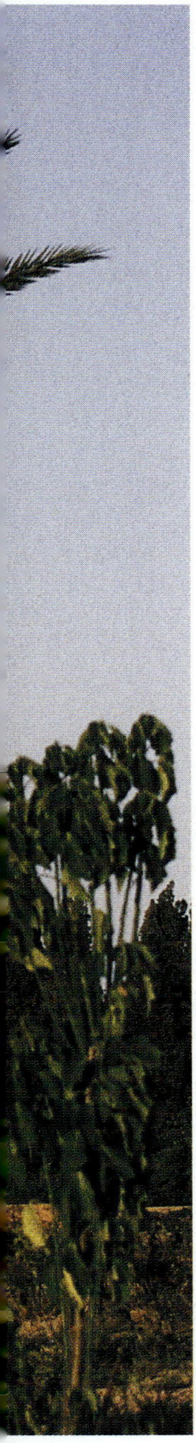

der Iberischen Halbinsel, mit Italien und Ägypten her. Von diesen Küstenorten führten die Wege nach Süden durch Siedlungsland und eine Kette von Oasen in der Sahara bis zum Sahel und weiter. In bestimmten Gebieten querten sie in Richtung Küste große Agrargebiete. Hier entstanden Städte, die sich selbst versorgen konnten. Zwei dieser Gebiete sind von besonderer Bedeutung. Das eine liegt an der marokkanischen Atlantikküste. In frühislamischer Zeit war dort Fès gegründet worden; sehr viel später und weiter südlich entstand Marrakesch. Das andere Gebiet ist die tunesische Küstenniederung. Die Stadt mit der größten Bedeutung dort war in frühislamischer Zeit Kairuan, später wurde es von Tunis bedrängt, das nahe dem alten Karthago an der Küste liegt. Diese beiden Regionen mit ihren großen Städten weiteten ihre wirtschaftliche, politische und kulturelle Macht auf die umliegenden Gebiete aus. Algerien lag zwischen beiden; es besaß kein besiedeltes Gebiet, das groß und stabil genug gewesen wäre, um die Entstehung eines vergleichbaren Machtzentrums zu ermöglichen. Vielleicht geriet es deshalb eher in den Einflussbereich seiner beiden Nachbarn. Ganz ähnlich erstreckte sich die Macht von Tunis auf das westliche Libyen (Tripolitanien). Die weiter östlich gelegene Cyrenaika, die vom übrigen Maghreb durch die Libysche Wüste getrennt war und hier bis an die Küste reichte, gehörte mehr zur Einflusssphäre Ägyptens.

Ein weiteres Gebiet war die Iberische Halbinsel beziehungsweise Andalusien, der Teil also, der von Muslimen beherrscht und hauptsächlich von Muslimen bewohnt wurde. Seine größte Ausdehnung erreichte es im 11. Jh., verlor aber allmählich an Größe und verschwand als muslimisches Gebiet am Ende des 15. Jh. völlig. Das Innere der Iberischen Halbinsel ist eine ausgedehnte, von Randgebirgen eingeschlossene Hochebene. Von diesen Gebirgen strömt eine Reihe von Flüssen durch die Niederungen zur Küste: Der Ebro mündet in das nördliche Mittelmeer, der Tejo fließt durch Portugal in den Atlantik. Zwischen den Gebirgen, die sich um das zentrale Hochplateau und am Mittelmeer entlangziehen, liegt im Norden das bergige Katalonien, und im Süden erstrecken sich Ebenen. In den reichen und fruchtbaren Anbaugebieten in der Nähe schiffbarer Flüsse lagen die bedeutenden, großen Städte – Córdoba und Sevilla. Spanien war auch damals Teil der mediterranen Welt, und die Häfen an der Ostküste hielten die Beziehungen mit den anderen Ländern rund um das Mittelmeer aufrecht: mit Italien, dem Maghreb, Ägypten und Syrien. Von größerer Bedeutung waren allerdings die Verbindungen mit Marokko, seinem südlichen Nachbarn.

JÜDISCHE FIGUR
(Spanien, 13. Jh.)
Die muslimische Obrigkeit zwang Christen und Juden eine uniforme Kleiderordnung auf. Dadurch unterschieden sie sich von den Muslimen, und zugleich wurde ihr niedriger Gesellschaftsstand verdeutlicht.

Die Lage der Christen und Juden

Im 11. Jh. war der Islam die Religion der Herrscher, der Oberschichten und eines wachsenden Teils der Bevölkerung. Aber es ist nicht sicher, ob er irgendwo außerhalb der Arabischen Halbinsel die Religion einer Mehrheit war. Gleichermaßen war Arabisch die Kultursprache und in hohem Maß die Sprache der städtischen Bevölkerung, aber es hielten sich auch andere Sprachen aus der Zeit vor der muslimischen Eroberung.

Im 15. Jh. hatte der arabische Islam die gesamte Region überzogen. Es war meist der Islam sunnitischer Prägung, obwohl es auch noch Anhänger der in früheren Jahrhunderten entstandenen Richtungen gab. In Südostasien und an den Rändern der Sahara fanden sich Gemeinden der Ibaditen, die ihre geistige Abstammung auf die Charidschiten zurückführten, die nach der Schlacht von Siffin die Führerschaft Alis abgelehnt und im Irak und dem Maghreb gegen die Herrschaft der Kalifen rebelliert hatten. Im Jemen bekannten sich große Teile der Bevölkerung zur zaiditischen Schia. Die „Zwölfer" und die Ismailiten waren im 10. Jh. im Osten der arabischen Welt dominante schiitische Sekten gewesen, doch inzwischen hatten sie viel von ihrem früheren Einfluss verloren: Ismailiten war es in einigen Gebieten des Jemen, in Iran und in Syrien an verschiedenen Orten gelungen, den sunnitischen Herrschern Widerstand zu leisten – den Aijubiden in Syrien und den Seldschuken weiter im Osten.

DIE SYRISCHE BURG DER ASSASSINEN *(12. Jh.)* *(S. 87) Von der Bergfestung Alamut in Iran aus kämpften die fanatischen Anhänger von Hasan-i Sabbah, die Assassinen, gegen die Seldschuken. Unter der Führung ihres Oberhauptes, des „Alten vom Berge", breiteten sie sich während der Kreuzzüge auch in Syrien aus.*

Durch Berichte über ihre Aktivitäten, die in der Zeit der Kreuzzüge nach Europa drangen, entstand der Name „Assassinen". In arabischen Quellen finden sich zwar keine Angaben, doch es wurde behauptet, sie lebten unter der Herrschaft des „Alten vom Berge". In Syrien fanden sich auch Anhänger anderer schiitischer Sekten, die Drusen und die Nusairier. Im Nordirak gab es daneben die Yaziden, deren Religion sich aus christlichen und islamischen Elementen zusammensetzte, und im Südirak die Mandäer, deren Glauben auf ältere gnostisch geprägte religiöse Vorstellungen und Praktiken zurückging.

Im 12. Jh. waren die christlichen Kirchen des Maghreb so gut wie verschwunden, der größere Teil der Bevölkerung in den muslimischen Reichen von Andalusien gehörte der römisch-katholischen Kirche an. Koptische Christen stellten noch bis zum 15. Jh. einen bedeutenden Teil der ägyptischen Bevölkerung. Weiter im Süden, im Sudan, war das Christentum im 15. oder 16. Jh. ausgelöscht, da sich der Islam über das Rote Meer und am Nil entlang ausbreitete. In ganz Syrien und im Nordirak blieben christliche Gemeinden bestehen, allerdings in beschränktem Maße. Im Libanon und in anderen Teilen Syriens gab es eine vierte Sekte, die Maroniten.

Das Judentum war in der Welt des arabischen Islam sogar noch weiter verbreitet. Im Maghreb war in vorislamischer Zeit der Großteil der bäuerlichen Landbevölkerung zum Judentum bekehrt worden, und es gab dort, sowie im Jemen und gebietsweise im Fruchtbaren Halbmond, immer noch ländliche jüdische Gemeinden. Auch in den meisten Städten der Region gab es Juden, sie spielten eine bedeutende Rolle in Handel, Produktion, Geldwesen und Medizin.

DIE SEKTE DER ASSASSINEN: TERRORISMUS UND POLITIK

Ende des 11. Jh. setzte Hasan-i Sabbah mit Gewalt eine neue Form der Predigt jener ismailitischen Lehre durch, die die Fatimiden angenommen und verbreitet hatten. Er eroberte die nahe am Kaspischen Meer gelegene Bergfestung Alamut und plante von dort aus eine Reihe von Terroranschlägen. Er, den die Kreuzritter den „Alten vom Berge" nannten, gab „von Haschisch berauschte" Kommandos (*haschischijun*, „Haschisch-Esser") zur Bekämpfung seiner Gegner. Durch die Droge verschaffte er seinen Anhängern, die lange zwischen Iran und Syrien ihr Unwesen getrieben hatten, einen Vorgeschmack auf die Freuden des Paradieses, die nach der Ausführung der Attentate auf sie warteten. Zu ihren Opfern zählte außer einem abbasidischen Kalifen und einem Prinzen unter den Kreuzrittern auch Nizam al-Mulk, der persische Großwesir der seldschukischen Sultane. Am Freitag, den 12. Oktober 1092, als eben dieser Vertreter der sunnitischen Machthaber im Westen des Iran auf Reisen war, mischte sich ein mit dem Mord beauftragter Terrorist unter seine Leibgarde, beugte sich über die Sänfte, die Nizam nach einer nächtlichen Anhörung zu seiner Schlafstätte bringen sollte, und erdolchte ihn. In einer Rede verkündete Hasan-i Sabbah: „Der Mord an diesem Satan öffnet die Pforten der Glückseligkeit."

Ein großer Teil der jüdischen Gemeinschaften sprach um diese Zeit bereits Arabisch, allerdings in einer eigenen Sprachform. Die hebräische Sprache wurde immer noch für liturgische Zwecke benutzt. Auch unter den Christen im Fruchtbaren Halbmond, in Ägypten sowie in Spanien hatte sich die arabische Sprache verbreitet. Aramäisch und Syrisch jedoch verloren als Umgangs- und Schriftsprachen an Bedeutung, beide Sprachen fanden aber in der Liturgie noch immer Verwendung. In Ägypten diente das Koptische im 15. Jh. praktisch nur noch religiösen Zwecken. Viele Christen in Andalusien hatten Arabisch als Umgangssprache übernommen, doch ihre überlieferten romanischen Sprachen hatten überlebt und begannen langsam wieder aufzublühen. An den Rändern der arabischen Welt, in Gebirgen und Wüstengebieten, sprach man andere Sprachen. Kurdisch in den Bergen des Nordirak, Nubisch im Norden des Sudan und einige andere Sprachen im Süden. Einige Berberdialekte hielten sich in den Bergen des Maghreb und in der Sahara. Die Kurden und Berber waren jedoch Muslime. Wenn ihnen aber Bildung vermittelt wurde, geschah dies auf Arabisch und sie traten so in die Sphäre der arabischen Sprache ein.

GLAS MIT REITER
(Syrien, 13. Jh.)
Dank eines regen Handels konnten die Würdenträger am Hof sowie die herrschende Klasse ihrem Gefallen an Luxusgütern (kostbare Glaswaren und Keramiken, Elfenbeinschnitzereien, Seidenstoffe, Gegenstände aus Bronze mit Gold- und Silberintarsien) nachgeben. Daher waren die Händler, die von der Regierung unterstützt wurden, in der muslimischen Gesellschaft hoch angesehen.

Unter dem Banner des Handels

Von seinen Wurzeln her erkannte der aus der Kaufmannsschicht hervorgegangene Islam immer die Legitimität des Handels an, solange dabei nicht Wucher getrieben wurde. Die Verlegung des Kalifats nach Bagdad während der Abbasidenherrschaft gab dem Handel den entscheidenden Anstoß und löste einen großen wirtschaftlichen Aufschwung aus. Dank ihrer zentralen Lage wurde die neue Hauptstadt zur Drehscheibe der Handelsbeziehungen. Der Warenaustausch, der den Großteil des Verkehrs ausmachte, verlief auf dreierlei Wegen. Schon lange erfolgte der Transport durch die Flusstäler und auf den Routen der Karawanen, die zur Sicherung der Konvois von befestigten Karawansereien gesäumt waren. Als die Araber die Meerenge von Gibraltar, die Zugänge zum Roten Meer und zum Persischen Golf kontrollierten, kamen die schnellen Seewege hinzu.

Der Handel bescherte allen Städten, die an den wichtigsten Handelsrouten lagen, bald eine Blütezeit; alle großen Zentren des Islam, von Córdoba bis Samarkand, produzierten und konsumierten Waren und trieben Handel. Der Euphrat verband mit seiner Achse von Aleppo über Bagdad nach Basra die Mittelmeerwelt mit dem Herzen des Orients. Schiffe befuhren die Meere zwischen christlichen und muslimischen Ländern. Iranische und türkische Würdenträger am abbasidischen Hof stärkten den von Basra und Siraf betriebenen Handel mit Süd- und Ostasien.

Vier Haupthandelszonen sicherten den Warennachschub: Aus Indien und China kamen seltene Hölzer, Gemmen, Elfenbein und Gewürze, aus Ostafrika Sklaven, Gold, Elfenbein und Gewürze, aus Westafrika Sklaven und Gold, im Tausch gegen Salz, und aus dem Abendland Seidenstoffe, Sklaven sowie Holz, Pelze und Honig. Bagdad war bekannt für Baumwollstoffe und Papier.

Der Handel blühte jedoch nicht überall, die Zentren verlagerten sich. So übertraf z. B. Kairo im 11. Jh. Bagdad in seiner Bedeutung als Metropole. Die Entdeckung Amerikas erwies sich als harter Schlag, denn dadurch verschob sich auch der Seehandel und ließ den Handel im Vorderen Orient zusammenbrechen. Im Gefolge der Kaufleute erschlossen europäische Geographen die Region, während Waren und Erfindungen der arabischen Welt weltweite Verbreitung fanden.

GEWÖLBEGÄNGE EINES SUKS
Jede muslimische Stadt verfügt über ein überdachtes Handelszentrum, in dem Geschäfte aneinander gereiht und nach Handelsgütern geordnet sind. Ein Gewölbe wie bei diesem Suk in Aleppo dient dem Schutz vor der Sonne.

STOFFFRAGMENT MIT KAMELEN
(Iran, 10. Jh.) Karawanen sorgten meist für den Gütertransport auf dem Landweg. Aufgrund des schwierigen Geländes waren sie dafür besonders geeignet.

ABBASIDISCHE MÜNZE
Gold- und Silberstücke (Dinare und Dirhams) sowie die kleinen Geldstücke aus Kupfer folgten den Handelswegen zu Land und zu Wasser. Sie ermöglichten einen regen Handelsverkehr – solche Münzen wurden sogar in Skandinavien gefunden.

DIE SKLAVEREI

Als wichtiger Faktor des Wirtschaftslebens, der nach Koran und Rechtsprechung zulässig war, erfuhr der Sklavenhandel einen Aufschwung, als sich das Abbasidenreich mit seinem großen Bedarf an Arbeitskräften – in der Armee wie in der Wirtschaft – konfrontiert sah. Der Sklavenhandel wurde in den meisten Fällen durch Ankäufe in verschiedenen Regionen betrieben: Die einen Händler holten schwarze Sklaven aus Ostafrika, die anderen aus Westafrika. Die Ufer des Kaspischen Meeres waren als Beutegrund für kaukasische Sklaven berühmt; in Zentralasien wurden wegen ihrer Kriegskünste begehrte Türken versklavt. Um ihre Macht zu sichern, griffen viele Dynastien auf Militärsklaven zurück, die später in der Geschichte des Islam eine wichtige Rolle spielten.

SCHIFF MIT STEUERRUDER *(Irak, 13. Jh.) Im sehr weit entwickelten Seehandel wurden Schiffe eingesetzt, die mithilfe von Rudern und Segeln bewegt wurden. Bei den Abbasiden hatte man den Nutzen des Steuerruders bereits erkannt, den die christlichen Länder am Mittelmeer erst einige Jahrhunderte später für sich entdeckten.*

MITTELMEER UND MAGHREB
Zuerst auf Mekka konzentriert, zeigten Karten bald auch Straßen und Königreiche des islamischen Reichs an. Einen Höhepunkt erreichte die Kartografie im 12. Jh. mit dem Marokkaner al-Idrisi aus Palermo.

KAPITEL 6

Ländliche Gebiete

Das Land und seine Nutzung

Die Länder, die sich in einer horizontalen Linie von der Atlantikküste bis zum Indischen Ozean ziehen, hatten nicht nur alle eine dominierende Religion und Kultur, auch ihre Umwelt hatte gewisse Gemeinsamkeiten in Hinsicht auf Klima, geographische Besonderheiten, Bodenbeschaffenheit und Vegetation. Es ist manchmal behauptet worden, muslimische Gesellschaften seien von der Wüste oder zumindest von einer bestimmten Beziehung zwischen Wüste und Stadt geprägt. Solche Theorien sind jedoch riskant, denn der Islam breitete sich durchaus auch in Ländern mit einem ganz anderen Klima und einer völlig anderen Gesellschaftsstruktur aus, wie etwa in Süd- und Südostasien. Deshalb empfiehlt es sich, die Religion sowie die Umwelteinflüsse und -bedingungen getrennt zu betrachten.

In Bezug auf das Klima der meisten Länder, deren Religion zu dieser Zeit im Wesentlichen der Islam und deren Sprache das Arabische war, lassen sich gewisse allgemeine Aussagen treffen: An den Küsten sind die Meereswinde verantwortlich für ein feuchtes Klima. Im Landesinnern herrscht ein „Kontinentalklima“, das für große Unterschiede zwischen Tag und Nachttemperaturen und zwischen Sommer und Winter bekannt ist. Überall ist der Januar der kälteste Monat, in Juni, Juli und August dagegen ist es am heißesten. In manchen Regionen gibt es regelmäßige, reiche Niederschläge. Meist liegen diese Gebiete an der Küste oder an den dem Meer zugewandten Gebirgshängen. Die über das Meer heranziehenden Wolken regnen an den Bergen ab: am Atlas an der marokkanischen Atlantikküste, am Rif, dem Gebirge im Osten Algeriens und Norden Tunesiens, und am Cyrenaikamassiv an der Südküste des Mittelmeers; an seiner Ostküste sind es die Berge des Libanon und weiter im Innern die des nordöstlichen Irak. In Südwestarabien bringen Wolken vom Indischen Ozean den Regen. Hier fällt die Regenzeit in die Sommermonate, in die Zeit der Monsunwinde. In den anderen Gebieten regnet es meist von September bis Januar. Die Niederschlagsmenge liegt durchschnittlich bei gut 500 Millimeter im Jahr, an manchen Orten aber auch weit darüber.

Auf den Ebenen und Hochplateaus hinter den Küstengebieten ist die Niederschlagsmenge geringer; im Jahresdurchschnitt liegt sie bei 250 Millimeter. Die Durchschnittsangaben können jedoch irreführen; in den Gebieten des Landesinnern schwankt die Niederschlangsmenge von Jahr zu Jahr erheblich. Das kann Folgen für die Landwirtschaft haben, denn in manchen Jahren gibt es kaum Regenfälle, was zu Missernten führt.

Seit Urzeiten hat der Mensch überall dort, wo Erde und Wasser vorhanden waren, Ackerbau betrieben. Drei Anbaugrenzen waren dabei von besonderer Bedeutung. Die erste galt für die Anpflanzung von Olivenbäumen. Die Oliven selbst waren Nahrungsmittel, das Öl wurde für die Zubereitung von Speisen und das Holz zum Heizen verwendet. Olivenbäume wachsen in sandiger Erde überall dort, wo die jährliche Niederschlagsmenge über 180 Millimeter liegt. Die zweite betraf den Anbau von Weizen und anderem Getreide für den menschlichen Bedarf und als Tierfutter. Dazu ist eine jährliche Niederschlagsmenge von mehr als 400 Millimeter oder die Bewässerung der Felder erforderlich. Die dritte Anbaugrenze bezog sich auf Dattelpalmen, die nur bei einer Minimaltemperatur von 16 °C Früchte tragen, aber mit wenig Wasser auskommen. War ausreichend Wasser und Weideland vorhanden, konnten sowohl Viehzucht als auch Landwirtschaft betrieben werden. Schafe und Ziegen brauchten Weiden, die nicht zu weit voneinander entfernt waren. Kamele konnten große Entfernungen zwischen ihren Weidegründen zurücklegen und mussten nicht regelmäßig getränkt werden.

FELDARBEIT
(arabische Quelle, 14. Jh.)
Mit oftmals sehr einfachen Werkzeugen betrieben die muslimischen Bauern eine intensive Landwirtschaft, soweit es die Wasserknappheit und die begrenzte Fläche an kultivierbarem Land zuließen. Sie entwickelten sich zu Meistern in der Bewässerungstechnik und in der Kunst, verschiedene Feldfrüchte anzubauen.

Produktionsgebiete: sesshafte Bauern und Nomaden

Infolge der verschiedenen natürlichen Bedingungen waren der Mittlere Osten und der Maghreb schon vor der Islamisierung in große Produktionsgebiete unterteilt, die zwischen zwei Extremen lagen. So gab es Regionen, die jederzeit landwirtschaftlich nutzbar waren wie die Küstenniederungen, die günstig für Olivenbäume waren, die Ebenen und Täler, in denen Getreide angebaut wurde, und die Oasen mit ihren Palmen. Dort wurden überall auch Obst- und Gemüse angebaut. Als der Islam sich vom Indischen Ozean bis zum Mittelmeer ausbreitete, führte das auch zur Einführung neuer Nutzpflanzen. Die Gebirgswälder mit ihrer Vielfalt an Bäumen lieferten Holz, Galläpfel, Harze und Kork. In dem riesigen Gebiet gab es reichlich Weiden für Rinder, Schafe und Ziegen. In anderen Regionen wiederum erlaubten ein geringes Wasservorkommen und spärliche Vegetation nur die Zucht von Kamelen oder anderen Tieren, und zum Überleben waren ausgedehnte jährliche Herdenwanderungen notwendig. Zwei dieser Gebiete hatten eine besondere Bedeutung: die Arabische Wüste und ihre nördliche Verlängerung, die Syrische Wüste, wo die Kamelzüchter in der Nefud überwinterten und im Sommer in den Nordwesten nach Syrien oder in den Nordosten in den Irak zogen, sowie die Sahara, wo sie von der Wüste auf die Hochebenen oder zum Südrand des Atlas wanderten.

Das Wüstenschiff
Die Deckenmalerei im Omaijadenschloss Qusair Amra (Jordanien, 13. Jh.) folgt antiken Traditionen und zeigt den Alltag in der Wüste. Die Fresken sind in rechteckige Felder aufgeteilt; jedes zeigt ein bestimmtes Bild, wie hier ein Dromedar.

Zwischen diesen beiden Extremen – Gebiete mit dem mehr oder weniger sicheren und ruhigen Leben der Ackerbauern und Gebiete mit dem erzwungenen Nomadentum der Viehzüchter – lagen andere Regionen, in denen Ackerbau zwar möglich, allerdings unsicher war und wo das Land und das Wasser durchaus auch für die Viehzucht genutzt werden konnte.

Es wäre deshalb zu einfach, das Land in Regionen zu unterteilen, in denen sesshafte Bauern Ackerbau betrieben, und in andere, wo Nomaden ihre Herden weideten. Mischformen zwischen dem sesshaften und dem nomadischen Leben waren die Regel; es gab viele Möglichkeiten zur Nutzung des Landes. In manchen Regionen übten sesshafte Sippen oder Stämme die Kontrolle über ganze Gebiete aus; dort weideten nur die eigenen Herden unter Aufsicht von Hirten. In anderen nutzten Ackerbauern und Schafzüchter das Land gemeinsam. Daneben gab es Gebiete mit Stämmen, die mit ihren Herden vom Flachland zu den Bergweiden zogen, zu bestimmten Zeiten jedoch das Land auch bewirtschafteten. Und es gab Regionen mit einer rein nomadischen Bevölkerung, die möglicherweise Siedlungen in Oasen oder am Wüstenrand unter ihre Befehlsgewalt gebracht hatten, wo Bauern für sie arbeiteten.

Zwischen jenen, die das Land bestellten, und jenen, die mit ihren Herden von Ort zu Ort zogen, gab es keine, wie man annehmen könnte, uralten unüberwindlichen Gegensätze. Sesshafte Pflanzer und nomadische Viehzüchter brauchten einander für den Austausch der Güter, die zum Verkauf standen. Die Viehzüchter konnten nicht die ganze Nahrung produzieren, die sie benötigten – weder Getreide noch Datteln –, und die sesshafte Bevölkerung war nicht nur auf das Fleisch, die Häute und die Wolle der gezüchteten Tiere angewiesen, sondern auch auf Kamele, Maultiere und Esel als Last- oder Reittiere. In Regionen, in denen beide Gruppen nebeneinander lebten, nutzten sie das gleiche Wasser und dasselbe Land und mussten möglichst akzeptable und dauerhafte Abkommen miteinander treffen.

Wenn die Symbiose zwischen den Ackerbauern und den Viehzüchtern tief greifend gestört wurde, so war dies nicht auf Differenzen zwischen den beiden Gesellschaftsformen zurückzuführen, sondern hatte andere Gründe. Im Lauf der Jahrhunderte kam es zu Veränderungen des Klimas und der Wasserversorgung. Die zunehmende Austrocknung der Sahararegion über lange Zeiträume hinweg ist weitgehend bewiesen. Die Nachfrage nach Olivenöl, Getreide, Häuten, Wolle, Fleisch oder Lastkamelen schwankte; mal wurde mehr, mal weniger gebraucht. Zeitweise erreichte die Überbevölkerung unter den Nomaden so kritische Ausmaße, dass ihre Versorgung gefährdet war. Sie vermehrten sich stärker als die Dorfbevölkerung, denn sie führten im Großen und Ganzen ein gesünderes Leben. Von Zeit zu Zeit gab es politische Veränderungen. Starke Herrscher neigten dazu, die Agrargebiete auszudehnen, aus denen sie die Nahrung für die Städte und Steuern für den Unterhalt ihrer Armeen bezogen.

Die arabische Eroberung der umliegenden Länder in frühislamischer Zeit wurde nicht in einem Zug vollzogen. Die arabischen Armeen waren kleine Truppenverbände verhältnismäßig disziplinierter Krieger unterschiedlicher Herkunft. Ihnen folgten, zumindest in Irak und Iran, große Kontingente arabischer Viehzüchter, deren Umfang nicht schätzbar ist. Die neuen Herren waren an der Erhaltung der Landwirtschaft und damit des Systems von Abgaben und öffentlichen Einkünften interessiert. Die früheren Grundbesitzer wurden entweder enteignet oder gingen in der neuen herrschenden Klasse auf, aber die Bauernschaft blieb; Soldaten und Einwanderer wurden auf dem Land oder in den neu gegründeten Städten angesiedelt. Von Khorasan und Transoxanien bis nach Spanien verrät das Wachstum der Städte zu bis dahin ungekannter Größe das Vorhandensein besiedelter ländlicher Gebiete, die ausgedehnt und produktiv genug waren, um die Städte mit Nahrungsmitteln zu versorgen. Andererseits führten die Zunahme des Fernhandels innerhalb des riesigen muslimischen Reiches und die jährliche Wallfahrt nach Mekka zu einem steigenden Bedarf an Kamelen und anderen Reit- und Lasttieren.

DIE SOZIALE REVOLTE DER ZANDSCH

Nach der Ermordung al-Mutawakkils (861) wurde das Kalifat durch eine Reihe aufständischer Bewegungen erschüttert. Im Jahr 869 wurde Südirak zum Schauplatz der Revolte der Zandsch. Diese schwarzen Sklaven waren von reichen Kaufleuten in Westafrika gekauft worden, um jene zu bewässernden Landstücke urbar zu machen, die in den Besitz dieser Herren gelangt waren. In erster Linie galt es, Sümpfe trockenzulegen, Salz zu gewinnen und Zuckerrohr anzubauen. Die Zandsch, die unter schlechtesten Bedingungen leben mussten, erhoben sich unter der Führung des Persers Ali ibn Mohammed (der sich als Nachkomme Mohammeds sah) und rissen bei ihrem Aufstand auch die städtischen Sklaven sowie die durch die Schulden- und Steuerlast verarmten Bauern, die schwarzen Truppen des Kalifen und sogar die Beduinenstämme mit. Sie mordeten und plünderten; auch der Hafen von Basra wurde von ihnen verwüstet. Es brauchte 14 Jahre und ein starkes Heer, bis dieser Aufstand niedergeschlagen war, in dessen Verlauf die Zandsch den ganzen Süden des Irak und ein Gebiet im Südwesten des Iran besetzt hielten. Das abbasidische Kalifat, das dem Aufruhr nur mit Mühe standhielt, wehrte wenig später den weitaus gefährlicheren Angriff der Karmaten ab.

Der Niedergang des sesshaften Lebens

Erst später, ab dem 10. oder 11. Jh., kam es zu einer Störung der Symbiose. An den Grenzen der muslimischen Welt sorgten die Streifzüge von Nomadengruppen für Veränderungen im Bevölkerungsgleichgewicht. Türkische Nomadenstämme drangen nach Iran und in die neu eroberten Gebiete Anatoliens vor und verschoben das Kräftegleichgewicht. Diese Bewegung setzte sich während und nach der Mongoleninvasion fort. Im fernen Westen zogen Berber aus dem Atlas und von den Randgebieten der Sahara nach Norden, nach Marokko und Andalusien.

SZENEN AUS DEM LÄNDLICHEN LEBEN
Diese iranische Zeichnung eines realistischen Malers und Kalligrafen (16. Jh.) zeigt Szenen aus dem Landleben im Orient.

Moderne Historiker schreiben den Niedergang des sesshaften Lebens im Maghreb der Zuwanderung einiger arabischer Stämme, insbesondere der Banu Hilal, im 11. Jh. zu. Man glaubt, dass ihre Raubzüge und Plünderungen die gesamte spätere Geschichte des Maghreb entscheidend beeinflusst haben, da sie die starken Regierungen, die Hüter des sesshaften Lebens, stürzten und das Agrarland in Weiden umwandelten. Die ansässige Bevölkerung selbst ging in dieser Flutwelle arabischer Einwanderer unter. Neue Forschungen haben jedoch gezeigt, dass dieser Vorgang nicht so einfach war. Gruppen der Banu Hilal drangen tatsächlich in der ersten Hälfte des 11. Jh. von Ägypten nach Tunesien vor, was mit dem Versuch der Fatimiden, die Ziriden zu schwächen, zusammenhing. Letztere waren eine lokale Herrscherdynastie in Kairuan, ehemals Vasallen der Fatimiden, deren Herrschaft sie jedoch abgeschüttelt hatten. Die Ziriden verloren durch einen Rückgang des Handels in Kairuan an Stärke, und ihr Reich zerfiel in kleinere Fürstentümer mit Provinzstädten als Zentren. Möglicherweise halfen das Schwinden der alten Regierungsautorität und der Niedergang des Handels den Nomaden, in das politische Vakuum vorzustoßen. Ihre Expansion mag bei der Landbevölkerung zu Chaos und Zerstörung geführt haben, doch nichts weist darauf hin, dass die Banu Hilal ein sesshaftes Leben grundsätzlich ablehnten. Sie unterhielten zu anderen Dynastien gute Beziehungen. Offenbar waren die Banu Hilal nicht so zahlreich, dass durch ihre Zuwanderung die Berberbevölkerung durch Araber ersetzt worden wäre. Seit dieser Zeit kam es tatsächlich zu einer weiten Verbreitung der arabischen Sprache, und damit entstand die Vorstellung von einer Verbindung der ländlichen Bevölkerung des Maghreb mit jener der Arabischen Halbinsel. Aber das lag weniger an der Verbreitung der arabischen Stämme als an der Assimilation der Berber.

Stammesgesellschaften

Ohne Störungen und Eingriffe führten die ökonomischen und gesellschaftlichen Prozesse in solchen ländlichen Gegenden oft zu einer Gesellschaftsform, die man als „tribalistisch“ (auf Stammesbewusstsein beruhend) bezeichnet. Die Frage, die sich stellt, ist, was man sich unter einem Stamm vorzustellen hat.

Die fundamentale Einheit in Nomaden- und Dorfgemeinschaften war die Kernfamilie, bestehend aus drei Generationen: Großeltern, Eltern und Kinder lebten in einem aus Steinen, Lehmziegeln oder einem anderen lokalen Baumaterial errichteten Haus im Dorf oder in den gewebten Zelten der Nomaden. Die Männer waren überwiegend mit der Feldarbeit beschäftigt oder versorgten die Herden; die Frauen bereiteten die Mahlzeiten, hielten Häuser oder Zelte sauber, übernahmen die Erziehung der Kinder und halfen gelegentlich auch auf den Feldern oder bei den Viehherden aus. Kontakte zur Außenwelt waren ausschließlich den Männern vorbehalten.

Frau mit Krug

Als weltweit verbreitete Aufgabe im Haushalt wird das Wasserholen traditionell der Frau zugeteilt. Ihr obliegt der Gang zur Quelle, zum Brunnen, zum Wasserbecken oder zum Fluss – alles Orte der Begegnung, an denen man über die Ereignisse im Dorf spricht.

Die Frauen der Dörfer und Steppen, die zwar weder verschleiert gingen noch mit aller Macht unterdrückt wurden, waren doch in wesentlichen Punkten den Männern untergeordnet. Nach weit verbreitetem Brauch – allerdings nicht nach islamischem Gesetz – gehörte der Grundbesitz den Männern und wurde von ihnen an ihre männlichen Nachkommen vererbt: „Söhne sind der Reichtum des Hauses." Die Ehre des Mannes verlangte, dass er seinen Besitz verteidigte und die Ansprüche seiner Familie, seiner Sippe oder einer größeren Gruppe, der er angehörte, erfüllte; die Zugehörigkeit zu einem größeren Ganzen gereichte dem Einzelnen zur Ehre. Die Frauen der Familie – Mutter und Schwestern, Ehefrauen und Töchter – standen unter seinem Schutz, aber sie konnten seine Ehre beflecken: durch mangelnde Keuschheit oder durch ein Verhalten, das bei Männern, die keine Ansprüche auf sie hatten, Gefühle weckten, die die soziale Ordnung in Frage stellten. In die Achtung eines Mannes vor den Frauen mischte sich deshalb unter Umständen ein gewisser Argwohn oder sogar Furcht vor ihnen, da sie eine Gefahr für die Familie darstellen konnten. Eine Studie über Beduinenfrauen in der westägyptischen Wüste berichtet von Gedichten und Liedern, die Frauen untereinander austauschen. Darin werden persönliche Gefühle und eine Liebe ausgedrückt, die stärker sein kann als eingegangene Verpflichtungen; verbotene Grenzen werden überschritten und Zweifel an der Gesellschaftsordnung erwachen, die für diese Frauen Gültigkeit hat und die sie formell akzeptieren.

Wurde eine Frau älter, konnte sie als Mutter von Söhnen oder als Hauptfrau (wenn es mehr als eine Ehefrau gab) an Achtung gewinnen. Sie übte nicht nur eine große Autorität über die jüngeren Frauen der Familie aus, sondern auch über die Männer.

In den meisten Fällen war eine Kernfamilie weder wirtschaftlich noch gesellschaftlich autark. Sie konnte auf zwei Arten in eine größere Einheit integriert sein: Die erste Einheit war die Sippe, die Gruppe der Verwandten, die ihre Abstammung über vier oder fünf Generationen auf einen gemeinsamen Vorfahren zurückführen konnten. Von dieser Gruppe erhielten die Angehörigen im Notfall Hilfe, und sie waren zur Rache verpflichtet, wenn eines ihrer Mitglieder angegriffen, verletzt oder getötet wurde.

Die zweite Einheit entstand durch dauerhafte ökonomische Interessen. Für alle, die das Land bestellten und sesshaft waren, bildete das Dorf eine solche Einheit. Selbst bei Uneinigkeiten zwischen den Sippen musste ein Einverständnis über die Landnutzung hergestellt werden. In bewässerten Landstrichen mussten außerdem Absprachen über die Wasserverteilung getroffen werden. Dabei gab es verschiedene Möglichkeiten: Z. B. wurde das Wasser in einem Wasserlauf oder Kanal in Anteile aufgeteilt, die jeweils auf Dauer oder zeitlich wechselnd dem Besitzer eines bestimmten Grundstücks zugesprochen wurden. Auch über die Art der Landbestellung waren unter Umständen Vereinbarungen nötig. Jemand, der nicht genug oder überhaupt kein Land besaß, bearbeitete vielleicht gegen einen festgesetzten Anteil des Ertrags das Land eines anderen oder pflanzte Obstbäume auf fremdem Land und galt als ihr Besitzer. Die Hirten in Nomadengruppen bildeten ähnlich gegliederte soziale Einheiten, denn das Nomadentum verlangte ein gewisses Maß an Zusammenarbeit und sozialer Disziplin. Dabei gab es jedoch keine Landaufteilung; Weideland und Wasser galten als Gemeinbesitz aller, die es nutzten.

Ein ausgeprägtes Zusammengehörigkeitsgefühl

Zwischen den beiden Grundformen der sozialen Einheit – die eine auf verwandtschaftlichen Verbindungen, die andere auf gemeinsamen Interessen basierend – bestand eine komplexe Beziehung. In schriftlosen Gesellschaften besteht nur eine schwache Erinnerung an weit zurückliegende Generationen, und es war deshalb eher ein symbolischer Ausdruck gemeinsamer Interessen, Anspruch auf eine gemeinsame Abstammung zu erheben; man wollte der Gruppe dadurch eine Stärke geben, die sie sonst nicht gehabt hätte.

Neben den sozialen Kerneinheiten haben möglicherweise noch weitläufigere existiert. Alle Dörfer eines Distrikts oder alle Hirtengruppen eines Weidegebiets oder sogar weit voneinander entfernt lebende Gruppen betrachteten sich vielleicht als Angehörige eines größeren Ganzen, einer „Fraktion" oder eines „Stammes", der sich in ihren Augen von anderen ähnlichen Gruppierungen unterschied und möglicherweise im Gegensatz zu ihnen stand. Existenz und Einheit des Stammes beruhten im Allgemeinen auf der Abstammung von einem gemeinsamen Vorfahren; meist war jedoch nicht bekannt, wie sich eine Fraktion oder Familie genau von diesem Stammvater ableiten ließ; und die überlieferten Genealogien waren in vielen Fällen fiktiv.

Der Stamm war in erster Linie ein Name, der in der Vorstellung all jener existierte, die damit eine Zusammengehörigkeit zum Ausdruck bringen wollten. Er hatte potenziell Einfluss auf ihr Handeln, z. B. im Fall einer Gefahr von außen oder in Zeiten einer Wanderung in großem Maßstab. Der Stamm konnte einen Gemeinschaftsgeist *(asabija)* besitzen, der seine Mitglieder dazu brachte, sich in Notzeiten gegenseitig beizustehen. Alle,

DAS LANDWIRTSCHAFTLICHE ERBE DER ARABER

Die Spuren der Araber sind in Europa in vielen Bereichen sichtbar, v. a. in der Landwirtschaft. Wir verdanken ihnen die Einführung bzw. Verbreitung verschiedener Kulturpflanzen und verschiedener Bewirtschaftungsformen, wie etwa Bewässerungssysteme, Terrassenanbau und geradlinige Pflanzensetzungen, wodurch unsere Landschaften dauerhaft verändert wurden.

Die Araber führten zunächst in Spanien und dann in Sizilien die Dattelpalme, den Johannisbrotbaum und die Bananenstaude ein, ebenso das Zuckerrohr und den Reis. Auch der Import des Schwarzen Mandelbaums, der für die Seidenproduktion wichtig ist, sowie des Baumwollstrauchs wird ihnen zugeschrieben. Mit der Zeit entwickelte sich daraus ein weites Berufsfeld im Textilbereich.

Auch der Gemüsegarten wurde unter arabischem Einfluss vielfältiger: Auberginen aus Persien, Artischocken und Gewürzkräuter, z. B. das Estragon, gehörten zu den Neuheiten. Ebenso kam im Obstgarten eine große Zahl neuer Fruchtsorten hinzu, die aus Iran oder noch ferneren Regionen stammten: Mandeln, Haselnüsse, Pfirsiche, Pflaumen, Kirschen, Johannisbeeren, Quitten, Orangen, Zitronen und Pampelmusen und viele mehr. Zu ihnen zählte auch die Aprikose, die aus Armenien stammt und die ein Historiker spöttisch als „die einzige Frucht der Kreuzzüge, die für Europa von Nutzen war" bezeichnete. Neben Gurken und Zucchini fand man auf den Märkten auch Honig- und Wassermelonen; dies war im Westen etwas so Außergewöhnliches, dass man sich darüber Geschichten erzählte, wie etwa die über einen Kaiser, dem der Bauch platzte, weil er zu viele Melonen gegessen hatte, oder über einen Papst, der sich mit Wassermelonen den Magen verdorben hatte und fast daran gestorben wäre!

EINE KARAWANE AUF WANDERSCHAFT
In einer Wüstenlandschaft ist der Anblick einer Karawane ein vertrautes Bild. Schon sehr früh wurde das Dromedar in Arabien heimisch gemacht und bald darauf auch in den angrenzenden Ländern. In den hoch gelegenen Regionen Zentralasiens wurde es jedoch nach und nach durch Kamele aus Baktrien ersetzt, die besser an das raue Klima angepasst waren.

die einen gemeinsamen Namen trugen, teilten auch den Glauben an ein hierarchisches Ehrsystem. Die Kamelnomaden der Wüste betrachteten sich als die ehrenhaftesten Stämme, denn sie führten das freieste Leben, das am wenigsten von einer äußeren Autorität eingeschränkt wurde. In ihren Augen standen die Händler in den kleinen Marktstädten, die umherziehenden Hausierer und Handwerker (etwa die jüdischen Metallhandwerker in der Sahara und die Solubba, die Metallhandwerker der Arabischen Wüste) und die Landarbeiter in den Oasen außerhalb des Stammessystems.

In der Hirtengruppe und im Dorf lag die Autorität, soweit es eine solche gab, in den Händen der Ältesten oder der Familienoberhäupter. Sie bewahrten die kollektive Erinnerung der Gruppe, entschieden wichtige Fragen von gemeinsamem Interesse und schlichteten Meinungsverschiedenheiten innerhalb der Gruppe. In den Dörfern desselben Bergtals oder derselben Ebene oder bei Hirten, die denselben Namen benutzten, hob sich manchmal eine Familie von den anderen ab, und eines ihrer Mitglieder übernahm entweder durch Wahl oder aufgrund herausragender Tapferkeit die Führung der Gruppe.

Die Macht solcher Führer und Familien variierte sehr stark. Es gab einerseits die Führer *(schaich)* der Nomadenstämme, die nur geringe effektive Macht besaßen. Sie konnten sich lediglich auf ihren Ruf innerhalb des Stammes stützen. Es war ihnen nicht möglich, sich in einer Stadt niederzulassen und dort Herrscher zu werden.

Auf der anderen Seite gab es die führenden Familien sesshafter, Landwirtschaft betreibender Gemeinschaften. Manchmal gehörten sie der Gruppe schon lange an oder waren Eindringlinge von außen, die ihre Stellung durch Waffengewalt oder religiösen Einfluss errungen hatten, oder waren dort von der Regierung einer benachbarten Stadt als Führer eingesetzt worden. Wenn sich die Macht in ihrer Hand konzentrierte, wurde die *asabija* eines Stammes durch eine andere Beziehung ersetzt – durch das Verhältnis von Herr und Untertan.

KAPITEL 7

Das städtische Leben

Märkte und Städte

KARAWANSEREI IN DAMASKUS
(S. 99) In den Städten, am Eingang der großen Suks, findet man Rast- und Übernachtungsstationen. Sie haben nur einen Zugang, der zum zentralen Innenhof führt. Um den Hof herum gruppieren sich die Unterkünfte für die Händler sowie die Lager für die Waren und die Ställe für die Tiere. Ähnliche Bauten wurden entlang der großen Verkehrsachsen errichtet.

Bauern und Nomaden konnten den Großteil ihres Lebensunterhalts selbst produzieren. Die Bauern bauten ihre Häuser aus Lehmziegeln, ihre Frauen webten Teppiche und Kleiderstoffe, umherziehende Handwerker stellten Metallgeräte her oder reparierten sie. Überschüssige Lebensmittel mussten sie jedoch gegen andere Güter eintauschen, entweder gegen Produkte aus anderen Landesteilen oder Gegenstände, die von spezialisierten Handwerkern hergestellt wurden. Dazu gehörten Zelte, Einrichtungsgegenstände, Geschirr für die Tiere, Kochutensilien und Waffen, die für das Überleben notwendig waren.

Dort, wo mehrere landwirtschaftliche Gebiete aneinander grenzten, wurden regelmäßig Märkte abgehalten. Es gab dafür einen allgemein bekannten Ort, der leicht erreichbar und als neutraler Treffpunkt anerkannt war – den Suk. Die Märkte konnten wöchentlich stattfinden oder einmal im Jahr an einem Tag, zu Ehren einer Person (Mann oder Frau), die als „Freund Gottes" galt. Manche dieser Märkte entwickelten sich im Laufe der Zeit zu Dauereinrichtungen, woraus wiederum Städte hervortraten, in denen Kaufleute und Handwerker ihren spezialisierten Tätigkeiten nachgingen, ohne selbst Felder bebauen oder das Vieh hüten zu müssen. Die Mehrheit dieser Marktflecken war sogar kleiner als manche Dörfer. Dort lebten vielleicht nur einige 100 Einwohner; es gab einen zentralen Markt und eine Hauptstraße mit Läden und Werkstätten. Kleinere Städte, die weit entfernt von großen Städten oder in Oasen lagen, unterstanden in der Regel der Autorität des *schaich* eines benachbarten Stammes oder eines lokalen Führers. Stammes- oder Dorffehden wurden nicht in den Markt hineingetragen, denn es galt generell, dass Handwerker und kleine Kaufleute außerhalb der Stammesordnung standen und deshalb nicht wie die Stämme dem Kodex von Ehre und Rache unterworfen waren.

Manche Städte waren jedoch mehr als nur regionale Marktflecken. Sie lagen oft an Schnittpunkten mehrerer landwirtschaftlicher Bezirke, wo der Austausch verschiedenster Erzeugnisse besonders große und komplexe Formen annahm.

Unter diesen Bedingungen und bei einer jahrzehnte- oder jahrhundertelangen Stabilität solchen Lebens konnten große Städte heranwachsen und sich erhalten. Das Entstehen eines islamischen Reiches und einer islamischen Gesellschaft, die die Welt des Indischen Ozeans mit der mediterranen Welt verband, war eine Voraussetzung für das Wachstum großer Städte, die sich wie eine Kette von einem Ende der islamischen Welt zum anderen zog: Córdoba, Sevilla und Granada in Andalusien, Fès und Marrakesch in Marokko, Kairuan und später Tunis in Tunesien, Fustat und danach Kairo in Ägypten, Damaskus und Aleppo in Syrien, Mekka und Medina in Westarabien, Bagdad, Mosul und Basra im Irak und weiter östlich die Städte des Iran, Transoxaniens und Nordindiens. Manche dieser Städte hatten bereits in vorislamischer Zeit existiert, andere verdankten ihre Gründung der islamischen Eroberung oder der Macht späterer Dynastien. Die meisten lagen im Landesinnern, weil die Herrschaft der Muslime über die Mittelmeerküsten

ungesichert war, denn die Häfen konnten vom Meer aus angegriffen und deshalb schlechter verteidigt werden.

Im 10. und 11. Jh. waren die großen Städte der islamischen Länder die größten in der westlichen Hemisphäre. Es erscheint nicht ausgeschlossen, dass Kairo zu Beginn des 14. Jh. etwa 250 000 Einwohner hatte. Bagdads Einwohnerzahl zur Zeit der größten Machtentfaltung der Abbasiden wird manchmal mit einer Million oder mehr angegeben, was jedoch ganz sicher zu hoch ist. Sie muss aber zumindest ähnlich der Kairos gewesen sein. Auch Córdoba in Spanien war mit diesen beiden Städten vergleichbar. Die Bevölkerungszahlen von Aleppo, Damaskus und Tunis im 15. Jh. lagen bei etwa 50 000–100 000. In Westeuropa gab es – abgesehen eben von Córdoba – zu dieser Zeit keine Stadt von der Größe Kairos. Florenz, Venedig, Mailand und Paris kamen vielleicht jeweils auf 100 000 Einwohner, während die Städte in England, den Niederlanden, in Deutschland und Zentraleuropa kleiner waren.

LEDERBEZOGENE TRUHE AUS CÓRDOBA
Die Araber waren die Ersten, die Leder für dekorative Zwecke verwendeten, und Córdoba erlangte auf diesem Gebiet weltweites Ansehen. Nach der Reconquista entwickelte Spanien aus den spanisch-maurischen Techniken einen eigenen Stil, dem diese mit Blumenmotiven verzierte und mit Gold besetzte Ledertruhe zuzuschreiben ist.

Die städtische Bevölkerung im Zeichen des Handels

Ein reiches und beherrschendes Element der städtischen Bevölkerung waren die großen Kaufleute, die eine Stadt mit Nahrungsmitteln und Rohstoffen aus den ländlichen Gebieten versorgten oder den Fernhandel mit wertvollen Gütern wie Textilien, Glas, Porzellan aus China und Gewürzen betrieben. Sie kamen aus Süd- und Südostasien, ihre Schiffe wurden in frühislamischer Zeit in Basra und Siraf, den beiden Häfen am Golf, und später in einem der ägyptischen Häfen am Roten Meer entladen und die Waren dann nach Kairo gebracht. Von dort wurden sie in die gesamte mediterrane Welt transportiert – entweder auf Landrouten oder auf dem Seeweg über die Häfen Damietta, Rosetta und Alexandrien. Gold aus Äthiopien kam über den Nil und mit Karawanen nach Kairo und über den Niger in den Maghreb. Sklaven bezog man aus dem Sudan, aus Äthiopien und aus den slawischen Ländern.

Nicht der gesamte Handel lag in den Händen muslimischer Kaufleute. Das Frachtgeschäft im Mittelmeer wurde weitgehend von europäischen Schiffen und Händlern aus Amalfi, Genua und Venedig kontrolliert. Im 15. Jh. beteiligten sich auch Franzosen und Engländer an diesen Geschäften. Die Kaufleute in den großen muslimischen Städten hatten die Kontrolle über die wichtigen Landrouten im Maghreb, in West- und Zentralasien und über die Seestraßen des Indischen Ozeans, bis die Portugiesen am Ende des 15. Jh.

den Seeweg um das Kap der Guten Hoffnung entdeckten. Die meisten Kaufleute waren Muslime, aber es fanden sich auch Juden aus Bagdad, Kairo und aus den Städten des Maghreb, die durch ihre Familien oder durch Glaubensbrüder Verbindungen zu den italienischen, nordeuropäischen und byzantinischen Städten hielten. Neben den Händlern der großen Städte gab es eng miteinander verbundene Kaufmannsgruppen in kleineren Ortschaften, die den Handel mit bestimmten Gütern kontrollierten.

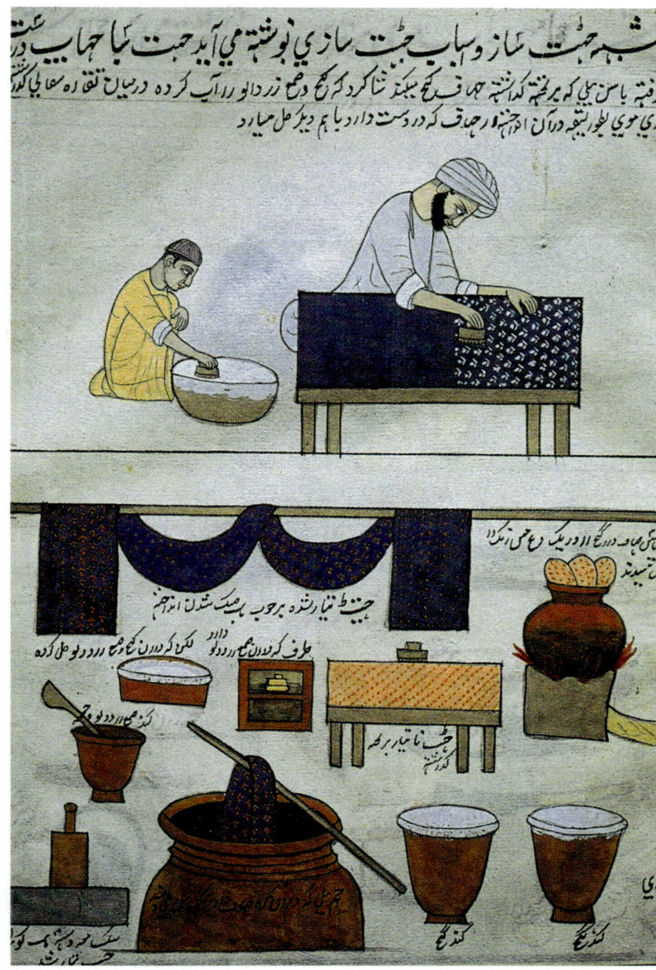

DIE KUNST DES STOFFDRUCKS
Bagdad wurde mit zunehmender Entwicklung seines Baumwollanbaus berühmt für feines Baumwollgewebe. Das Textilgewerbe brachte zahlreiche Verzierungstechniken hervor. Auf diesem Stoff aus dem 19. Jh. sieht man einen Handwerker, der einen Stoffballen mit Mustern bedruckt, die dann mithilfe von Farbbädern fixiert werden.

Es gab zwei Formen von Handelsunternehmen. Die eine war die Partnerschaft – oft von Mitgliedern einer Familie. Die andere Form war die *commenda (mudaraba)*, bei der ein Investor Güter oder Kapital an jemanden übergab, der damit Handel trieb und dem Investor später das Kapital zusammen mit einem vorher festgelegten Gewinnanteil zurückzahlte. Gegenseitiges Vertrauen war die Grundlage des Handels.

Die großen Städte waren auch Manufakturzentren, in denen Massenwaren wie Textilien, Metallarbeiten, Töpferwaren, Lederwaren und haltbar gemachte Nahrungsmittel für den lokalen Markt produziert wurden. Auch Qualitätswaren für den überörtlichen Handel, vor allem feine und kostbare Gewebe, wurden hergestellt.

Im Allgemeinen gab es nur kleine Produktionsbetriebe, in denen der Meister ein paar Arbeiter und Lehrlinge in seiner Werkstatt beschäftigte. Die größten Betriebe waren jene, die für einen Herrscher oder das Militär produzierten – Waffenschmiede und königliche Textilmanufakturen – oder die Zuckerraffinerien in Ägypten. Ladenbesitzer und Gewerbetreibende bildeten eine urbane Klasse mit einer eigenen Tradition. Fertigkeiten wurden vom Vater an den Sohn weitergegeben. Der Besitz eines Ladens oder einer Werkstatt konnte über Generationen vererbt werden. Die dabei erzielten Gewinne waren nicht so hoch wie die der großen Kaufleute. Durch Gewerbe oder den Einzelhandel ließ sich bei weitem nicht solcher Reichtum erwerben wie durch den Fernhandel mit Luxusgütern. Die verschiedenen Gewerbe genossen nicht dasselbe Ansehen in der Gesellschaft. Als „noble" Gewerbe galten die Edelmetallverarbeitung, die Papier- und Parfümherstellung. So genannte „schmutzige" Gewerbe betrieben Gerber, Färber und Schlachter.

Neben der stabilen Schicht von Handwerkern und Ladenbesitzern mit festen und permanenten Adressen gab es einen großen Bevölkerungsanteil, der Beschäftigungen nachging, die weniger handwerkliches Können verlangten: Hausierer, Straßenreiniger und das großstädtische Proletariat mit unregelmäßiger Beschäftigung. In den meisten Fällen müssen Zuwanderer aus ländlichen Gegenden einen großen Anteil dieser Schicht gebildet haben. Die Grenze zwischen Stadt und Land war nicht klar gezogen. Die Städte waren von Gemüsegartenanlagen umgeben. In diesen Randbezirken wurden auch die Karawanen zusammengestellt; hierher wurden die Kamele gebracht, um für den langen Weg ausgerüstet zu werden. Diese Bezirke waren Anziehungspunkte für eine ständig fluktuierende Bevölkerung aus dem Umland. Vor allem Dürreperioden oder unruhige Zeiten trieben Bauern aus ihren Dörfern in die Städte.

Das Gesetz und die Ulama

Die Wechselbeziehungen spezialisierter Arbeiter und der Verkäufer von Produkten, das Zusammentreffen von Menschen unterschiedlicher Herkunft und Religion, die vielfältigen Möglichkeiten und Probleme des Lebens auf Straßen und Märkten verlangten eine Verhaltensnorm, ein System von Regeln und Gewohnheiten, deren Gültigkeit anerkannt und die häufiger befolgt als übertreten wurden. Der Örtliche Brauch *(urf)* allein, den die Ältesten der Gemeinde bewahrten und interpretierten, reichte in einer Stadt nicht mehr aus. Seit der Abbasidenzeit akzeptierte die städtische Muslimbevölkerung, mit Unterstützung des Muslimherrschers, allgemein die Scharia. Sie bestimmte die Formen kommerzieller Verträge, die Grenzen, innerhalb derer legitime Gewinne gemacht werden konnten, die Beziehungen von Eheleuten und die Teilung von Grundbesitz.

EIN MUFTI
Seine Aufgabe ist es, auf Anfrage eines Kadi oder einer Privatperson das islamische Gesetz auszulegen. Seine unverbindlichen Gutachten (fatwa) *dienten bis in die osmanische Zeit als eine Art Entscheidungshilfe.*

Die Richter, die die Scharia anwandten, wurden an besonderen Hochschulen, den Medresen *(madrasa)* ausgebildet. Ein Kadi saß in seinem Haus oder im Gerichtsgebäude, und ein Sekretär hielt seine Entscheidungen schriftlich fest. Im Prinzip war nur die mündliche Aussage ehrbarer Zeugen anerkannt. Es bildete sich deshalb eine Gruppe von Gerichtszeugen *(udul)* heraus, die für die Wahrheit der Aussagen anderer bürgten. In der Praxis konnten schriftliche Dokumente zugelassen werden, wenn die *udul* sie beglaubigten und so in eine mündliche Zeugenaussage verwandelten. Im Lauf der Zeit erkannten manche Dynastien die vier *madhhab* oder Rechtsschulen als gleichwertig an. Unter den Mamelucken gab es offiziell ernannte Kadis aller vier *madhhab.* Jeder Kadi fällte Urteile in Übereinstimmung mit der Lehrmeinung seiner eigenen *madhhab.* Es gab keine Berufungsinstanz und das Urteil konnte nur bei Vorliegen eines Formfehlers von einem anderen Kadi aufgehoben werden. Das System war jedoch nicht so allumfassend oder unflexibel, wie es scheinen mag. Die Scharia ging in Fragen des Familienrechts präzise vor, weniger präzise in Handelsangelegenheiten und am wenigsten in strafrechtlichen und konstitutionellen Fragen. Der Kadi besaß eine gewisse Kompetenz in strafrechtlichen Dingen, wenn es um bestimmte Handlungen ging, die der Koran ausdrücklich verbot und mit vorgegebenen Strafen belegte: unerlaubter Geschlechtsverkehr, Diebstahl oder der Genuss von Wein. Im Allgemeinen hatte er die Befugnis, Verstöße gegen die Religion zu bestrafen. In der Praxis lag das Strafrecht, besonders in Fällen, die das Staatswohl betrafen, meist in der Hand des Herrschers oder seiner Beamten und nicht beim Kadi.

Neben dem Kadi gab es noch einen anderen kundigen Fachmann, den Rechtsgutachter (Mufti), der für Entscheidungen *(fatwa)* in Fragen des Gesetzes zuständig war. Der Kadi erkannte *fatwas* oftmals an, und nach einer gewissen Zeit wurden sie in die Gesetzeshandbücher aufgenommen.

Der Kadi war eine zentrale Gestalt im Leben der Stadt. Er sprach nicht nur Recht, sondern war beim Tod eines Mannes auch verantwortlich für die Aufteilung des Grundbesitzes nach den Bestimmungen des Erbrechts. Der Herrscher konnte ihm noch weitere Befugnisse übertragen.

Die Juristen, die Recht sprachen, es lehrten und deuteten, und andere, die religiöse Funktionen innehatten – als Vorbeter in den Moscheen oder Prediger – bildeten inzwischen eine besondere Schicht der urbanen Gesellschaft: die Ulama, die Religionsgelehrten, die Hüter der anerkannten Glaubensordnung, des Wertsystems und der Handlungsweisen. An ihrer Spitze stand eine Gruppe, die voll in die städtische Elite integriert war: die oberen Ulama. Zu ihnen zählten Richter der wichtigsten Gerichtshöfe, Professoren der großen Hochschulen, Prediger der Hauptmoscheen und Hüter von Heiligtümern, wenn diese auch für ihre Gelehrsamkeit und Frömmigkeit bekannt waren. Manche dieser Männer nahmen für sich die Abstammung vom Propheten durch seine Tochter Fatima und ihren Mann Ali ibn Abi Talib in Anspruch. Den Nachfahren des Propheten, den Syids oder Scherifen, brachte man besondere Achtung entgegen, und mancherorts übernahmen sie Führungsrollen. Die beiden Dynastien, die ab dem 16. Jh. Marokko beherrschten, gründeten ihren Legitimitätsanspruch auf ihren Status als Scherife.

Die oberen Ulama waren eng verbunden mit den anderen Schichten der urbanen Elite, den großen Händlern und den Meistern geachteter Gewerbe. Es gibt Hinweise darauf, dass Familien von Kaufleuten, Handwerksmeistern und Ulama durch Heirat gezielt Verbindungen miteinander knüpften. So konnten gemeinsame ökonomische Interessen unter Umständen durch eine Ehe untermauert werden, denn ein Familienverbund sorgte für eine Konzentration des Reichtums der Stadt in wenigen Händen.

DIE SCHERIFEN, NACHKOMMEN DES PROPHETEN

Sich aufgrund einer entfernten Verwandtschaft, z. B. die des Ali, als legitimen Nachkommen des Propheten zu sehen, ist eine in arabischen Ländern tief verwurzelte Tradition. Dies zeigt sich v. a. in Marokko, wo sich die Herrscher gern den Ehrentitel Scherif gaben und das daher oft auch Königreich der Scherifen genannt wird.

Fatima, die Tochter des Propheten, und Ali, sein Cousin, hatten als Nachkommen Hasan und Husain. In Marokko verteilten sich die Nachfahren des Hasan auf mehrere Familien, darunter die Idrisiden, die Gründer der Stadt Fès, die Scherifen von Quezzane, die Saditen und die Alawiten. Letztere, deren Scherifendynastie seit Mitte des 17. Jh. an der Macht war, leiteten den Namen von ihrem Vorfahren Moulaj Ali Scherif her, der aus Tafilalet stammte. Sein Mausoleum in Rissani im südlichen Marokko wurde 1955 nach dem Hochwasser des Wadi Ziz wieder aufgebaut und ist heute ein Wallfahrtsort. Die Nachkommen des Husain teilen sich in zwei Seitenlinien: die Sqallijinen, die von Sizilien über Andalusien kamen, und die Irakijinen, die aus dem Irak stammten.

Nicht alle Scherifen sind zu bekannten Persönlichkeiten aufgestiegen, und doch genossen sie immer großes Ansehen. Ihnen wurde nachgesagt, in der besonderen Gunst Gottes zu stehen, der *baraka*, die jeweils vom Vater auf den Sohn übertragen wird. Einige Scherifen waren reich, andere arm, je nachdem, ob sie zu den berühmten Familien gehörten. Doch wie immer auch ihre finanzielle Situation war, durch ihre Herkunft und ihren religiösen Charakter wurden sie als vornehme Leute betrachtet. Nicht nur in der Stadt, sondern auch im umliegenden Land, wo sie großen Einfluss ausübten, wurden sie ihrer Vorfahren wegen um Vermittlung göttlichen Beistands angerufen.

Ob Händler oder obere Ulama – wer Reichtum hatte, konnte ihn durch ein von der Scharia gebilligtes System religiöser Stiftungen (*waqf* oder *habus*) von einer Generation an die nächste weitergeben. Ein *waqf* war die dauernde Festlegung der Einkünfte aus Grund- oder Immobilienbesitz für wohltätige Zwecke. Zum Beispiel der Unterhalt von Moscheen, Schulen, Hospitälern, öffentlichen Brunnen oder Herbergen für Reisende, die Befreiung von Gefangenen oder die Pflege kranker Tiere. Diese Einkünfte konnten jedoch auch dem Nutzen der Familie des Stifters dienen. Der Stifter ernannte ein Familienmitglied zum Stiftungsverwalter und legte ein Salär für ihn fest. Oder er bestimmte, dass die Überschüsse aus dem Stiftungsvermögen so lange seinen Nachkommen zuflossen, bis die Familie ausstarb, und erst dann wohltätigen Zwecken zugeführt werden durften. Solche Bestimmungen führten jedoch zu Missbrauch. Deshalb wurden Stiftungen der Kontrolle des Kadi und des Herrschers unterstellt; sie sicherten in einem gewissen Maß die Übertragung von Vermögenswerten.

WAQF, der Veräusserung entzogene Güter

Das den muslimischen Staaten eigene Finanzsystem, bekannt unter dem Namen *waqf* (maghrebinischer Begriff *habus*), zeichnete sich dadurch aus, einen Grund- oder Immobilienbesitz der Veräußerung zu entziehen und das daraus gewonnene Einkommen einer religiösen oder sozialen Einrichtung zukommen zu lassen. War dieses Einkommen für öffentliche Zwecke bestimmt (Moscheen, Religionsschulen, Krankenhäuser ...), so nannte man dies *waqf khairi*, gemeinnützige Stiftung; war es für Personen gedacht, so sprach man von *waqf ahli*. Es handelte sich also um ein Vermögen, das für einen guten Zweck bestimmt war und über welches der Eigentümer sein Verfügungsrecht aufgegeben hatte. Das *waqf* bezeichnete aber auch die Rechtshandlung selbst, durch die man eine solche Stiftung einrichtete. Der Stifter musste das volle Verfügungsrecht über sein Vermögen und ein uneingeschränktes Eigentumsrecht an dem Stiftungsobjekt haben; die Stiftung musste außerdem einen Nutzen abwerfen. Starb die durch sie begünstigte Familie aus, fielen die Einkünfte den Armen zu, und die Güter blieben dauerhaft der Veräußerung entzogen. Die Verwaltung des *waqf* oblag dem *nazir*, der dafür ein Gehalt bezog und von einem Kadi kontrolliert wurde.

Die Sklaven

Die Idee der Sklaverei hatte in muslimischen Gesellschaften nicht die gleiche Bedeutung wie in den Ländern Nord- und Südamerikas. Sklaverei war im islamischen Recht verankert. Gemäß diesem Gesetz konnte ein in Freiheit geborener Muslim nicht versklavt werden. Sklaven waren Nichtmuslime, die im Krieg gefangen oder anderweitig erworben worden waren, oder sie waren Kinder von Sklaven. Sie besaßen nicht die vollen Rechte der Freien, aber die Scharia gebot, sie gerecht und freundlich zu behandeln. Es galt als Verdienst, einen Sklaven freizulassen. Die Beziehung von Herr und Sklave konnte eng sein und weiter bestehen, nachdem der Sklave frei war. Er konnte die Tochter seines früheren Herrn heiraten oder die Geschäfte für ihn führen.

Seit der frühen Abbasidenzeit hatten die Kalifen Sklaven in ihre Heere aufgenommen, die von den zentralasiatischen Türkenvölkern stammten. Diese Praxis wurde fortgesetzt. Sie führte zur Macht der Mamelucken, die 1250–1517 über Ägypten und Syrien herrschten. Die Militärsklaven bildeten jedoch eine eigene Klasse. Sie hatten einen höheren gesellschaftlichen Status als die meisten anderen Sklaven. Der Großteil der Sklaven lebte in den Städten als Hausbedienstete oder Konkubinen. Die vorwiegend aus Schwarzafrika stammenden Sklaven wurden über den Indischen Ozean, das Rote Meer, auf dem Nil oder auf den Routen durch die Sahara in die muslimischen Städte gebracht. Meist handelte es sich um Frauen; es gab jedoch auch Eunuchen, die darüber wachten, dass Privaträume von der Außenwelt abgeschlossen blieben.

Muslime und Nichtmuslime in der Stadt

Außerhalb der Arabischen Halbinsel lebten beinahe in allen Städten Einwohnergruppen, die der einen oder anderen jüdischen oder christlichen Glaubensgemeinschaft angehörten. Mehrere Faktoren unterschieden sie von den Muslimen. Sie entrichteten eine besondere staatliche Kopfsteuer. Islamisches Gesetz und islamischer Brauch verlangten, dass sie sich an bestimmte Regeln hielten: Sie mussten besondere Kleidung tragen, wobei bestimmte, mit dem Propheten in Verbindung gebrachte Farben (besonders Grün) verboten waren. Sie durften keine Waffen tragen, Pferde reiten, neue Gebetsstätten errichten und alte ohne Genehmigung instand setzen oder sie so bauen, dass sie muslimische religiöse Gebäude überragten. Strenger beachtete man die Ehe- und Erbgesetze. Ein Nichtmuslim konnte einen Muslim nicht beerben, ein Nichtmuslim konnte keine muslimische Frau heiraten, ein Muslim dagegen eine Nichtmuslimin. Die Missionierung von Muslimen war streng verboten.

Fatimidische Täfelung *(11. Jh.) Die Araber schätzten ihre Pferde so sehr, dass sie diese für sich behalten wollten. So bestand eine der Schikanen gegenüber den Christen und Juden darin, ihnen das Reiten zu verbieten.*

Es war ein Zeichen der Sonderstellung von Juden und Christen, dass ihnen tendenziell in bestimmten Wirtschaftsbereichen eine besondere Bedeutung zukam und sie in anderen wiederum ausgeschlossen blieben. Unter den Fatimiden, Aijubiden und Mamelucken spielten in Ägypten koptische Beamte eine bedeutende Rolle in der Finanzverwaltung. In der Medizin nahmen die Juden einen wichtigen Platz ein, und jüdische Hofärzte waren mitunter sehr einflussreich. Ein Jude oder Christ, der zum Islam übertrat, konnte sogar große Macht erlangen.

In den frühen Jahrhunderten islamischer Herrschaft scheint es einen regen gesellschaftlichen und kulturellen Austausch zwischen den drei Religionen gegeben zu haben. Die Beziehungen zwischen Muslimen und Juden im omaijadischen Spanien und zwischen Muslimen und christlichen Nestorianern im Bagdad der Abbasiden waren eng und problemlos. Mit der Zeit traten jedoch Christen und Juden zum Islam über, wodurch eine Mehrheit zur Minderheit wurde. Als der Islam sich von der Religion einer herrschenden Elite in den Glauben der Mehrheit der städtischen Bevölkerung verwandelte, entwickelte er seine eigenen sozialen Institutionen, innerhalb derer Muslime ohne Berührung mit Nichtmuslimen leben konnten.

Es gab mehrere Perioden bewusster und anhaltender Verfolgungen von Nichtmuslimen durch islamische Herrscher: Zum Beispiel unter dem fatimidischen Kalifen al-Hakim (996–1021) in Ägypten, unter den Almohaden im Maghreb und unter einigen zum Islam konvertierten Mongolenherrschern in Iran und Irak. Diese Verfolgungen fanden weder auf Betreiben der sunnitischen Wortführer statt, noch erhielten sie deren Zustimmung. Das Augenmerk der Ulama richtete sich auf die Nichtmuslime und die Einhaltung jener Gesetze, die ihren Status definierten. Innerhalb dieser Grenzen bestanden sie auf den

Schutz, den die Scharia den Ungläubigen gewährte. Der Druck auf Juden und Christen ging hauptsächlich von der städtischen Bevölkerung aus. In Kriegszeiten oder wirtschaftlicher Not konnten sich unter Umständen Feindseligkeiten gegen nichtmuslimische Beamte des Herrschers richten. In solchen Augenblicken reagierte der Herrscher oft mit einer strikten Durchsetzung der Gesetze. Zu derartigen Krisen kam es mehrmals während der Zeit der Mameluckenherrschaft in Ägypten und Syrien.

Die unterschiedlichen christlichen und jüdischen Gemeinschaften wurden zusammengehalten durch eine höhere Autorität oder durch die Solidarität der lokalen Gruppe, die um eine Kirche oder eine Synagoge zu finden war. Auf Wunsch konnten Christen und Juden ihre Fälle dem muslimischen Kadi vorlegen, was auch öfter geschah.

Frauen in der Stadt

Frauen spielten nur eine unbedeutende Rolle im städtischen Wirtschaftsleben. Sie waren Hausbedienstete, Tänzerinnen und Sängerinnen oder halfen manchmal ihren Ehemännern bei seinem Handwerk oder Gewerbe. Sichtbar im Arbeitsleben standen die Frauen armer Familien. War eine Familie reich, mächtig und angesehen, isolierte sie ihre Frauen. Dann lebten sie verborgen in einem besonderen Teil des Hauses, im Harem. Wenn sie das Haus verließen, verbargen sie das Gesicht hinter einem Schleier. Ibn al-Haddsch, ein ägyptischer Jurist der malikitischen Rechtsschule, sagte, Frauen sollten nicht ausgehen, um auf dem Markt einzukaufen, denn sie könnten zu unschicklichem Benehmen verleitet werden, wenn sie mit Händlern zusammenkamen: „Einige der frommen Männer früherer Zeit (möge Gott Gefallen an ihnen finden) haben gesagt, eine Frau dürfe ihr Haus nur bei drei Gelegenheiten verlassen: Wenn sie zu ihrem Bräutigam gebracht wird, beim Tod ihrer Eltern und wenn man sie selbst zu Grabe trägt." In den Frauengemächern, bei gegenseitigen Besuchen, in den öffentlichen Badehäusern, die zu bestimmten Zeiten für Frauen reserviert waren, bei Hochzeitsfesten und den Feiern nach der Geburt eines Kindes trafen Frauen zusammen und hielten ihre Kultur lebendig. Manche beteiligten sich durch Stellvertreter an der Verwaltung ihres Besitzes, und es gibt dokumentierte Fälle, in denen Frauen vor einem Kadi erschienen und ihr Recht verlangten. Wie auf dem Land

DIE FRAU UND DAS GESETZ DES KORANS

Gegenüber dem Mann wird die Frau im Koran benachteiligt. Allerdings finden sich darin im Vergleich zur arabischen Gesellschaft der damaligen Zeit, z.B. mit der Verurteilung des vorislamischen Brauchs, weibliche Neugeborene zu töten, durchaus auch Fortschritte. Es lassen sich auch keinerlei Belege für die Auffassungen rigoristischer Rechtsgelehrter finden, die beispielsweise die Steinigung wegen Ehebruchs oder das Tragen des Schleiers verlangten. Gleichwohl wird eindeutig an der Vorrangstellung des Mannes festgehalten: „Die Männer stehen über den Frauen, weil Gott sie (von Natur vor diesen) ausgezeichnet hat ... Und wenn ihr fürchtet, dass Frauen sich auflehnen, dann vermahnt sie, meidet sie im Ehebett und schlagt sie!" Aber der Koran sagt auch: „Er (Gott) hat Liebe und Erbarmen zwischen euch gemacht." Will ein Mann seine Frau verstoßen, so muss er sich ihr gegenüber dennoch rücksichtsvoll erweisen. Ein Grund für die untergeordnete Stellung der Frau liegt in ihrer grundsätzlichen, d.h. von der Monatsblutung herrührenden Unreinheit: „Darum haltet euch während der Menstruation von den Frauen fern, und kommt ihnen nicht nahe, bis sie (wieder) rein sind!"

Der Koran fordert die Frauen zur Zurückhaltung in ihrer Kleiderwahl auf: „Sage auch den gläubigen Frauen (...), dass sie nicht ihre Zierde (ihre Reize), außer was notwendig sichtbar sein muss, zeigen und dass sie ihren Busen mit dem Schleier verhüllen sollen." Es wird von ihnen nicht verlangt, ganz verhüllt zu sein.

Im Fall eines Ehebruchs sollen beiden, Mann und Frau, sofern sie nach Aussagen von vier Zeugen für schuldig befunden wurden, „unter Anwesenheit einer Gruppe von Gläubigen hundert Peitschenhiebe verabreicht werden!"

konnte eine Frau, die Söhne hatte, mit zunehmendem Alter auch in der Stadt große Macht in der Familie gewinnen.

Der Koran verkündete in klaren Worten die Gleichheit von Mann und Frau: „Wer das Rechte getan hat, sei es Mann oder Weib, wofern sie gläubig waren, die treten ein ins Paradies." Der Koran schrieb auch Gerechtigkeit und Wohlwollen im Umgang der Muslime miteinander vor. Das System von Gesetz und idealer Moral, die Scharia, gab den Rechten der Frauen einen verbindlichen Ausdruck, legte aber auch ihre Grenzen fest.

Gemäß der Scharia sollte jede Frau unter der Vormundschaft eines Mannes stehen – Vater, Bruder oder eines anderes Familienmitglieds. Die Eheschließung einer Frau war ein zivilrechtlicher Vertrag zwischen dem Bräutigam und ihrem Vormund. Ein Vater als Vormund konnte seine Tochter ohne deren Zustimmung verheiraten, solange sie noch nicht in der Pubertät war. Hatte sie dieses Alter erreicht, war ihre Zustimmung erforderlich. Der Ehevertrag sah eine Morgengabe *(mahr)* des Bräutigams an die Braut vor. Über dieses Brautgeld konnte sie frei verfügen, und auch alles, was sie sonst besaß oder erbte, blieb in ihrem Besitz. Die Ehefrau schuldete ihrem Mann Gehorsam, dafür stand ihr das Recht auf angemessene Kleidung, Wohnung, Unterhalt und Sexualverkehr mit ihrem Mann zu. Obwohl die Juristen Empfängnisverhütung unter gewissen Umständen erlaubten, sollte der Ehemann sie allerdings nicht ohne Zustimmung der Ehefrau praktizieren.

Es gab jedoch einige Bereiche, in denen die Beziehung der Eheleute auf Ungleichheit beruhte. Eine Ehefrau konnte ihren Mann nur aus guten Gründen verlassen (beispielsweise wegen Impotenz, Wahnsinn, Verweigerung ihrer Rechte) und nur durch den Gang zum Kadi oder in gegenseitigem Einvernehmen geschieden werden. Der Ehemann konnte seine Frau durch eine schlichte Formel verstoßen, die er in Anwesenheit von Zeugen aussprach. (Im schiitischen Recht andererseits war bei der Ehe auf Zeit, die *muta*, eine Abfindung vorgesehen.) Der Ehevertrag konnte einen gewissen Schutz vor einer Verstoßung bieten, wenn er vorsah, dass der Ehemann einen Teil des Brautgelds, den so genannten „aufgeschobenen" Teil *(muaddschal)*, auszahlen musste, wenn er seine Frau verstieß. Eine Frau durfte auf die Hilfe und Unterstützung ihrer männlichen Verwandten rechnen. Wurde sie verstoßen, konnte sie mit ihrem Besitz in das Haus der Familie zurückkehren. Die gemeinsamen Kinder standen unter ihrer Obhut, und es war ihre Pflicht, sie aufzuziehen. Ab einem bestimmten Alter, das in den verschiedenen

PORTRÄT EINER FRAU
Diese Wandmalerei (8. Jh.) aus einem Zimmer des omaijadischen Schlosses des Qasr al-Hayr al-Gharbi (Syrien) zeigt das Gesicht einer Frau, das mit einem Schleier umhüllt ist. In der Frühzeit des Islam verbargen so die Frauen ihr Haupt, gemäß einer Tradition, die bis in die Antike zurückreicht.

IM SUK
In den Suks der großen arabischen Städte herrscht immer rege Betriebsamkeit. Eine bunte Menschenmenge bewegt sich durch kleine überdachte Sträßchen, die zu beiden Seiten von Marktständen flankiert werden. An diesem Ort des Handels und Feilschens schlägt das wahre Herz der Stadt.

Gesetzestexten unterschiedlich festgesetzt wird, unterstanden sie der Aufsicht des Vaters und seiner Familie.

Die Scharia, die sich auf den Koran und das Vorbild des Propheten stützte, gestattete einem Mann, mehrere Ehefrauen zu nehmen – bis zu vier –, vorausgesetzt er behandelte sie alle gerecht und vernachlässigte bei keiner seine ehelichen Pflichten. Darüber hinaus konnte er auch Konkubinen in beliebiger Zahl haben, die ihm gegenüber keinerlei Rechte geltend machen durften. Der Ehevertrag konnte jedoch so abgefasst sein, dass ihm andere Ehefrauen oder Konkubinen untersagt waren.

Die Ungleichheit zeigte sich auch in der Erbgesetzgebung, die die Scharia ebenfalls aus den Worten des Korans ableitete. Es war einem Mann nicht gestattet, mehr als ein Drittel seines Besitzes Personen zu hinterlassen, denen sonst kein Erbteil zugestanden hätte. Der Rest wurde nach strengen Regeln aufgeteilt. Die Ehefrau konnte im Höchstfall ein Drittel erhalten. Hinterließ der Mann Söhne und Töchter, stand einer Tochter nur die Hälfte des Anteils eines Sohnes zu; hinterließ er nur Töchter, erhielten sie einen bestimmten Teil seines Vermögens, aber der Rest floss seiner männlichen Verwandtschaft zu. Diese Klausel findet sich in einer anderen Regel der Scharia: In einem Gerichtsverfahren hatte das Zeugnis einer Frau nur halb so viel Gewicht wie das eines Mannes.

Das Gesicht der Stadt: die Stadt, der Markt

In der *medina*, dem Herzen jeder großen Stadt, standen zwei verschiedene Gebäudekomplexe. Zu dem einen gehörte die Hauptmoschee. Daneben lagen das Haus oder das Gerichtsgebäude des höchsten Kadi, Hochschulen und die Läden von Buch-, Kerzen- oder Devotionalienhändlern. Außerdem befand sich dort manchmal das Grab eines Heiligen, dessen Leben man auf besondere Weise mit der Geschichte der Stadt in Verbindung brachte. Zum zweiten Komplex gehörte der Suk; er war der wichtigste Umschlagplatz für Waren. Auf diesem Platz oder in seiner Nähe gab es Läden, in denen Stoffe, Schmuck, Gewürze und andere wertvolle Güter verkauft wurden. Außerdem standen hier Lagerhäuser für importierte Waren und die Büros der Geldwechsler, die als Bankiers die Finanzierung des Auslandshandels übernahmen.

Das Marktgebiet diente hauptsächlich dem Tausch von Geld gegen Waren; ein großer Teil, besonders die Läden und Lager mit wertvollen Gütern, wurde nachts verschlossen und bewacht. Reiche Kaufleute und Gelehrte lebten oft in der Nähe des Marktes, aber der Großteil der Bevölkerung hatte Häuser in eigenen Wohnvierteln außerhalb des Zentrums. Solche Viertel bestanden aus einem Gewirr von Gässchen und Sackgassen, die von einer Hauptstraße abgingen. Es gab Zeiten, da hatten diese Viertel eigene Tore, die nachts geschlossen und bewacht wurden. In einem Viertel mochten Hunderte oder Tausende Menschen leben. Dort gab es eine Moschee, eine Kirche oder Synagoge, einen kleinen Markt *(suwajqa)* für die täglichen Bedürfnisse und oft auch ein öffentliches Badehaus *(hammam)* – ein wichtiger Treffpunkt. Weiter entfernt vom Zentrum, in der Nähe der Stadtmauern oder sogar außerhalb, lagen die ärmeren Viertel, in denen die ländlichen Zuwanderer lebten. Dort wurden die Karawanen ausgerüstet, zusammengestellt, auf den Weg gebracht und bei ihrer Rückkehr begrüßt; Lasttiere wurden gekauft und verkauft, und die Bewohner aus der ländlichen Umgebung boten ihre Früchte, ihr Gemüse und Kleinvieh an. Hier befanden sich auch die Betriebe, deren Arbeit mit Lärm oder üblen Gerüchen verbunden war, wie Schlachtereien und Gerbereien. Hinter diesen Quartieren und außerhalb der Stadtmauern lagen die Friedhöfe, die nicht nur bei Begräbnissen wichtige Treffpunkte waren.

DER KALIF AL-MAMUN IM BADEHAUS
Auf dieser persischen Miniaturzeichnung aus dem Jahr 1538 überlässt sich der abbassidische Herrscher im Hammam den pflegenden Händen des Barbiers und des Masseurs, um für eine Weile die Lasten seines Amtes zu vergessen und einige Augenblicke der Entspannung zu genießen.

DAS HAMMAM, DAS MAURISCHE BADEHAUS

Wie schon ihre Vorfahren in der Antike, so haben auch die Araber ihre Städte mit Kanälen, Brunnen, Bassins und Badehäusern verschönert. Das Badehaus (Hammam) war notwendig für die Reinheit des Körpers, wie sie für das Gebet verlangt wurde. Es existierte bereits seit der omaijadischen Epoche, doch war es zunächst den fürstlichen Palästen und Aristokratenhäusern vorbehalten, bevor es dann auch öffentlich zugänglich wurde. Das Hammam wurde bald zu einem festen Bestandteil der Moschee, um die rituellen Waschungen vornehmen zu können; mit zunehmender Verbreitung prägte es auch das Leben in den angrenzenden Vierteln: Im abbassidischen Bagdad kam auf 200 Häuser bereits ein Badehaus.

Über seine Grundausstattung hinaus bietet die Architektur des Hammams zahlreiche Varianten. Die Konstruktion erfordert nicht nur solides Material, sondern auch das notwendige Wissen. Räume, in denen die Luft immer heißer und feuchter wird, sind voneinander getrennt: der Empfangs- und der Umkleideraum, lauwarme und heiße Räume, Schwitzräume, die von einem Kessel aus über ein im Fußboden verlegtes Leitungssystem mit Dampf beheizt werden. Man geht ins Hammam, um zu entspannen, um den Pflichten der Hygiene oder auch religiösen Vorschriften nachzukommen. Der Besuch ist – nach festgelegten Zeiten – für Männer und Frauen getrennt. Nach intensivem Schwitzen im Dampfbad kann man angestelltes Personal herbeirufen, um sich waschen, abreiben, kräftig massieren, rasieren oder enthaaren zu lassen. Anschließend taucht man in ein Becken mit lauwarmem oder heißem Wasser, um dann für eine Weile im Ruheraum die Entspannung zu genießen. Es gibt kaum ein großes Ereignis in der Familie, dem nicht der wohltuende Gang ins Hammam vorausginge.

Raum im Hammam
(Libanon, 19. Jh.)
Zunächst nur in Palästen angelegt, wurden die Bäder später zu einem allgemeinen Treffpunkt. Der Besuch in einem Hammam dient zur Entspannung in einer angenehmen Atmosphäre und zur Belebung von Körper und Seele. Der allgemein beliebte Heißluftraum, wie hier im Palast von Beittedine, fand seit dem 15. Jh. zunehmende Verbreitung.

Die Bewohner eines Viertels waren durch eine gemeinsame religiöse, ethnische oder regionale Herkunft, durch Verwandtschaft oder Heirat miteinander verbunden. Juden und Christen neigten dazu, aufgrund familiärer Bindungen oder gemeinsamer Herkunft in bestimmten Vierteln zu leben. Sie wollten in der Nähe ihrer Gebetsstätten sein, und vielleicht machten ihre unterschiedlichen Bräuche in Bezug auf die Absonderung der Frauen die unmittelbare Nähe zu muslimischen Familien schwierig.

Die Königsstadt

Die Hauptmoschee und der zentrale Markt einer Stadt waren die Punkte, von denen die kulturelle und die wirtschaftliche Macht ausgingen. Die politische Macht hatte jedoch einen anderen Sitz: die Königsstadt. Hier befanden sich der Palast mit dem Königlichen Schatzhaus, das Münzamt und die Arbeitszimmer der Sekretäre.

Die äußeren Höfe des Palastes hatten vor allem öffentliche Funktionen: Hier wurden Gesandte empfangen, die Paraden der königlichen Truppen abgenommen, vom Rat Recht gesprochen und Petitionen entgegengenommen. Wer Geschäfte zu erledigen hatte, war in diesem Teil des Palastes zugelassen, und dort erschien auch der Herrscher an bestimmten Tagen und zu bestimmten Anlässen. Die inneren Höfe waren dagegen der Herrscherfamilie vorbehalten, den von Eunuchen bewachten Frauen und den Palastsklaven. Das Ausmaß der Abgeschlossenheit variierte jedoch von Dynastie zu Dynastie. Die Hafsiden führten ein recht öffentliches Leben, die Mamelucken schirmten sich stärker ab.

In der Königsstadt befanden sich auch die Kasernen für die königlichen Garden, die Paläste und Häuser hoher Würdenträger und besondere Werkstätten, die Güter für den Bedarf des Hofes und des Heeres produzierten – das Arsenal, Märkte für Pferde und Waffen und Webereien, in denen die feinen Stoffe für den Palast hergestellt wurden. Die dort Beschäftigten lebten in der näheren Umgebung.

Häuser in der Stadt

Städtische Behausungen gliederten sich in drei Kategorien. In manchen Städten scheinen die Unterkünfte der Armen weitgehend aus offenen Höfen mit Hütten bestanden zu haben. Ein typisches Mehrfamilienhaus war um einen Innenhof gebaut, hatte im Erdgeschoss Werkstätten und mehrere Treppen, die in zwei oder drei obere Stockwerke führten, in denen sich abgeschlossene Wohnungen mit mehreren Zimmern befanden.

Für Familien in besseren Verhältnissen hatten sich allmählich andere Hausformen entwickelt. In Südwestarabien war das Haus ein symmetrischer Steinbau mit mehreren Stockwerken. Im Erdgeschoss wurden Tiere gehalten, im Stockwerk darüber lagerte Getreide. Danach folgten zwei oder drei Geschosse mit Wohnräumen und als Letztes der große Empfangsraum mit der besten Luft und freiem Blick. In anderen Gegenden hat sich die typische Form großer Wohnhäuser in vielen Varianten aus einer Mischung des griechisch-römischen mediterranen Hauses und traditioneller iranischer und irakischer Bauweisen entwickelt.

DER PROPHET UND SEINE FAMILIE *(Türkei, 18. Jh.)* *Nachdem er seiner Frau über 20 Jahre treu gewesen war, hatte Mohammed im Alter mehrere Frauen. In einem durch einen Vorhang abgetrennten Raum unterhielt er sich mit ihnen, dabei das Gebot der Gleichheit respektierend, wie er selbst es gepredigt hatte.*

Man erreichte das Haus durch eine von der Hauptstraße abzweigende Gasse. Außer der Größe der Haustür verriet dem Passanten nichts vom Reichtum des Besitzers. Die Häuser waren gebaut, um von innen, nicht von außen betrachtet zu werden. Die Tür war das wichtigste äußere Element; sie bestand aus Eisen oder Holz und hatte eine Einfassung aus kunstvoll behauenem Stein. Darüber befand sich vielleicht ein Fenster, von dem man jeden Näherkommenden beobachten konnte. Hinter der Tür führte ein Gang um die Ecke, sodass man von der Straße aus keinen Einblick hatte. Durch den Gang erreichte man einen großen Innenhof, um den mehrere Zimmer lagen – auch der offizielle Empfangsraum (*majlis* oder *qaa*). Er befand sich oft auf der dem Eingang gegenüberliegenden Seite des Innenhofs. Man betrat ihn durch eine Tür oder einen *iwan*, den großen Rundbogen, der sich als Element der Architektur vom Iran aus nach Westen verbreitet hatte. Die Zimmer der Familie lagen getrennt von diesem Empfangszimmer und den damit verbundenen Räumlichkeiten. In großen Häusern gab es außerdem ein Badehaus (Hammam).

Die Häuser waren oft aus Ton- oder Lehmziegeln gebaut. Die großen Räume im Erdgeschoss hatten in vielen Fällen gewölbte Decken aus Ziegelsteinen, um die Last der oberen Stockwerke zu tragen. Die anderen Decken bestanden aus Holz. Wände, Türen und Decken waren verziert. Das Holz wurde in verschiedenen Farben gestrichen (in Ma-

TÜRKLOPFER
Verziert mit einem Löwenkopf und stilisierten Drachen stellt dieses bronzene Stück aus Syrien die weit verbreitete Form eines Türklopfers dar, wie er im 12. Jh. im Nahen Osten an bedeutenden Bauwerken zu finden war. Der Drache am Eingang der Häuser wurde als Talisman angesehen.

rokko war die typische Farbe Grün, in Tunesien Blau). Die Wände waren verputzt und hatten Stuckornamente mit Blumenmustern. Stein wurde kunstvoll bearbeitet und mit kalligrafischen oder Blumenmotiven verziert. Die Fenster hatten Holzläden. Das als *maschrabija* bekannte hölzerne Gitterwerk tauchte zuerst unter den Fatimiden in Ägypten auf und war in der Mameluckenperiode allgemein verbreitet.

Abgesehen von Truhen und Vorratsschränken gab es in den Häusern wenig Mobiliar. Empfangsräume waren mit Sofas und Kissen ausgestattet. Matratzen und Kissen, die auf dem Fußboden, auf Holz- oder Steinsockeln lagen, dienten als Betten. An den Wänden hingen Wandbehänge, auf dem Fußboden und auf Betten lagen Teppiche. Nachts spendeten Kupferlampen Licht, und bei kaltem Wetter brannte in kupfernen Kohlepfannen Holzkohle oder aromatisches Holz. Das Essen wurde auf großen runden Silber- oder Kupfertabletts angerichtet, die auf niedrigen Holzgestellen lagen. Gegessen wurde aus Tonschalen und -schüsseln oder aus chinesischen Porzellanschalen. Man nahm sich mit einem Stück Fladenbrot von den Gerichten, die auf dem großen Tablett angerichtet waren; die Reichen benutzten allerdings Löffel und Messer.

DER ISLAMISCHE FESTKALENDER

Die religiösen Feste der Muslime richten sich nach dem Mondkalender und verschieben sich daher gegenüber dem Sonnenkalender jährlich nach rückwärts. Wie in allen großen monotheistischen Religionen wird an diesen Tagen der Ereignisse gedacht, in denen sich Gott den Menschen offenbarte. Im Islam ist diese Offenbarung eng mit der Geschichte Mohammeds und der Erinnerung an Abraham verknüpft.

MONAT	TAG	FEST
Muharram	1.	Tag der Hidschra/Neujahr: Das muslimische Jahr beginnt mit der Erinnerung an die Flucht Mohammeds aus Mekka nach Medina im Jahr 622.
Safar		
Rabi I	12.	*Mawlid:* Geburtstag des Propheten
Rabi II		
Djumada I		
Djumada II		
Radjab	27.	Fest der Nächtlichen Reise: Die Himmelsfahrt Mohammeds wird gefeiert.
Schaban	15.	*Laylat al-baraa*/Nacht der Vergebung: Als Vorbereitung für den Ramadan vergeben die Muslime einander ihre Schuld.
Ramadan		Ramadan/Fasten: Den ganzen Monat über wird von Sonnenaufgang bis Sonnenuntergang auf Essen und Trinken verzichtet.
	27.	*Laylat al-qadr*/Nacht der Macht: erinnert an den Augenblick, in dem Mohammed der Koran „offenbart“ wurde.
Schauwal	1.	*id al-fitr*/Fest des „Fastenbrechens“: drei Tage lang wird das Ende des Ramadan gefeiert. Arme und Kinder werden beschenkt.
Du'l-Qada		
Du'l-Hidjdja	2. Woche	*Du'l-Hidjdja*/Monat der Pilgerfahrt: Der letzte Monat ist die Zeit der Pilgerfahrt *(hadsch)* nach Mekka.
	10.	*id al-adha*/Opferfest: wird in der ganzen Welt als Ende der Pilgerfahrt gefeiert und dauert vier Tage.

Brot war im Leben der Armen von fundamentaler Bedeutung; es wurde mit Olivenöl weich gemacht und zusammen mit Gemüse gegessen: mit Zwiebeln, Knoblauch oder Gemüsearten, die wie etwa Auberginen durch die islamische Expansion in den Mittelmeerraum gekommen waren. Die meisten Menschen aßen selten Fleisch, nur bei Festen oder besonderen Anlässen. Die Ernährung der wohlhabenden Schichten war abwechslungsreicher. Es gab eine größere Auswahl an Gemüsen und Früchten, zum Beispiel Weintrauben, Orangen, Pfirsiche und Aprikosen in den Mittelmeerländern, Datteln im Irak, an den Wüstenrändern und in den Oasen. An Fleisch wurde vorzugsweise Geflügel und Lamm, weniger Rind verzehrt. Am Meer, an Flüssen und an Seen aß man auch Fisch. Das Fleisch wurde in Oliven- oder Sesamöl und mit Gewürzen zubereitet. Der Koran verbot zwar den Alkoholgenuss, aber offenbar trank man vielfach Wein und andere starke Getränke, die von den Christen hergestellt wurden.

Friedhof von Bab al-Saghir in Damaskus
Am Ausgang der Altstadt liegt ein in erster Linie von schiitischen Muslimen besuchter Friedhof. Hier verehrt man seit der fatimidischen Epoche das Grab Fatimas, die nach der Tradition zur Familie des Ali gehörte.

Die Ketten der Städte

Ein großes Straßennetz durchzog die islamische Welt. Auf ihm bewegten sich nicht nur Karawanen, sondern auch Ideen, Lebensarten und Denkweisen wurden über sie weitergegeben. Seit Beginn der islamischen Geschichte zogen Männer auf der Suche nach Wissen durch das Land, um die Tradition vom Reden und Handeln des Propheten zu verbreiten. Diese Tradition wurde über eine Kette von Zeugen, die bis auf die Gefährten des Propheten zurückgeht, überliefert. Im Lauf der Zeit erweiterte sich der Zweck dieser Reisen. Man wollte Religionswissenschaft bei einem berühmten Lehrer studieren oder suchte eine spirituelle Ausbildung bei einem frommen Meister. Diejenigen, die nach Wissen oder Weisheit trachteten, kamen aus den Dörfern und den kleinen Städten in die Metropolen. Das Leben des berühmten Reisenden Ibn Battuta (1304–77) veranschaulicht die Bindungen zwischen den islamischen Städten und Ländern. Seine Pilgerreise, die er als 21-Jähriger begann, stand am Beginn eines Wanderlebens. Überall, wo er hinkam, besuchte er die Gräber der Heiligen und unterhielt sich mit Gelehrten. Sie verband eine gemeinsame Kultur, deren Medium die arabische Sprache war. Ibn Battuta wurde an den Höfen der Fürsten wohlwollend aufgenommen, und einige ernannten ihn zum Kadi. Diese Ehre, die ihm an Orten zuteil wurde, die der Heimat sehr fern lagen, zeigt, welches Ansehen die Vertreter religiöser Gelehrsamkeit im arabischen Sprachraum genossen.

Meisterwerke arabischer Kunst

Vogel aus der tulundischen Epoche
Diese ägyptische Holztäfelung, auf der sich die Silhouette eines Vogels (9. Jh.) abzeichnet, verweist auf Einflüsse zentralasiatischer Tiermaler sowie auf die Verzierungskunst Samarras im Irak. Die hier angewandte Technik akzentuiert das Relief und verwirrt den Betrachter – die Wahrnehmung schwankt zwischen dem Bild eines Vogels und dem einer Blume.

Innenansicht des Felsendoms in Jerusalem *(691–692)*
Es ist das Erste der großen religiösen Bauwerke aus der Omaijadenzeit und nach christlichem Vorbild als eine Art Reliquienschrein für den Heiligen Felsen entworfen, von dem aus Mohammed seine nächtliche Himmelsreise angetreten hatte. Die Bedeutung dieses Heiligtums liegt in seiner prunkvollen Ornamentik, die sich an antike Vorbilder anlehnt.

FRIEDE UND KRIEG *(8. Jh.)*
Dieses Bodenmosaik aus dem omaijadischen Schloss von Khirbat al-Mafdjar bezeugt die antiken Einflüsse auf die frühe islamische Kunst. Zwei Gazellen weiden friedlich unter einem Obstbaum, während eine dritte von einem Löwen geschlagen wird: Allegorie einer Welt des Friedens, die vom Krieg bedroht ist.

WASSERKANNE DES MARWAN *(8. Jh.)*
Die kunstvolle Bearbeitung von Metallen war bis ins 10. Jh. im Islam nur wenig bekannt. Diese dem Marwan zugeordnete Wasserkanne gehört zu einer Sammlung alter Bronzegefäße, die gleiche Merkmale aufweisen: den kugelförmigen Bauch, den länglichen Hals sowie einen Schnabel in Form eines Hahns. Ihren Namen erhielt sie aufgrund des Fundorts in Kairo, an dem der letzte omaijadische Kalif Marwan II. wahrscheinlich ermordet wurde.

SCHALE MIT LÜSTERDEKOR *(9. Jh.)*
Sehr früh schon entdeckten muslimische Keramiker in Irak und Iran zwei Verfahrensweisen, die ihnen Erfolg und Ansehen einbringen sollten: das Lüsterdekor und die Fayence. Meist auf verschiedene Felder verteilt, bedeckt das Lüsterdekor hier die ganze Oberfläche mit Blumenmotiven und geometrischen Figuren.

FATIMIDISCHER TELLER MIT GREIFVOGEL (*11. Jh.*)
Dieses Lüsterdekor, das auf ein Verfahren zurückgeht, das Metallresinate verwendet und im ganzen arabischen Raum weit verbreitet war, zeigt einen geflügelten Vierbeiner in Gestalt eines Greifvogels, der zu den mythischen Fabeltieren gehört, wie sie häufig in der muslimischen Gedankenwelt vorkommen. Die Darstellung könnte als Symbol für die Himmelsreise verstanden werden, die den Mystikern möglich war.

FIGUR AUS ELFENBEIN (*11. Jh.*)
Die Vorliebe für bildhafte Darstellungen erkennt man auch an dieser Statue aus Elfenbein, die aus einem Kairoer Atelier stammt. Elfenbein wurde im Mittelalter in Spanien, Sizilien, Süditalien, Ägypten und Syrien bearbeitet. Es wurde hauptsächlich zur Herstellung runder oder rechteckiger Schatullen verwendet, daher sind Skulpturen wie die hier gezeigte selten zu finden.

MANN MIT TURBAN (*11. Jh.*)
Die Fatimiden in Kairo hatten eine Vorliebe für bildhafte Darstellungen. Diese Neigung drückt sich in allen möglichen Techniken aus, so auch in der Architektur und in der Verzierung von Einrichtungsgegenständen. Dieser figurative Stil zeigt sich auf Wandmalereien sowie auf vielen Elfenbeintafeln und Holzschnitzereien.

Geschliffenes Glas mit Antilopen
(11. Jh.)
Arbeiten aus Glas wurden im Nahen Osten schon seit phönizischer Zeit mit großem Geschick hergestellt. Besonders fatimidische Künstler waren für die Herstellung geschliffener Gläser berühmt, die manchmal mit farbigen Tiermustern verziert wurden. Das ganze Glas wurde mit einer Farbschicht bedeckt, die dann wieder abgeschliffen wurde, sodass nur der farbige Zierat stehen blieb.

Grosse Moschee von Córdoba *(10. Jh.)*
Der mihrab *und die ihn überwölbende Kuppel gehören zu den Meisterwerken der kalifalen Kunst Spaniens. Die einander kreuzenden Rippen des Kuppelgewölbes bilden einen achtzackigen Stern, dessen Zentrum von einer strahlenden Schirmkuppel gekrönt wird. Das Ganze ist wie mit einem Mosaikteppich aus floralen Elementen und kalligrafierten Inschriften ausgelegt.*

GEFÄCHERTE FATIMIDISCHE HOLZTÄFELUNG *(12. Jh.)*
Viele Motive in der islamischen Kunst gehen auf geometrische Figuren zurück. Diese Verzierung aus Holz besteht aus kleinen zugeschnittenen Fächern, die in einen Rahmen aus Stäben eingesetzt und mit feinen Arabesken verschnörkelt sind. Diese Form der Montagetechnik erlaubt es, mit dem vorhandenen Material zu spielen – typisch für den islamischen Raum.

KUPFERVASE *(13. Jh.)*
Die Oberfläche dieses Meisterwerks aus syrischer Hand, das die Initialen eines aijubidischen Sultans aus Aleppo trägt, ist übersät mit feinsten bildlichen Darstellungen. Zwischen kalligrafierten Schriftbändern sind Jagdszenen abgebildet, die den fürstlichen Zeitvertreib illustrieren. Die Vase war angeblich im 12. Jh. ein Geschenk an Papst Urban VIII.

Andalusische Truhe aus Elfenbein *(10.–11. Jh.)*
Die Oberfläche ziert ein Rankenornament, das sich zwischen Palmenblättern hindurch windet. Darüber ist eine Wunschformel geschrieben, die sich kaum von den Blättern abhebt. Die Künstler haben sich jedoch nicht nur auf geometrische und pflanzliche Motive beschränkt, sondern stets neue bildliche Darstellungen hinzugenommen, was später in der Malerei Siziliens wieder aufgegriffen wurde.

Minarett der Grossen Moschee von Aleppo *(1090)*
In quadratische Abschnitte unterteilt, weist dieses seldschukische Minarett ein reiches Dekor verzierter Steine auf. Es ist ganz an die omaijadische Bauweise angelehnt, die sich wiederum an römischen Türmen orientierte. Diese syrische Form des Minaretts breitete sich bis ins 12. Jh. nach Persien, in den Maghreb und nach Andalusien aus, allerdings mit der Tendenz, immer höher und reicher verziert zu werden.

Stoff mit Pfauendekor *(12.–13. Jh.)*
Luxustextilien waren eine Spezialität des muslimischen Spanien. Auf dem dunklen Hintergrund eines Seidenstoffs schlagen zwei Pfauen ein Rad schützend über kleine Vierbeiner. Eine kufische Inschrift bittet um den „höchsten Segen“. Dieser Stoff wurde zu den Kirchenschätzen gelegt und diente dazu, Reliquien zu tragen.

Lampe mit floralen Verzierungen *(14. Jh.)*
Die emaillierte Oberfläche ist mit Blumen verziert, die chinesisch beeinflusst und zurückhaltend gemalt sind. Am Hals erinnert das Wappen des Emirs an die hierarchische Struktur der mameluckischen Gesellschaft. Wegen ihrer Verwendung in einer Moschee ist die Lampe ausschließlich mit Pflanzenmotiven und Wappen verziert.

Kuppel des Mausoleums des Quaitbai *(15. Jh.)*
In spätmameluckischer Zeit in Kairo erbaut weist das Mausoleum des Sultans Qaitbai auf seiner Kuppel eine Verzierung auf, in der sich florale und geometrische Elemente harmonisch ergänzen. Dem aus glatten Bändern gebildeten geometrischen Sternengeflecht sind zarte florale Arabesken unterlegt, durch die eine lebendige Oberflächenstruktur entsteht.

Kolorierte Koranseite *(14. Jh.)*
Das zentrale sternförmige Vieleck in diesem Werk führt den Blick in eine unaufhörliche Bewegung hinein und symbolisiert so das Unendliche, das die arabischen Künstler in erster Linie ausdrücken wollten. Es ist die Freude an der Abstraktion, die die Künstler so bedeutende Werke hervorbringen ließ, sei es in der Architektur oder in der bildenden Kunst.

Reiter im Kampf mit einer Schlange *(Syrien, um 1250)*
Die Stadt Rakka am Euphrat war bekannt für ihre Töpferwerkstätten. Hier wurde diese bunte Keramikfigur entdeckt, die einen Reiter mit Schwert darstellt. Ihr Ursprung ist umstritten: Stammt sie aus der Region oder wurde sie importiert? Der mongolische Typus des Kriegers würde auf eine chinesische oder iranische Herkunft schließen lassen, aber man weiß auch, dass Porzellanfiguren aus China den muslimischen Keramikern als Vorbild dienten.

Taufbecken des heiligen Ludwig *(um 1300)*
Dieses mameluckische Bassin, das fälschlicherweise als Taufbecken des heiligen Ludwig bekannt wurde, bildete den Höhepunkt der mit Silberintarsien arbeitenden Metallkunst des Nahen Ostens. Kostbar verziert und vom Meister der Messingtöpferei, Ibn al-Sajn, selbst signiert, stellt es eine Folge von Szenen einer Jagd, dem bevorzugten Zeitvertreib der Fürsten, dar.

SPANISCH-MAURISCHES ALBARELLO *(15. Jh.)*
Seit dem 14. Jh. waren die metallisch glänzenden Fayencearbeiten Spaniens höchst beliebt und erfuhren auf christlichem Boden wie auch im islamischem Einflussbereich einen großen Aufschwung. Bandförmig ist die Oberfläche der Vase mit einem geometrischen und floralen Dekor überzogen. Ihre Form wie auch ihr metallischer Glanz wurden in Europa für Apothekergefäße übernommen.

BRUNNEN IN GESTALT EINES TIERES *(13. Jh.)*
Muslimische Künstler waren Meister der Bronzegießerei. Bei dieser Figur ist der ganze Bauch bis hin zum Maul mit Löchern durchsetzt, damit das Wasser austreten kann. Das fein verzierte Tier erinnert unweigerlich an seine marmornen Artgenossen im Löwenhof der Alhambra von Granada. Die Verbindung von Löwe und Wasser war vermutlich ein Zeichen von Macht: Wasserknappheit gab demjenigen, der die Hoheit über seine Verteilung besaß, die Mittel, um die eigene Herrschaft zu festigen.

Merinidische Wandverkleidung *(14. Jh.)*
Die Kunst keramischer Wandverkleidungen fand im muslimischen Westen ihren Höhepunkt unter den Meriniden in Fès und den Nasriden in Granada. Die Mauern der Paläste und religiösen Gebäude (hier die Medrese al-Attarine) wurden am Sockel mit farbigen Kacheln ausgekleidet, die sich zu geometrischen Mustern fügten und abschließend mit einem Schriftband verziert waren.

Der mameluckische Hof *(14. Jh.)*
Die Miniaturmalerei ist von der Buchkunst nicht zu trennen. Der mameluckische Stil steht in der Tradition der abbasidischen Malschule von Bagdad, auch wenn hier das dekorative Moment in den Vordergrund rückt. Man erkennt an den mongolischen Gesichtern den orientalischen Einfluss und an dem imposanten Turban des thronenden Fürsten ein Zeichen seiner Souveränität.

Apothekervase *(14. Jh.)*
Mameluckische Keramikarbeiten, die oft etwas massig wirken, zeigen die Beliebtheit der Schrift im Orient. Die Form dieser Vase, die zum Transport von Gewürzen und Arzneien bestimmt war, hat die europäischen Töpfer beeinflusst. Das breite kalligrafische Band in grau-weißen Farbtönen, das von Zierstreifen ineinander verschlungener Palmenblätter umgeben ist, enthält eine Inschrift pharmazeutischen Inhalts.

KAPITEL 8

Die Städte und ihre Monarchen

Die Entstehung von Dynastien: Aufgabe der Städte

Um zu überleben, musste eine Dynastie in einer Stadt Wurzeln schlagen; sie benötigte den Reichtum, der aus Handel und Gewerbe kam, und die Legitimität, die nur die Ulama ihr geben konnten. Dynastien wurden durch die Eroberung von Städten gegründet. Einige der größten Städte der islamischen Welt waren praktisch Schöpfungen von Dynastien: Bagdad war eine Gründung der Abbasiden, Kairo eine der Fatimiden, Fès eine der Idrisiden, Córdoba eine der Omaijaden. Ein mächtiger Herrscher konnte Handelsrouten auch so umleiten, dass sie durch seine Hauptstadt kamen; für eine Stadt konnte es den Ruin bedeuten, wenn ihr Herrscher sie verließ oder sie nicht mehr verteidigen konnte.

Das erste Ziel einer Dynastie bestand darin, an der Macht zu bleiben. Aus diesem Grund lebte der Herrscher etwas abgesondert von der Stadtbevölkerung. Er umgab sich mit einem Hofstaat, der weitgehend aus Militärs bestand oder aus Menschen fremder Herkunft, allen voran jedoch aus seiner Familie und seinem Harem, seinen persönlichen Mamelucken – Schwarzafrikaner oder konvertierte Christen im Maghreb und Türken, Kurden oder Tscherkessen weiter östlich – und hohen Palastbeamten, die sich zum großen Teil aus diesen Mameluckengruppen rekrutierten. Das Söldnerheer, das die Truppen ersetzte, die die Dynastie an die Macht gebracht hatte, stammte ebenfalls von außerhalb der Stadt.

Sowie es einer Dynastie gelang, sich zu behaupten, versuchte sie, Mitglieder der herrschenden Gruppe zu Provinzstatthaltern zu ernennen, wenn auch mit unterschiedlichem Erfolg – denn die Eigenart einer Region und die Tradition der Herrscherfamilie konnten dabei zu Schwierigkeiten führen.

Eine starke Herrschaft über ein großes Reich verlangte eine aufwändige Bürokratie. In den meisten Staaten bestand die von den Abbasiden eingeführte Aufgabenteilung zwischen den Beamten fort. Es gab eine Kanzlei *(diwan al-inscha)*, in der Briefe und Dokumente in korrekter Sprache ausgefertigt wurden, ein Schatzamt, das die Festsetzung, die Einnahme und die Ausgabe von Steuern überwachte, und eine besondere Abteilung, die Heeresabrechnungen und -unterlagen erstellte.

HERRSCHER AUF DEM THRON
(arabische Quelle, 13. Jh.) Der Fürst sitzt nach orientalischer Manier auf einem gepolsterten Thron, umgeben von zwei Dienern, die Fliegenwedel halten. Auf den Ärmeln seiner Tunika sind zwei Schriftbänder zu erkennen, ähnlich denen, die die Brokatstoffe der Ehrengewänder (tiraz) *zierten.*

Im Allgemeinen war die Staatsverwaltung ein Bereich, in dem Angehörige der örtlichen Stadtbevölkerung eine Rolle spielten. Sie und weniger die Militärs besaßen die für

Abwiegen der Waren
(Ägypten, 11. Jh.)
Um das Gewicht der Handelsware auszumachen, benutzten die Araber römische Waagen. Sowohl diese Messinstrumente als auch die Produkte selbst wurden regelmäßig durch den Marktaufseher kontrolliert.

die Arbeit in der Staatskanzlei oder im Schatzamt erforderliche Bildung und Ausbildung. In seltenen Fällen kamen hohe Beamte aus dem Kreis von Männern, die vollständig von einem *alim* ausgebildet worden waren. Üblicherweise traten jedoch Anwärter auf Ämter nach einer Grundausbildung in Sprache und Religion und einer Art Lehrzeit, in der sie lernten, Dokumente abzufassen oder Abrechnungen zu führen, bereits in frühen Jahren in den Staatsdienst. Es muss im Staatsdienst eine Art Erblichkeit gegeben haben – Söhne wurden von ihren Vätern ausgebildet und gefördert; vermutlich wurde auch beim Wechsel des Herrscherhauses eine gewisse Kontinuität gewahrt, wenn die Beamten der entmachteten Dynastie bereit waren, dem neuen Herrscher zu dienen. Ganz sicher gab es jedenfalls eine Kontinuität bei der Zusammensetzung von Staatskanzlei und Schatzamt.

Die Rechtsprechung zählte zu den wichtigsten Pflichten eines muslimischen Herrschers; auch in diesem Bereich bestand für gebildete Angehörige der urbanen Bevölkerung eine Möglichkeit, in seine Dienste zu treten. So ernannte der Herrscher Absolventen der religiösen Lehranstalt und der Rechtsschule, die er fördern wollte, zu Richtern. Kadi und Mufti kamen meist aus der örtlichen Bevölkerung; ein starker Herrscher bedachte bei ihrer Ernennung unter Umständen auch Fremde.

Die Allianz zwischen den militärischen Machthabern und der städtischen Elite zeigte sich auch, wenn der Herrscher selbst oder sein Provinzstatthalter Recht sprachen. Nicht alle Fälle und Streitigkeiten kamen vor den Kadi. Der Herrscher konnte entscheiden, welche er dem Kadi überließ und welche er sich vorbehielt. Zu Letzteren zählten die meisten kriminellen Vergehen, Fälle, die Staatsinteressen oder die öffentliche Ordnung berührten, und solche, die schwierige juristische Probleme und Grundsatzfragen aufwarfen. Für einen autokratischen Herrscher war die Anhörung von Beschwerden *(mazalim)* gegen Beamte, denen er Machtbefugnisse übertragen hatte, von besonderer Bedeutung. Er musste seinen Untertanen eine Möglichkeit des Zugangs zu ihm offen halten. So gab der Herrscher gelegentlich auch selbst Audienzen, in denen er Gesuche entgegennahm und Anordnungen erließ.

Das Interessenbündnis zwischen Herrscher und Stadt

Zwischen den beiden Polen einer Stadt, dem Palast und dem Markt, herrschten Beziehungen, die auf beiderseitigen Bedürfnissen, aber divergierenden Interessen beruhten. Der Herrscher war auf die wirtschaftlichen Aktivitäten seiner Stadt angewiesen, die ihm Waffen und Ausrüstung für sein Heer und seine Schiffe einbrachten sowie persönliche Bedarfsartikel und Schmuck und schließlich auch das Geld, um all das zu bezahlen, Geld, das er durch Besteuerung oder spezielle Abgaben einnahm. Das Vermögen der Kaufleute war ein finanzielles Polster, das der Monarch nutzen konnte, wenn er zusätzliche Geldmittel brauchte, die nicht aus Steuereinnahmen verfügbar waren. Überdies war die gebildete Klasse, die Elite, für ihn ein menschliches Reservoir, aus dem Beamte für den Verwaltungs- oder den juristischen Dienst kamen; Dichter und Künstler zierten seinen Hof und trugen ihm den Ruf von Pracht und Großzügigkeit ein. Auch die urbane Bevölkerung benötigte ihrerseits die Macht des Monarchen, denn er garantierte den Nachschub an Versorgungsgütern, sicherte die Handelsstraßen und unterhielt Beziehungen zu anderen Herrschern, die den Handel vorantrieben.

Der Herrscher war ebenso Garant dafür, dass die Ordnung aufrechterhalten wurde. Die Aktivitäten auf dem Markt mussten geregelt werden, Straßen waren zu beleuchten, sauber und nachts von Gesindel frei zu halten, Abfälle mussten beseitigt, die Wasserleitungen gereinigt und instand gehalten werden. Für solche Aufgaben ernannte der Herrscher einen Statthalter, der je nach Bereich unterschiedliche Amtsbezeichnungen trug. Ihm standen die Polizeikräfte *(schurta)* zur Seite, deren Angehörige üblicherweise vor Ort rekrutiert wurden; außerdem gab es Wachen für die Stadtviertel und Nachtwächter für die Märkte und Straßen. Auf dem Markt tat ein besonderer Beamter Dienst, der *muhtasib*, der Preise, Gewichte und Maße sowie die Qualität der Waren und die Geschäftsabwicklung überwachte. Seine Autorität beruhte auf einem Koranvers, der es Muslimen zur Pflicht macht, „das zu gebieten, was gut, und zu verbieten, was schlecht ist".

Ein großer Teil der Einnahmen eines Herrschers kam aus der Besteuerung landwirtschaftlicher Produkte, aber es gab auch zahlreiche städtische Steuern. Neben der Kopfsteuer für Juden und Christen lagen Zölle auf Waren, die ein- oder ausgeführt wurden;

BEAUFSICHTIGUNG DER MÄRKTE

Jeder gläubige Muslim musste etwas dazu beitragen, was unter Verweis auf den Koran als das „Gemeinwohl" bezeichnet wird: „Aus euch soll eine Gemeinschaft (von Leuten) werden, die zum Guten aufrufen, gebieten, was recht ist, und verbieten, was verwerflich ist." Der Kalif als Oberhaupt der Gemeinschaft trug in erster Linie die Verantwortung für dieses Gemeinwohl, doch übte er sie mittels städtischer Beamten aus: dem *sahib al-shurta*, dem Beauftragten für die öffentliche Sicherheit, und dem *muhtasib*, einem Beamten, der die Sitten zu überwachen und den Warenverkehr zu regeln hatte.

Es gab Verordnungen zu den einzelnen Berufszweigen *(hisba)*, die aber über deren Struktur und Organisation nur wenig Auskunft gaben. Es war in erster Linie der *muhtasib*, der die Verantwortung für einen reibungslosen Ablauf des ökonomischen und sozialen Lebens hatte. Er kontrollierte die Märkte, Gewichte und Maße, die Qualität der Lebensmittel, der Waren und Produkte, den Zustand der Einrichtungen und deren Instandhaltung. Er achtete auch auf die Passierbarkeit der belebten Straßen in den Suks. Er war vor Ort, ging in die Häuser und inspizierte die Läden und Werkstätten, die im Allgemeinen zu Zünften zusammengeschlossen waren. Er nahm auch den Ärzten ihren Eidesschwur ab. Nichts entging seiner Kontrolle: Die Sklaven konnten sich bei ihm über die von ihren Herren begangenen Ungerechtigkeiten oder gar Grausamkeiten beschweren. Selbst um die Last- und Zugtiere kümmerte er sich. Bedurfte es allerdings eines Rechtsgutachtens, musste man in den Gerichtssaal zum Kadi gehen. So war im Markt- und Handelsleben der Stadt die Ordnung gewährleistet, und so wurden auch die Sitten und Bräuche der Bewohner geschützt.

auch die Besitzer von Läden oder Werkstätten hatten Abgaben zu entrichten. Die Stadt ließ sich nicht regieren ohne ein gewisses Maß an Zusammenarbeit zwischen dem Monarchen und dem Volk. Neben den Beamten im eigentlichen Sinn gab es Angehörige der urbanen Gemeinschaften, die der Herrscher als deren Sprecher oder Vertreter anerkannte. Sie waren verantwortlich für die Loyalität ihrer Gemeinschaft, für die Aufrechterhaltung der Ordnung sowie die Umlegung der jeweiligen Steuern auf die einzelnen Mitglieder. Die wichtigste Rolle bei der Wahrung der städtischen Ordnung spielten die Vorsteher der Viertel oder Quartiere. Sie zogen die Steuern ein, mit denen Haushalte oder Wohngebäude belegt waren. Daneben gab es die Vorsteher der verschiedenen Handwerker- oder Händlergruppen. Eine dritte Gruppe setzte sich aus den Mitgliedern spezifisch jüdischer oder christlicher Gemeinden zusammen. Auch sie hatten ihre Sprecher, die für die Erhebung der Kopfsteuer und für die Loyalität der Gruppe verantwortlich waren.

Auf höherer Ebene konnte es Sprecher für breitere Interessen geben. Auf einer noch höheren Ebene befanden sich Männer, die unter bestimmten Umständen für eine ganze Stadt sprechen konnten, so z. B. der höchste Kadi. Er war ein vom Herrscher ernannter Beamter und stand überdies an der Spitze jener Gelehrten, die die Scharia, die normativen Bestimmungen der allgemeinen Lebensführung, bewahren sollten; daher konnte er dem Kollektivbewusstsein der Gemeinschaft Stimme verleihen. Mancherorts gab es auch einen „Führer“ *(rais)* für die gesamte Stadt, aber es ist nicht klar, welche Aufgabe er hatte.

Die Verbindungen zwischen Herrscher und Stadt, die Beamte und Sprecher pflegten, waren labil und wechselhaft; sie bewegten sich zwischen Bündnis und Feindseligkeit. Es gab eine grundsätzliche Interessengemeinschaft, die durch wirtschaftliche Zusammenarbeit gestärkt werden konnte. Mitglieder der herrschenden Elite haben wahrscheinlich in Gemeinschaftsunternehmungen investiert. Ihnen gehörte der Großteil der öffentlichen Gebäude, Bäder und Märkte. Herrscher und hohe Beamte errichteten in großem Stil öffentliche Bauten und stellten sie den Stiftungen, den *waqf*, zur Verfügung. Eine Untersuchung über Großstädte des Mameluckenreichs hat ergeben, dass von 171 in Damaskus für religiöse Zwecke gebrauchten Gebäuden vom Sultan selbst zehn, von Militärbeamten 82, von anderen Funktionären elf, von Kaufleuten 25 und von den Ulama 43 finanziert wurden. Eine Studie über Jerusalem in der Mameluckenzeit ergab, dass von 86 *waqf* mindestens 31 von Mameluckenoffizieren eingerichtet wurden, die sich in die Gesellschaft eingefügt hatten, und wenige von Beamten, Ulama und Kaufleuten.

AUDIENZ BEI EINEM KADI *(arabische Quelle, 13. Jh.) Die Leute wandten sich gern an den Kadi, um ihn um Rat zu bitten. Er musste über die Missachtung von Gesetzen urteilen – sei es gegenüber Gott oder den Menschen –, Witwen und Waisen Schutz gewähren, aber auch die Gültigkeit von Eigentumspapieren, Eheverträgen und Testamenten überprüfen. Der Kadi war sowohl Richter als auch Notar.*

Das Interessenbündnis drückte sich in den großen Zeremonien aus, bei denen die ganze Stadt feierte und sich der Herrscher dem Volk zeigte. Bei der Thronbesteigung eines Monarchen fand die Investitur statt, ein Relikt frühislamischen Brauchtums, als der Herrscher noch vom Volk gewählt wurde. Es gab große Jahresfeiern und viele weitere feierliche Anlässe: Beispielsweise wurde die Stadt beim Empfang ausländischer Gesandter oder bei der Geburt eines Sohnes im Herrscherhaus auf Kosten der Kaufleute und Ladenbesitzer illuminiert, und der Herrscher zeigte sich der Öffentlichkeit.

Die Zerbrechlichkeit des Systems

Das Interessenbündnis war jedoch nicht gegen Krisen gefeit. Innerhalb der herrschenden Gruppe konnte das Gleichgewicht zwischen dem Herrscher und jenen, auf die er sich stützte, ins Wanken geraten. In manchen Fällen verweigerten die Truppen den Gehorsam, störten den Frieden der Stadt oder bedrohten die Macht des Monarchen. Aufseiten der städtischen Bevölkerung konnte der Sprecher, der den Untertanen die Wünsche und Befehle des Herrschers mitteilte, auch deren Klagen und Forderungen vorbringen. Waren die Steuern zu hoch, die Soldaten aufrührerisch, missbrauchten Beamte ihre Macht oder waren die Nahrungsmittel knapp, kam den oberen Ulama eine besondere Vermittlerrolle zu. Deshalb versuchten sie prinzipiell, dem Herrscher gegenüber eine gewisse Unabhängigkeit zu wahren.

Die Unzufriedenheit der besitzenden Klasse in der Stadt äußerte sich allerdings nur selten in offenem Ungehorsam. Sie hatte bei Unruhen zu viel zu verlieren. Die seltenen Momente freien Handelns kamen, wenn ein Feind und Rivale den Herrscher besiegt hatte und die Notablen der Stadt die Bedingungen ihrer Übergabe an den neuen Herrn aushandeln konnten. Das Proletariat jedoch – die Masse ländlicher Zuwanderer, ungelernte Gelegenheitsarbeiter, Bettler und Gewohnheitskriminelle in den städtischen Randbezirken – befand sich eher in einem permanenten Zustand der Rebellion.

UNRUHEN IN DEN STRASSEN VON BAGDAD

Im 10. Jh. häuften sich die Konflikte in der abbasidischen Hauptstadt, in der nicht nur Kaufleute und Handwerker aus dem ganzen Irak zusammenkamen, sondern zusätzlich „die fähigsten Köpfe des ganzen Erdkreises". Ethnische Spannungen brachten Araber und Perser gegeneinander auf und führten zuweilen zu Verwüstungen und Plünderungen. Andere Auseinandersetzungen waren religiöser Natur: Die Schiiten gerieten mit den Hanbaliten in Streit, die als Anhänger der strengsten sunnitischen Rechtsschule gewaltsam versuchten, die Sittenstrenge der Tradition wieder herzustellen. Andere Konflikte wiederum waren die Folge ökonomischer und sozialer Probleme (hohe Steuern, überteuerte Lebensmittel), was zu Hungersnöten, Volksaufständen und harten Repressionen führte. Der Mangel an staatlicher Autorität bedrohte die öffentliche Sicherheit sowie das politische Leben; zusammen mit einem allgemeinen Sittenverfall führte dies zur Instabilität der Gesamtlage der Stadt, in der es überdies zu Meutereien der Söldnertruppen aufgrund von Zahlungsengpässen und zu Übergriffen organisierter Verbrecherbanden kam. Deren Mitglieder spielten zuweilen die Rolle von Volksrichtern, waren aber meist doch nichts anderes als Banditen.

In Zeiten von Hunger oder Furcht konnte aber auch die ganze Stadtbevölkerung in Bewegung geraten. Angestachelt von Volkspredigern, die die Unterdrückung anprangerten und in leuchtenden Farben die Vision einer gerechten islamischen Ordnung beschworen, stürmte der Pöbel den Suk. Die Händler schlossen ihre Läden, und ein Sprecher der Bevölkerung trug dem Herrscher Beschwerden gegen seine Beamten vor oder gegen Geschäftsleute, die im Verdacht standen, das Brot absichtlich zurückzuhalten. Angesichts einer solchen Volksbewegung hatte der Herrscher nur die Wahl, seine Politik zu ändern, um einige Forderungen zu erfüllen: Beamte wurden entlassen oder hingerichtet und die Getreidespeicher der Kaufleute geöffnet.

Die Kontrolle über die ländlichen Regionen

Vor der Neuzeit waren die Grenzen nicht klar gezogen, weshalb man sich die Macht einer Dynastie so verdeutlichte, dass sie von mehreren urbanen Zentren ausstrahlte; der Einflussbereich einer Dynastie nahm im Allgemeinen mit der Entfernung und dem Vorhandensein natürlicher oder menschlicher Hindernisse ab. Im Bereich ihrer Ausstrahlung lagen drei Zonen, in denen sich Wesen und Ausmaß der Kontrolle unterschieden. Zu der

ersten Zone gehörten Steppen, Wüstengebiete oder Bergregionen, die so arm, abgelegen oder unzugänglich waren, dass sich die Anstrengung einer Eroberung nicht lohnte. Ein Herrscher beschränkte sich deshalb darauf, die wichtigsten Handelsrouten durch solche Gebiete offen zu halten und Aufstände zu verhindern. Die dort ansässigen Stammesführer konnten nicht unterworfen oder gezwungen werden, landwirtschaftliche Überschüsse zu ungünstigen Bedingungen an den Hof abzutreten. Sie nahmen vielleicht Handelsbeziehungen zur Stadt auf und verkauften ihre Erzeugnisse auf dem Markt, um das zu erwerben, was sie selbst nicht produzieren konnten. In solchen Regionen konnte der Herrscher nur durch politische Klugheit, Einfühlungsvermögen und Taktieren Einfluss ausüben; er wiegelte etwa einen Stammesführer gegen einen anderen auf oder setzte demonstrativ ein bestimmtes Familienmitglied in ein begehrtes Amt ein. In manchen Fällen besaß der Herrscher jedoch das ererbte religiöse Ansehen, das zu seinem Status gehörte und seine Bedeutung unterstrich. Das galt ab dem 16. Jh. für die marokkanischen Herrscher, die den Anspruch erhoben, Scherifen, also Nachfahren des Propheten zu sein.

In einer zweiten Zone von Gebirgs-, Oasen- oder Steppengebieten konnte der Herrscher seine Macht schon unmittelbar ausüben, da sie näher an der Stadt oder an großen Handelswegen lagen und einen größeren Überschuss produzierten. Solche Gebiete ver-

DIE HEILIGE STADT MOULAY-IDRIS
Idris I., der 788 die Scherifendynastie gründete, musste aus Arabien fliehen und nach Marokko emigrieren. Als Nachfahre des Ali wurde er von den Berbern, die zum islamischen Glauben übertraten, als Führer anerkannt. Im Herzen der Stadt befindet sich sein Mausoleum, das zu einem der wichtigsten Wallfahrtsorte Marokkos geworden ist, wo alljährlich zahlreiche Festlichkeiten stattfinden.

waltete der Herrscher nicht direkt, sondern durch lokale Führer, deren Stellung sehr viel problematischer war als die der Führer in den Bergen oder Wüsten. Als Gegenleistung für ihre Ämter zahlten sie einen jährlichen oder periodisch festgesetzten Tribut, der bei Nichteinhalten durch Militäreinsatz oder Amtsentzug eingetrieben wurde.

Zwischen den beiden ersten Zonen verlief keine feste Trennungslinie. Ihr Verlauf hing jeweils von der Macht des Herrschers und auch von der Nutzung des Landes ab – ob nun durch Ackerbau oder durch Viehzucht. Besiedelte Gebiete ließen sich leichter unter Kontrolle halten als die Weidegründe der Nomaden. Ab dem 10. oder 11. Jh. vergrößerte sich die erste Zone auf Kosten der zweiten. In Oberägypten verdrängten die Hawara jene Nomaden, die von Berbern abstammten, also die tribalen Gruppen, die von Kairo aus regiert wurden („Araber des Gehorsams“); bis ins 19. Jh. blieb der Großteil dieser Region unter dem Einfluss der Hawara. Ähnlich führte im Maghreb die vielschichtige wirtschaftliche und gesellschaftliche Entwicklung zu einem Schwinden der Macht städtischer Herrscher. Daran sollte sich im Verlauf mehrerer Jahrhunderte nichts ändern.

Das Nildelta
Diese Teilansicht Unterägyptens mit zwei Oasen ist nach Süden hin ausgerichtet – so wollte es eine Konvention arabischer Geographen. Die Karte geht zurück auf den Marokkaner al-Idrisi, dessen 1154 in Palermo angefertigter Atlas das kartographische Wissen seiner Zeit umfasst.

Aber es gab noch eine dritte Zone: die Ebenen und Flusstäler, in denen Getreide, Reis oder Datteln angebaut wurden, mit Gärten, die die Städte mit Obst und Gemüse versorgten. Der Herrscher und die mit ihm verbundene städtische Oberschicht hatte in dieser Zone eine größere und direktere Kontrolle, besonders in Gegenden, in denen die landwirtschaftlichen Erträge von guten Bewässerungsanlagen abhingen.

In den von der Dynastie abhängigen Gebieten vollzog sich der ökonomische Warenaustausch zugunsten der Stadt. Das Besteuerungssystem war das wichtigste Instrument, um landwirtschaftliche Überschüsse günstig abzuschöpfen. Im Prinzip lief dies in allen islamischen Ländern mehr oder weniger gleich ab. Der Herrscher bezog seine Einkünfte aus drei Besteuerungsarten: aus der Kopfsteuer – von Mitgliedern anerkannter nichtmuslimischer Gemeinschaften entrichtet –, aus verschiedenen Abgaben, mit denen städtischer Handel und städtisches Gewerbe belegt waren, und der Steuer auf landwirtschaftliche Erzeugnisse. In kultivierten Anbaugebieten wurde entweder das Land besteuert oder es wurde ein Teil der Ernte als Steuer festgesetzt. Die Steuer auf Getreide und andere lagerfähige Erzeugnisse wurde oft in Naturalien bezahlt, auf verderbliche Waren wie etwa Früchte jedoch in Geld. Die Steuer auf Weideland wurde entweder nach der Fläche berechnet, oder es wurde ein Teil des Tierbestands festgesetzt.

Die Steuereinnahmen

In manchen Ländern entwickelte sich die Praxis der Landzuteilung zur eigenverantwortlichen Steuereinziehung *(iqta)*. Das Steueraufkommen einer ganzen Provinz wurde manchmal dem Statthalter überlassen, der davon die Verwaltungsausgaben bestritt und einen Teil der Einnahmen als Salär behielt. Ein Herrscher hatte wohl kaum die Absicht, die Steuereinnahmen auf Dauer in fremde Hände zu geben oder den Steuerempfängern eine permanente, absolute Kontrolle über das Land einzuräumen. Die *iqta* wurde durch verschiedene Methoden beschnitten. Die Steuererhebung war ein Weg, auf dem die direkte Kontrolle des Herrschers über das Hinterland an einzelne Bürger der Stadt überging, die sich, einem Grundbesitzer gleich, auf diese Weise einen Teil der landwirtschaftlichen Überschüsse aneignen konnten. Wesentlich ist, dass sie Ansprüche auf den Produktionsüberschuss erheben und diese durch die militärische Macht des Herrschers durchsetzen konnten. Diejenigen, denen eine *iqta* übertragen worden war, erhielten vielleicht den Löwenanteil der Einnahmen. Aber Beamte, die mit der Steuererhebung betraut waren, Kaufleute, die die Bewirtschaftung des Landes oder die fälligen Steuern vorfinanzierten, und die Ulama, deren Aufsicht der *waqf* unterstand, befanden sich wahrscheinlich in einer vergleichbaren Position.

Vorstellungen politischer Autorität

Die Beziehungen zwischen dem Herrscher und entfernten ländlichen Gebieten waren zu distanziert und indirekt, um in moralischen Begriffen definiert werden zu müssen. Die Macht des Herrschers wurde anerkannt, solange sie Distanz wahrte. Die Männer aus den Bergen und Steppen dienten als Soldaten in seinem Heer, konnten aber auch dem Herausforderer dienen, der die Dynastie stürzen wollte. Auch die Beziehung zwischen dem Herrscher und seinen nichtmuslimischen Untertanen beruhte nicht auf einem gemeinsamen moralischen Band. Selbst wenn es eine friedliche und stabile Beziehung war, standen Christen und Juden in gewisser Hinsicht doch immer außerhalb der Gemeinschaft. Sie konnten dem Herrscher keine vollkommene Treue entgegenbringen, wie das bei einer Glaubens- und Absichtsübereinstimmung der Fall gewesen wäre. Für die muslimischen Stadtbewohner war die Situation anders. Der Herrscher und seine Beamten sorgten für Recht und Ordnung, die Macht lag in den Händen der Regierenden. Daher war es nur normal, dass die Ulama als die eigentlichen Schöpfer und Bewahrer der moralischen Welt des Islam die Frage stellten, wer der legitime Herrscher sei und im Rahmen welcher Grenzen man ihm gehorchen sollte. Sie mussten auch dem Volk bestätigen, dass es dem Herrscher zu Gehorsam verpflichtet war.

Die Frage, wer das Herrscherrecht hatte, war im 1. Jh. islamischer Geschichte kritisch untersucht worden. Wer war der legitime Nachfolger des Propheten als Oberhaupt der Gemeinschaft – der Kalif oder der Imam? Wie sollte er bestimmt werden? Wo lagen die Grenzen seiner Autorität? Ibaditen und Schiiten hatten ihre Antworten darauf gegeben. Sunnitische Ulama hatten den Kalifen zwar als Oberhaupt festgelegt, nicht jedoch als unfehlbaren Interpreten des Glaubens. Sie erklärten, die Ulama seien die Glaubenshüter und deshalb Nachkommen des Propheten. Die Sunniten hielten den Kalifen nicht für unfehlbar und räumten den Gläubigen das Recht ein, sich ihm zu widersetzen; damit rechtfertigten die Anhänger der Abbasiden ihre Revolte gegen die Omaijaden, denen man vorwarf, ihre Autorität in ein weltliches Herrschertum umgewandelt zu haben.

SPANISCHER STERN ALS STUCKDEKOR *(13.–14. Jh.)* *In seiner Vorliebe für die Abstraktion greift der muslimische Dekorateur gern auf geometrische Elemente zurück. Ein zentraler Stern mit mehreren Zacken dient häufig als Ausgangspunkt für eine Verknüpfung der Linien, die ins Unendliche führt. Dieses Motiv ist Ausdruck der Einheit von Raum und Zeit innerhalb der islamischen Kunst.*

Die Theorie des Kalifats

Erst im 4. islamischen Jh. (10. christliches Jh.) wurde die Theorie des Kalifats umfassend formuliert. Eine neue Situation bedrohte die Stellung der Abbasidenkalifen, was dazu führte, das Kalifat zu verteidigen, indem man versuchte, es zu definieren. Die Bedrohung kam von zwei Seiten. Durch die Entstehung des Fatimidenkalifats in Kairo und das wiederbelebte omaijadische in Andalusien stellte sich nicht nur die Frage nach dem legitimen Kalifen, sondern auch die Frage: Konnte es mehrere Kalifen geben, wenn doch die Einheit der *umma* besagte, dass es nur ein Oberhaupt gäbe? In diesem politischen Kontext wurde im 11. Jh. von al-Mawardi die berühmteste theoretische Darstellung und Verteidigung des Kalifen geschrieben. Das Kalifat und seine Legitimation, so stellte er fest, beruhe auf einer Stelle im Koran: „O ihr, die ihr glaubt, gehorchet Allah und gehorchet dem Gesandten und denen, die Befehl über euch haben", und aus diesem Grund sei es gottgewollt. Der Kalif habe die Aufgabe, die Gemeinschaft zu schützen und ihre Angelegenheiten auf der Grundlage der wahren Religion zu regeln. Der Kalif müsse religiöses Wissen, Gerechtigkeitssinn und Mut besitzen und solle, wie auch der Prophet, aus dem Stamm der Koraisch kommen. Es könne außerdem immer nur einen Kalifen geben; er habe die Möglichkeit, seine Herrschaft auch abzugeben, doch derjenige, dem diese übertragen würde, müsse die Autorität des Kalifen anerkennen und im festgelegten Rahmen der Scharia regieren. Diese Formulierung ermöglichte es, die bestehenden Machtverhältnisse mit der theoretisch definierten und anerkannten Autorität des Kalifen zu vereinbaren. Sie gab dem Kalifen das Recht, die ihm verbliebene Macht zu bewahren und von anderen Dynastien die Macht zurückzufordern, die er ihnen übertragen hatte. Bis zum Ende des Bagdader Kalifats gelang es, ein Gleichgewicht zwischen Autorität und Macht zu wahren. Das Kalifat (oder Imamat, wie Theoretiker es üblicherweise bezeichneten) setzte sich aus drei Elementen zusammen: der legitimen Nachfolge des Propheten, der Lenkung der weltlichen Angelegenheiten und der Wahrung des Glaubens. Nach Ghasali (1059–1111) sollten diese drei Aspekte idealerweise in einer Person vereint sein, durften aber notfalls auch getrennt werden, wie es zu seiner Zeit war. Der Kalif war Nachfolger des Propheten; der Sultan hatte die militärische Macht und übte Regierungsfunktionen aus; die Ulama wachten über Glauben und Religionsausübung.

MOHAMMED PREDIGT IN DER MOSCHEE MEDINAS
(Ägypten, 14. Jh.)
Auf einer Kanzel stehend, die gemäß der Tradition sechs Stufen hat, unterweist Mohammed seine Anhänger. Diese Kanzel aus Holz, genannt minbar, *die zur wesentlichen Ausstattung einer Moschee gehört, dient dem Imam dazu, das Gebet zu leiten und das Wort Gottes zu kommentieren.*

Mit der Zeit wurde die tripolare Beziehung zu einer bipolaren. Das Kalifat von Bagdad endete mit der Eroberung durch die Mongolen 1258, und die von Mameluckensultanen in Kairo gestützten Abbasidenkalifen waren nicht allgemein anerkannt. Hauptproblem des politischen Denkens war es, die Beziehung zwischen dem Herrscher mit dem Schwert und den Ulama zu bestimmen, die den wahren Glauben hüteten und den Anspruch hatten, im Namen der *umma* zu sprechen. Ein altes, viel zitiertes Sprichwort aus der Sassanidenzeit lautet: „Religion und Herrschertum sind zwei Brüder, und keiner kann ohne den anderen auskommen." Es bestand ein allgemeiner Konsens darüber, dass die Macht mit dem Schwert errungen und in einer Zeremonie öffentlich anerkannt werden sollte; aber die Macht mit dem Schwert konnte nur dann eine rechtmäßige Autorität darstellen, wenn sie eingesetzt wurde, um die Scharia und damit die Struktur des sittlichen und zivilisierten Lebens aufrechtzuerhalten. Der Herrscher sollte die Gerichtshöfe unterstützen, die Ulama achten und sie beim Regieren zurate ziehen. Im Rahmen der Scharia konnte er Politik betreiben, Verfügungen erlassen, Entscheidungen treffen und Recht in Fällen sprechen, die das Wohl der Gesellschaft und die Staatssicherheit betrafen. Die Ulama ihrerseits sollten einem gerechten Sultan Anerkennung gewähren, indem sie seinen Namen in ihre Freitagspredigt einbezogen. Für Ibn Taimija (1263–1328), der Schlussfolgerungen aus der Situation zu seiner Zeit zog, bedeutete die Einheit der *umma* – die Einheit des Glaubens an Gott und an die Botschaft des Propheten – keine politische Einheit.

Nach allgemeiner Auffassung sollte man selbst einem ungerechten oder gottlosen Herrscher Gehorsam leisten, denn jede Ordnung war besser als Anarchie. Ein Gelehrter sagte dazu: „Die hundertjährige Tyrannei eines Sultans verursacht weniger Schaden als ein Jahr Tyrannei von Untertanen gegen Untertanen." Rebellion war nur gerechtfertigt, wenn ein Herrscher gegen ein Gebot Gottes oder seines Propheten verstieß.

Der Philosoph al-Farabi definierte im 10. Jh. die Normen, nach denen ein Staat zu beurteilen sei: Der beste Staat werde von einem Herrscher regiert, der gleichzeitig Philosoph und Prophet sei und durch seinen Intellekt und seine Vorstellungskraft mit der aktiven Intelligenz, einer Emanation Gottes, in Verbindung stehe. Fehle ein solcher Herrscher, könne der sittliche Staat von einer Gruppe von Männern regiert werden, die kollektiv die erforderlichen Eigenschaften besäßen, oder von Herrschern, welche die vom Gründer erlassenen Gesetze achteten und interpretierten. Das andere Extrem seien Gesellschaften, deren herrschende Schicht kein Wissen vom Guten besäßen; diesen Gesellschaften fehle das gemeinsame Gut, sie würden durch Gewalt oder natürliche Eigenschaften wie eine gemeinsame Herkunft, Wesensmerkmale oder eine Sprache zusammengehalten.

Um das zu tun, wozu Gott ihn auserwählt hatte, musste der Herrscher außerhalb der verschiedenen Gesellschaftsschichten stehen. Er wurde weder von ihnen gewählt – in solchen Schriften wurde generell vorausgesetzt, dass es sich um ein ererbtes Amt handelte –, noch war er ihnen verantwortlich, sondern nur seinem eigenen Gewissen und, am Tag des Gerichts, Gott, dem er Rechenschaft über seine Verwaltung ablegen musste. Es sollte eine klare Trennung zwischen den Herrschenden und den Beherrschten geben. Der Monarch und seine Beamten sollten über den Interessen stehen, die sie regelten.

In der islamischen Geschichte gab es eine Reihe von Schriften, die solche Ideen darlegten und Schlussfolgerungen daraus zogen.

MAMELUCKISCHE FLASCHE
Diese langhalsige Flasche (um 1345) ist mit einem emaillierten Dekor verziert, mit einer breiten Inschrift und dem Wappen eines Emirs. Man belohnte die Emire durch Verleihung eines Wappens, auf denen die Aufgaben symbolisiert waren, die sie am Hofe zu erfüllen hatten.

KAPITEL 9

Die Wege des Islam

Die Säulen des Islam

So verschieden die Völker auch waren, die in dem großen Landstrich lebten, der sich vom Atlantik bis zum Persischen Golf erstreckte, so gab es doch ein Band, das sie vereinte: Zuerst war eine dominierende Gruppe, später eine Mehrheit muslimisch. Sie lebten unter der Autorität von Gottes Wort, dem Koran, der dem Propheten Mohammed in arabischer Sprache offenbart worden war. Alle, die dem Islam angehörten, bildeten eine Gemeinschaft *(umma)*. Wie der Prophet bei seiner „Abschiedswallfahrt" sagte: „Wisset, dass jeder Muslim eines Muslims Bruder ist und dass die Muslime Brüder sind."

DER RUF ZUM GEBET *(türkische Quelle, 16. Jh.) Der Muezzin prägt den religiösen Lebensrhythmus einer Stadt. Sein Ruf beginnt mit* Allah Akbar! *(Gott ist groß!), es folgen die* chahada *(Einladung zur Versammlung) und schließlich die Proklamation der göttlichen Einzigkeit.*

Für die Erhaltung des Gefühls, einer Gemeinde anzugehören, spielten bestimmte Handlungen oder Rituale eine besondere Rolle. Sie waren Pflicht für alle Muslime, die sie zu vollziehen fähig waren, und schufen nicht nur eine Verbindung zwischen allen, die sie gemeinsam erlebten, sondern auch zwischen den Generationen. Die Vorstellung von einer *silsila* – einer Kette von Zeugen, die vom Propheten bis ans Ende der Welt führte und die Wahrheit von einer Generation zur nächsten weitergab – war in der islamischen Kultur von großer Bedeutung. Gewissermaßen war diese Kette hinter dem weltlichen Auf und Ab von Dynastien und Völkern die wahre Geschichte der Menschheit.

Die Handlungen oder Rituale nennt man allgemein die „Säulen des Islam". Die Erste ist die Schahada, das Bekenntnis: „Es gibt keinen Gott außer Gott, und Mohammed ist der Prophet Gottes." Das Ablegen dieses Bekenntnisses ist eine feierliche Handlung, durch die man Muslim wird. Das Bekenntnis wird täglich bei den rituellen Gebeten wiederholt. Eine regelmäßige Bekräftigung des Glaubensbekenntnisses soll täglich im rituellen Gebet stattfinden, in der *salat*, der zweiten Säule. Anfangs wurde die *salat* zweimal täglich durchgeführt, später sollte sie fünfmal am Tag stattfinden – bei Tagesanbruch, mittags, nachmittags, nach Sonnenuntergang und in der frühen Nacht. Die Gebetszeiten werden von einem Muezzin von einem erhöhten Platz, meist einem zur Moschee gehörigen Turm oder Minarett, öffentlich ausgerufen. Das Gebet hat eine festgelegte Form. Nach der rituellen Waschung nimmt der Gläubige verschiedene Körperhaltungen ein – er verbeugt sich, kniet nieder und legt sich ausgestreckt auf die Erde – und spricht eine Reihe von Gebeten, in denen er Gottes Größe und die Niedrigkeit des Menschen in Gottes Gegenwart betont. Danach folgen häufig individuelle Anrufungen oder Bittgebete.

Diese Gebete können überall verrichtet werden, abgesehen von bestimmten Orten, die als unrein gelten. Vorbildlich ist es, zusammen mit anderen in einem Gebetssaal oder einer Moschee zu beten. Vor allem ein Gebet gilt es öffentlich auszuüben – das Mittagsgebet am Freitag. Es findet in einer besonderen Moschee *(dschami)* statt, in der es eine Kanzel *(minbar)* gibt. Nach den rituellen Gebeten steigt ein Prediger dort hinauf und hält eine Predigt *(chutba)*, die ebenfalls eine einheitliche Form hat: das Lob Gottes, Segnungen des Propheten, eine moralische Ansprache, oft zu Angelegenheiten, die die Gemeinschaft als Ganzes betreffen, und letztlich die Vergabe des Segens an den Herrscher. Auf diese Weise in der *chutba* genannt zu werden, galt früh als Zeichen von Souveränität.

Die dritte Säule ist eine Erweiterung der Gebetshandlung, *zakat*, nämlich die Pflicht, Almosen zu geben, d. h., etwas von seinem Einkommen für bestimmte Zwecke zu stiften: für die Armen, die Bedürftigen, zur Unterstützung von Schuldnern, für die Befreiung von Sklaven oder das Wohlergehen von Reisenden. Die *zakat* wird als Verpflichtung für alle angesehen, deren Einkommen eine gewisse Höhe übersteigt. Die Abgaben wurden vom Herrscher oder seinen Beamten erhoben und verteilt, man konnte aber frommen Männern zusätzliche Gaben zur Verteilung anvertrauen oder an die Bedürftigen direkt weiterreichen.

Grosse Moschee von Aleppo

Beherrscht von ihrem herrlichen Minarett (1090–95) prägt die 715 gegründete und nach einem Brand 1169 wieder errichtete Moschee die Altstadt von Aleppo, die zum UNESCO-Weltkulturerbe zählt.

Muslimen sind zwei weitere, nicht weniger bindende Verpflichtungen auferlegt, die zu einer bestimmten Zeit im liturgischen Jahr erfüllt werden sollten. Für religiöse Zwecke gilt der Kalender des Mondjahres; das Mondjahr ist ungefähr elf Tage kürzer als das Sonnenjahr. Deshalb kam es vor, dass sich diese Zeremonien im Sonnenjahr zeitlich verschoben. Der religiöse Kalender, an den man sich in den Städten hielt, konnte von der Landbevölkerung nicht benutzt werden, denn er berücksichtigte die Regenzeiten nicht, nicht das Hochwasser der Flüsse, die jahreszeitlichen Wechsel von warm und kalt – also keines der wichtigen Ereignisse im Jahreszyklus der Bauern. Sie rechneten deshalb meist nach älteren, solaren Kalendern.

Die beiden zusätzlichen Säulen sind *sawm*, das jährliche Fasten während des Monats Ramadan, und *hadsch*, die Pilgerreise nach Mekka, die ein gläubiger Muslim zumindest einmal im Leben durchführen sollte. Im Ramadan, dem Monat, in dem der Koran zuerst offenbart worden war, gilt für alle Muslime, die älter als zehn Jahre sind, das Gebot, von

Tagesanbruch bis zum Einbruch der Nacht weder zu essen noch zu trinken sowie keinen Geschlechtsverkehr zu haben. Ausgenommen davon sind alle Menschen mit körperlichen Gebrechen, die das Fasten unmöglich machen, und Geistesgestörte; auch wer schwere körperliche Arbeit verrichtet, im Krieg oder auf Reisen ist, kann sich als von dieser Pflicht entbunden betrachten. Der fastende Muslim beginnt den Tag mit einer entsprechenden Absichtserklärung und spricht während der ganzen Nacht besondere Gebete. Das Erlebnis gemeinschaftlichen Fastens eines ganzen Dorfes oder einer ganzen Stadt stärkt das Gefühl von einer Gemeinde, die über Zeit und Raum hinausgeht; die Stunden nach Einbruch der Dunkelheit verbringt man oft mit Besuchen oder bei gemeinsamen Mahlzeiten; das Ende des Ramadan wird als eines der beiden großen Feste im liturgischen Jahr mit tagelangen Festen, mit Besuchen und Geschenken (*al-fitr*) gefeiert.

Die Wallfahrt nach Mekka

Wenigstens einmal im Leben sollte ein Muslim die Wallfahrt nach Mekka unternehmen. Das kann zu jeder Jahreszeit geschehen, aber ein Pilger im vollen Sinne begeht die Wallfahrt zusammen mit anderen Muslimen zu einem festen Zeitpunkt, im Monat Du'l-Hidjdja. Wer nicht gesund ist, wem die finanziellen Mittel fehlen, wer ein bestimmtes Alter noch nicht erreicht hat oder (nach einigen Gelehrten) Frauen ohne Ehemann und Beschützer als Begleiter, ist von dieser Verpflichtung befreit.

Die meisten Pilger reisten mit Karawanen, die sich in den großen Städten der muslimischen Welt bildeten. Zur Zeit der Mamelucken waren die Pilgerfahrten, die in Kairo und Damaskus ihren Anfang nahmen, die wichtigsten. Die Gläubigen aus dem Maghreb kamen auf dem See- oder Landweg nach Kairo, wo sie sich den ägyptischen Pilgern anschlossen. Danach zogen sie in einer Karawane, die im Namen des Herrschers von Ägypten aufgestellt, beschützt und geführt wurde, über Land durch den Sinai und das westliche Arabien zu den heiligen Stätten. Die Pilgerreise von Kairo dauerte zwischen 30 und 40 Tagen; am Ende des 15. Jh. nahmen daran jedes Jahr etwa 30 000–40 000 Pilger teil. Die Gläubigen aus Anatolien, dem Iran, Irak und Syrien sammelten sich in Damaskus. Ihre von dem Herrscher von Damaskus organisierte Karawane war ebenfalls zwi-

DER *MAHMAL*, EINE PILGERKARAWANE NACH MEKKA

Anlässlich der alljährlichen Wallfahrt nach Mekka fiel dem Land, das über die heiligen Stätten des Islam herrschte, die Aufgabe zu, das Tuch, das die Kaaba bedeckte, zu erneuern. Der Marokkaner Ibn Battuta liefert uns einen Bericht aus einer Zeit, in der diese Aufgabe dem mameluckischen Ägypten zukam.

Der Geleitzug, der das neue Tuch von Kairo nach Mekka brachte, musste minutiös vorbereitet sein. Im Monat Radjab, d. h. fünf Monate vor der Wallfahrt, wurde die Sänfte dekoriert, in der die *kiswa* (das Tuch der Kaaba) auf dem Rücken eines Kamels transportiert wurde: Der Begriff *mahmal* bezeichnete eigentlich nur diese geschmückte Sänfte, wurde dann aber auf die ganze Pilgerkarawane und das Fest ausgeweitet. Ein Pilgerzug, der von den vier Kadi – als Repräsentanten der vier sunnitischen Rechtsschulen –, dem Finanzverwalter, dem Marktaufseher, den höchsten Rechtsgelehrten, den Zunftvorstehern und den Notabeln angeführt wurde, bewegte sich in Richtung der Residenz des Sultans, und zugleich setzte sich der Zug mit der Sänfte in Bewegung, ihm voraus der mit dieser Reise nach Mekka beauftragte Emir. Dort angekommen, wurde die alte *kiswa* heruntergestreift, sodass die Gläubigen den schwarzen Stein berühren konnten. Als Ibn Battuta die Kaaba so unverhüllt vor sich sah, sagte er: „Wir haben die erhabene Kaaba gesehen! Sie erschien uns wie die frisch Vermählte auf ihrem Brautbett, in herrlichem Gewande!" Am Tag des Opferfestes wurde der neue Schleier über die Kaaba gelegt und von der Sippe der Banu Chaiba, der Mohammed ihren Schlüssel anvertraut hatte, ausgebreitet. Das Tuch aus schwarzer Seide war mit Versen des Korans bestickt: „Gott hat die Kaaba, das heilige Haus, den Menschen zur Friedensstätte bestimmt." Die Erneuerung des Tuches wird bis heute als Ritus vollzogen.

schen 30 und 40 Tagen unterwegs; zwischen 20 000–30 000 Pilger nahmen jährlich diesen Weg. Kleinere Gruppen zogen aus Westafrika durch den Sudan und über das Rote Meer sowie aus dem Südirak und den Häfen am Persischen Golf durch Zentralarabien.

An einem bestimmten Punkt des Weges nach Mekka reinigt sich der Pilger durch Waschungen, zieht ein aus einem Stück gefertigtes weißes Gewand an, den *ihram*, und erklärt mittels einer Art Weihe seine Absicht, die Pilgerfahrt zu machen: „Hier bin ich, o mein Gott, hier bin ich; Du hast keinen Gefährten, hier bin ich; wahrlich, Ehre und Preis sei Dir und dem Reich."

Nach der Ankunft in Mekka betritt der Pilger den heiligen Bezirk, den *haram*, mit seinen geweihten Gebäuden und Stätten. Spätestens im 12. Jh. hatten diese das Aussehen, das sie bis heute behielten: der Brunnen von Zamzam, den der Erzengel Gabriel geöffnet haben soll, um Hagar und ihren Sohn Ismael zu retten; der Felsen mit Abrahams Fußabdruck und gewisse Örtlichkeiten, die mit den Imamen oder den verschiedenen Schulen in Verbindung gebracht werden. Im Mittelpunkt des *haram* steht die Kaaba, das würfelartige Gebäude mit dem schwarzen Stein, das Mohammed von den Götzenbildern befreit und zum Zentrum muslimischer Gottesverehrung gemacht hatte. Die Pilger umrunden die Kaaba siebenmal und berühren oder küssen dabei den schwarzen Stein. Am achten Tag des Monats ziehen sie zum Hügel Arafat östlich der Stadt. Dort stehen sie einige Zeit still; das ist die wesentliche Handlung der Pilgerreise. Auf dem Rückweg nach Mekka werden in Mina zwei weitere symbolische Handlungen durchgeführt: Die Pilger werfen Steine auf eine Säule, die den Teufel symbolisiert, und opfern ein Tier. Damit ist

DIE GROSSE MOSCHEE VON MEKKA
Die jährliche Wallfahrt gehört zu den fünf Säulen des Islam, die die religiösen Pflichten und Praktiken regeln, die den Muslimen auferlegt sind. Siebenmal umkreisen die Pilger die Kaaba gemäß einem alten heidnischen Ritus (omra), *den Mohammed übernommen hat. Er bestand darin, das Heiligtum zu umrunden, um so die Gottheit zu ehren und die Zugehörigkeit zur Sippe zu bekunden.*

PILGER IN MEKKA
(Indien, 17. Jh.)
In sakrale Gewänder gekleidet erfüllen die Gläubigen alle Riten, zu deren Höhepunkt das Aufrechtstehen vor Gottes Angesicht auf dem Hügel Arafat gehört. Dabei betet der Gläubige: „O Gott, entzünde das Licht in meinem Herzen …"

das Ende der Weihezeit für den Pilger erreicht, die mit dem Anlegen des *ihram* begonnen hatte; der Pilger zieht das Gewand aus, kehrt in sein Land zurück und nimmt sein normales Leben wieder auf.

In der Pilgerfahrt nach Mekka drückt sich die Einheit der Muslime am stärksten aus. Sie ist sozusagen der Inbegriff aller Reisen. Wer nach Mekka kam, um zu beten, blieb vielleicht in Medina, um zu studieren; die Gläubigen brachten vielleicht Waren mit, um die Kosten der Reise zu bezahlen; mit der Karawane reisten Händler, die ihre Waren unterwegs oder in den heiligen Städten verkauften. Die Pilgerreise war auch ein Marktplatz für den Austausch von Neuigkeiten und Ideen aus allen Teilen der islamischen Welt.

Die Wallfahrt nach Mekka oder der *hadsch* ist ein Akt des Gehorsams gegenüber Gottes Gebot, das im Koran zum Ausdruck kommt: „Es ist die Pflicht aller Menschen gegenüber Gott, als Pilger zum Haus zu kommen, wenn er dorthin kommen kann." Die Wallfahrt war und ist ein Bekenntnis des Glaubens an einen Gott und ein sichtbarer Ausdruck der Einheit der *umma*. Viele tausend Pilger aus der ganzen islamischen Welt unternahmen die Pilgerreise gleichzeitig; zusammen umrundeten sie die Kaaba, rasteten auf dem Arafat, steinigten den Teufel und opferten ihre Tiere. Wenn sie diese Handlungen vollzogen, waren sie mit der ganzen islamischen Welt verbunden. Die Ankunft und die Abreise waren von offiziellen Feiern begleitet, wurden in den örtlichen Chroniken verzeichnet und in späterer Zeit zumindest an den Wänden der Häuser dargestellt. Wenn die Pilger in Mina ihre Tiere opferten, wurde auch in jedem muslimischen Haushalt ein Tier getötet, um das große volkstümliche Fest des Jahres einzuleiten, das Fest des Opfers *(id al-adha)*.

Die Pflicht des Dschihad

Das Gefühl, einer Gemeinschaft der Gläubigen anzugehören, kam in dem Gedanken zum Ausdruck, dass Muslime verpflichtet seien, sich um das Gewissen der anderen zu kümmern, die Gemeinschaft zu schützen und, wenn möglich, zu erweitern. Der Dschihad ist der heilige Krieg gegen alle, die die Gemeinschaft bedrohen, seien es feindliche Ungläubige von außen oder Nichtmuslime von innen, die ihren Schutzvertrag brachen.

DER DSCHIHAD, SELBSTREFLEXION ODER AUFRUF ZUM OFFENSIVEN KAMPF?

Der Koran ist nicht frei von Widersprüchen, aus denen sich unterschiedliche Interpretationen ableiten lassen. Einige seiner Texte erheben einen Universalanspruch, andere sind durch die soziopolitischen Umstände ihrer Zeit beeinflusst. Man muss daher prüfen, wie sie entstanden sind, und sie dann entsprechend beurteilen. Dies gilt auch für den Begriff des Dschihad (heiliger Krieg). Wenn der Gläubige aufgefordert wird, „die Heiden zu töten", dann bezieht sich dies auf die Götzendiener Mekkas, die die Lehre Mohammeds ablehnten. Der Koran betrachtet den Aufruf zum heiligen Krieg eher defensiv. Die „Menschen des Buches", d.h. Juden und Christen, sind davon nicht betroffen; ihnen gegenüber wird Toleranz gefordert. Im Koran heißt es: „Wenn jemand tötet, dann ist dies so, als ob er alle Menschen getötet hätte" oder „Wer aber vergibt und sich versöhnt, dessen Lohn ist bei Gott".

Der Dschihad bezieht sich nach klassischer Auffassung auf drei Aspekte im Leben der Gläubigen: einen persönlichen Aspekt im Sinne der moralischen Pflicht, das eigene Leben nach den Vorschriften des Islam zu führen; einen sozialen Aspekt im Sinne der intellektuellen Pflicht, die Gesetze auszulegen; einen universalen Aspekt im Sinne einer militärischen Pflicht, den Islam zu verteidigen. Seit 1979 haben sich islamistische Bewegungen die über 600 Jahre alten extremistischen Thesen des hanbalitischen Theologen Ibn Taimija zu eigen gemacht, für den der heilige Krieg höher steht als das Gebet und die Wallfahrt nach Mekka. Diese Doktrin, die im 18. Jh. von den saudischen Wahhabiten übernommen wurde, widerspricht den Gedanken des Ghasali. Nach ihm „lässt sich der heilige Krieg auch im eigenen Haus führen; es ist das Erbarmen, dem Gott wohlgefällig ist, und nicht das Fleisch und das Blut".

Der Dschihad galt als eine Verpflichtung und war praktisch gleichbedeutend mit einer Säule. Die Pflicht des Dschihad leitet sich wie die anderen Pflichten aus dem Koran ab: „O ihr, die ihr glaubt, kämpft gegen die Ungläubigen in eurer Nähe." Juristische Schriften definierten genau das Wesen und das Ausmaß dieser Verpflichtung. Der heilige Krieg war nicht die individuelle Pflicht aller Muslime, sondern eine Verpflichtung der Gemeinde, eine ausreichende Zahl Kämpfer zu stellen. Nach der großen Expansion des Islam in den ersten Jahrhunderten und mit dem Beginn des Gegenangriffs aus Westeuropa neigte man dazu, den Dschihad eher als Mittel zur Verteidigung und weniger zur Eroberung zu sehen.

Natürlich nahmen nicht alle, die sich Muslime nannten, diese Verpflichtung gleich ernst oder maßen ihrer Erfüllung die gleiche Bedeutung zu. Das Spektrum reichte vom Gelehrten oder gottesfürchtigen Händler in der Stadt, der die täglichen Gebete verrichtete, das jährliche Fasten einhielt und die *zakat* entrichten konnte, bis zum Beduinen in der Wüste, der nicht regelmäßig betete, während des Ramadan nicht fastete, weil er sein ganzes Leben lang mehr oder weniger hungerte, und der die Wallfahrt nach Mekka nicht unternahm, aber trotzdem bekannte: „Es gibt keinen Gott außer Gott, und Mohammed ist sein Prophet."

Freunde Gottes: die asketischen Bräuche

Von Anfang an hatte es Anhänger des Propheten gegeben, für die ein rein äußerliches Glaubensbekenntnis wertlos war, wenn darin nicht die aufrichtige Absicht zum Ausdruck kam, Gottes Gebote zu befolgen.

Schon in früherer Zeit hatte das Verlangen nach der Reinheit der Absicht, möglicherweise unter dem Einfluss von Mönchen der Ostkirche, zu asketischen Praktiken geführt. Es entwickelte sich auch die Vorstellung, es könne zwischen Gott und dem Menschen nicht nur die Beziehung von Befehlen und Gehorchen geben, sondern eine Beziehung, in der ein Mensch den Willen Gottes aus Liebe zu ihm erfüllte und aus dem Wunsch heraus, ihm nahe zu sein, um so die Liebe zu erfahren, die Gott dem Menschen entgegenbrachte. Allmählich entstand die Vorstellung von einem geistigen Pfad, auf dem der wahre Gläubige Gott näher kommen konnte; Gruppen, die diese Vorstellung übernahmen, wurden als Sufis bekannt. Im Laufe der Zeit kam es zu einem allgemeinen, wenn auch nicht absoluten Konsens über die wichtigsten Stufen auf diesem Pfad. Schritt der Wanderer auf diesem Pfad fort, hatte er zu lernen, auf Gott zu vertrauen und geduldig seinen Willen zu erfüllen, dann würde auf eine Zeit der Angst und Hoffnung vielleicht eine Offenbarung des göttlichen Wesens folgen. Diese kurze Erfahrung des Göttlichen hinterließ ihre Spur: Die Seele war verwandelt, wenn sie in die alltägliche Welt zurückkehrte. Im Ara-

SUFI BEI DER MEDITATION
(Iran, 15. Jh.)
Durch seine unterwürfige Haltung bezeugt der Betende seinen Glauben an einen „Gott, der größer ist als alles" (Allah akbar).

bischen und den anderen islamischen Literatursprachen entwickelte sich allmählich ein System poetischer Bilder, durch das die Dichter versuchten, den Zustand der Gnade zu beschwören, den man auf dem Pfad zur Erkenntnis Gottes erleben konnte, und das Erlebnis der Einheit, die als das Ziel galt. Es waren Bilder menschlicher Liebe, in denen der Liebende und der Geliebte sich spiegeln, Bilder des Trunkenseins von Wein, Bilder von der Seele als einem Tropfen im Wasser des göttlichen Meeres oder als einer Nachtigall auf der Suche nach der Rose, die eine Manifestation Gottes ist. Poetische Bilder sind jedoch vieldeutig, und es ist nicht immer leicht zu erkennen, ob der Dichter versucht, menschliche Liebe auszudrücken oder die Liebe Gottes.

Ernsthafte und besorgte Muslime wussten um die Gefahren, die ihn beim Beschreiten des Pfades bedrohten; der Wanderer konnte sich verirren. Man bezweifelte jedoch nicht, dass manche menschliche Seele plötzlich in Ekstase fallen und den Pfad allein oder unter Führung eines bereits verstorbenen Lehrers oder des Propheten gehen konnte. Die meisten Wanderer brauchten jedoch die Lehre eines anderen, der bereits als Meister des spirituellen Lebens (Scheich) auf dem Pfad weit vorangeschritten war. Ein bekanntes Sprichwort warnt: „Wer keinen Scheich hat, dessen Scheich ist der Teufel." Der Schüler musste seinem Meister blind folgen; er sollte so passiv sein wie ein Toter unter den Händen des Leichenwäschers.

Die Orden

Im späten 10. und im 11. Jh. begannen die Schüler eines Meisters sich als eine spirituelle Familie auf demselben Pfad *(tariqa)* zu sehen. Einige geistige Familien bestanden lange Zeit; sie führten ihren Stammbaum auf einen großen spirituellen Meister zurück, dessen Namen die *tariqa* trug; über den Meister führte der Pfad über Ali oder Abu Bakr direkt zum Propheten. Manche dieser „Pfade" oder „Orden" breiteten sich durch die Tätigkeit von Schülern, die ein Meister ermächtigt hatte, seine Lehre zu vermitteln, über weite Gebiete der islamischen Welt aus. Die Schüler eines Meisters konnten einen eigenen Orden gründen, aber meist erkannten sie die geistige Verwandtschaft mit dem Meister an, der sie den Pfad gelehrt hatte.

Nur relativ wenige Anhänger solcher Orden widmeten ihr ganzes Leben dem Pfad und lebten in Klöstern *(zawija, chanqa)*. Die meisten Ordensmitglieder führten vielmehr ein weltliches Leben; es konnten sowohl Männer als auch Frauen sein. In manchen Fällen bedeutete die Mitgliedschaft kaum mehr als eine nominelle Zugehörigkeit, in anderen wiederum wurde der Schüler von seinem Meister in Lehren und Übungen eingeweiht, die ihm halfen, auf dem Pfad zur Ekstase voranzuschreiten. Die einzelnen Or-

MUSLIMISCHE BRUDERSCHAFTEN

Der Sufismus, der sich zunächst über vereinzelte Männer herausbildete, wurde ab dem 12. Jh. durch fromme Glaubensgemeinschaften fortgeführt, die sich um einen Meister, einen Scheich, versammelten. Die Bruderschaft der Qadirija, die durch Abd al-Qadir al-Gilani in Bagdad gegründet wurde, ist die Älteste; die der Muriden, im 20. Jh. von Ahmadu Bamba im Senegal ins Leben gerufen, die Jüngste. Jede Bruderschaft lehrt einen Weg *(tariqa)* zu Gott. Im Zuge der Ausbreitung des Islam sind nach und nach weitere Bruderschaften entstanden: die der Qalandarija im Iran, gegründet von al-Sawidschi; die der Mevlevije, begründet nach der Lehre des Dschaladdin Rumi in Konya; die der Bektaschi, gegründet in der Türkei von Hadsch Bektasch und die der Nadschbandija, die in Zentralasien verbreitet war. Im 19. Jh. kamen die Tiqschania-Bruderschaft in Algerien und die der Senusija in Libyen hinzu. In Europa kannte man die Bettelbruderschaft der Qalandarija aus *Tausendundeiner Nacht.* Die Qadirija hat sich seit dem 14. Jh. in Zentralafrika etabliert. Timbuktu war ihr Zentrum in Mali, aber auch in Nordafrika hat sie sich ausgebreitet. In Schwarzafrika erhielt sie Konkurrenz durch die Tiqschania, deren Lehre im Einklang mit lokalen Bräuchen steht.

den hatten unterschiedliche Einstellungen gegenüber den beiden Wegen des Islam; der Weg der Scharia bedeutete die Unterwerfung unter das Gesetz, das sich aus den Geboten Gottes im Koran ableitete; der Weg der *tariqa* war die Suche nach der direkten Gotteserfahrung.

Es gab die „vernünftigen" Orden, die die Meinung vertraten, der Gläubige solle nach der Auslöschung des Ich und der Ekstase der mystischen Vision in die Welt des Alltags zurückkehren, in den Grenzen der Scharia leben und seine Pflichten gegenüber Gott und seinen Mitmenschen erfüllen, ihnen jedoch einen neuen Sinn verleihen. Andere Orden vertraten die Lehre, dass die Erfahrung der Einheit mit Gott diejenigen, die sie gemacht haben, so sehr mit der göttlichen Präsenz erfüllt, dass sie fortan ihr wahres Leben in Einsamkeit verbringen. Es war ihnen gleichgültig, wenn man ihnen die Vernachlässigung der in der Scharia festgelegten Pflichten vorwarf, ja, sie sahen in dem Vorwurf vielleicht ein Mittel, das ihnen half, sich von der Welt abzuwenden. Die „vernünftige" Richtung vertraten Bruderschaften, die sich auf Dschunaid beriefen; die Anhänger der mystischen Weltabkehr sahen dagegen in Abu Yazid al-Bistami ihren Meister.

Die Aufnahme in einen Orden war mit einem Initiationsritus verbunden: Der Novize schwor dem Scheich die Treue, er erhielt von ihm einen besonderen Mantel und ein geheimes Gebet. Neben den individuellen Gebeten gab es ein Ritual, den zentralen Akt der *tariqa* mit einem charakteristischen Merkmal, das sie von anderen unterschied. Es war

KLOSTER DER MALEVIJE-BRUDERSCHAFT *(13. Jh.)*
In Konya, ehemals Ikonien in der Türkei, liegt das Grab des Sufimeisters Dschalaladdin Rumi, unter dem Namen Mevlana bekannt. Sein Mausoleum, das vom Kloster seiner Schüler, der Tanzenden Derwische, eingerahmt ist, sticht bereits aus der Ferne durch den auffälligen Turm mit der grünen konischen Kuppel ins Auge.

der *dhikr*, die Wiederholung des Namens Allahs in der Absicht, die Seele von allen weltlichen Ablenkungen zu befreien, damit sie der Vereinigung mit Gott entgegenfliegen konnte.

Der *dhikr* konnte verschiedene Formen annehmen. Bei manchen Orden erfolgte die Wiederholung stumm – verbunden mit Atemtechniken und der Konzentration auf bestimmte Körperteile – auf den Scheich, den namensgebenden Ordensgründer oder auf den Propheten. Bei den meisten Orden war es ein kollektives Ritual *(hadra)*, das regelmäßig an bestimmten Wochentagen in einer *zawija* des Ordens durchgeführt wurde: Die Teilnehmer standen in Reihen und wiederholten den Namen Allahs; in manchen Orden wurde ein ritueller Tanz aufgeführt. Oder es gab spektakuläre Aufführungen: Messer wurden quer durch die Wangen gestoßen oder brennende Kohlen in den Mund genommen. Die Wiederholungen des Namens Allahs und die Vorführungen wurden immer schneller und schneller, bis die Teilnehmer in einen Trancezustand verfielen, in dem sie nichts mehr von der materiellen Welt wahrnahmen.

GRÜNDUNGSPLAKETTE
Die persische Inschrift (1312) erzählt von einem gewissen Hassan Tabari, dem in einem Garten in Kachan sowohl Ali als auch der zwölfte Imam, „der Erwartete“, erschienen. Ali bat ihn, hier eine heilige Stätte für schiitische Pilger anzulegen. Man sagt, dass dieser von Schiiten verehrte Gegenstand nach dem Hufabdruck von Alis Pferd geformt sei.

Der Heiligenkult

Der Glaube an einen Pfad, der zu Gott führte, beinhaltete zugleich die Vorstellung, dass der Mensch nicht nur ein Geschöpf und der Diener Gottes war, sondern sein Freund *(wali)* werden konnte. Nach und nach entwickelte sich eine Heiligkeitstheorie. Der Freund Gottes war jemand, der immer in seiner Nähe stand, dessen Gedanken sich nur auf ihn richteten und der all jenen menschlichen Leidenschaften widersagte, die einen Menschen von Gott entfernten. Frauen konnten ebenso Heilige sein wie Männer. Es hatte immer Heilige auf der Welt gegeben und würde sie auch immer geben. Im Lauf der Zeit gewann diese Idee eine festere Gestalt: Es gab demnach immer eine bestimmte Zahl Heiliger auf der Welt; wenn einer davon starb, nahm ein anderer seinen Platz ein; die Heiligen bildeten eine Hierarchie, die aus den unbekannten Herrschern der Welt bestand – mit dem *qutb* an ihrer Spitze waren sie die Achse, um die sich die Welt drehte.

Die „Freunde“ Gottes konnten für andere bei Allah Fürsprache einlegen, die manchmal auch sichtbare Folgen hatte: Sie konnte Heilung von Krankheiten oder von Unfruchtbarkeit bewirken oder einem Menschen im Unglück helfen. Die Zeichen der Gnade *(karamat)* waren wiederum Beweise für die Heiligkeit des Gottesfreundes. Der Glaube, dass die übernatürliche Macht, mit der ein Heiliger die Gnade auf die Welt brachte, seinen Tod überdauerte, sodass man noch an seinem Grab um Fürsprache bei Gott bitten konnte, fand weite Verbreitung. Besuche der Gräber von Heiligen, die man berührte oder an denen man betete, wurden zu einer frommen Übung, obwohl manche Denker dies für eine gefährliche Neuerung hielten, denn das bedeutete, dass es zwischen Gott und den Gläubigen Vermittler geben könne. Das Grab des Heiligen, ein quadratisches, innen weiß getünchtes Gebäude mit einer Kuppel, das allein oder in einer Moschee stand oder einen Mittelpunkt bildete, um den herum eine *zawija* gewachsen war, wurde zu einem vertrauten Anblick.

So, wie der Islam die Kaaba nicht verwarf, sondern ihr einfach eine neue Bedeutung zuwies, brachten Konvertiten ihre eigenen, uralten Rituale in den Islam ein. Die Vorstellung, dass bestimmte Orte die Wohnungen von Göttern oder übermenschlichen Wesen waren, hatte es seit je fast überall gegeben. Ungewöhnliche Felsen oder Steine, alte Bäume, Quellen, die unvermittelt aus der Erde sprudelten, galten als für jedermann sichtbare Zeichen für die Präsenz eines Gottes oder eines Geistes, von dem man etwas erflehen oder dem man Opfer bringen konnte. Überall auf der Welt, wohin der Islam auch vordrang, brachte man nun solche Orte mit muslimischen Heiligen in Verbindung, und sie erhielten auf diese Weise eine neue Bedeutung.

Manche Heiligengräber wurden Zentren für große öffentliche liturgische Handlungen. „Nationale" oder „universale" Schreine waren die von Mulai Idris, dem angeblichen Gründer der Stadt Fès, von Abu Midjan in Tlemcen in Westalgerien, von Abd al-Qadir, nach dem der Qadirija-Orden in Bagdad benannt ist, von Sidi Mahraz, dem Schutzheiligen der Seeleute in Tunis, sowie von Ahmad al-Badawi in Tanta im ägyptischen Nildelta. Um Letzteren entstand ein Kult, in dem Wissenschaftler ein Überleben der altägyptischen Verehrung der Göttin Bastes sehen, die in der alten Königsresidenz Bubastis gepflegt wurde.

WEITERE GRÜNDUNGSPLAKETTE *(1312)*
Mit der nebenstehenden zusammen bilden die zwei Plaketten eine Art offenes Buch, mit dem Text auf der einen, der Illustration auf der anderen Seite. Die metallisch glänzende Keramikplakette zeigt vor dem Hintergrund einer Blumenwiese das Pferd Alis und ein Kamel, dessen Fußabdruck sie nachbilden soll.

Im Lauf der Zeit sah man den Propheten und seine Familie im Licht der Heiligkeit. Nach allgemein gültiger Vorstellung würde die Fürbitte des Propheten am Tag des Gerichts zur Rettung aller beitragen, die an seinen Auftrag geglaubt hatten. Er galt nun als *wali* und als Prophet, und seine Gruft in Medina wurde ein Ort des Gebets und der Bitte um Beistand; ein Besuch dort war entweder eine Ergänzung oder auch der eigentliche Grund einer Pilgerreise. Der Geburtstag des Propheten (der *mawlid*) wurde Anlass zu allgemeinem Feiern.

Der Wohnsitz oder das Grab eines Heiligen war ein neutraler Ort, zu dem Menschen sich flüchten konnten und wo Angehörige von Gruppen, die fern voneinander lebten oder sich sonst feindlich gegenüberstanden, zusammentrafen und untereinander Geschäfte abwickelten.

Das Fest eines Heiligen war gleichzeitig ein ländlicher Jahrmarkt, auf dem Güter gekauft und verkauft wurden – sein Grab wachte möglicherweise über einen Markt oder über den Kornspeicher eines Nomadenstammes. Der Heilige oder seine Nachkommen sowie die Hüter des Grabes zogen Nutzen aus dem Ruf der Heiligkeit; die Gaben der Pilger verschafften ihnen Reichtum und Ansehen, und man wandte sich an sie, damit sie bei Streitigkeiten als Schiedsrichter fungierten.

Um Gelehrte und fromme Männer, die in dem Ruf standen, Wunder zu wirken und Streit zu schlichten, bildeten sich unter Umständen oppositionelle Bewegungen zu einem Herrscher, der als ungerecht oder illegitim galt. In manchen Fällen verstärkte sich der Einfluss eines religiösen Lehrers, eines *mahdi*, dank einer weit verbreiteten volkstümlichen Vorstellung: Die Menschen glaubten, der von Gott geleitete und gesandte Mann werde die Herrschaft der Gerechtigkeit einleiten, die vor dem Ende der Welt wiederhergestellt werden sollte. Beispiele für die durchgängige Präsenz dieser Vorstellung finden sich in der gesamten islamischen Geschichte.

Auf den Spuren Abrahams

Feldflaschen von Pilgern
Gemäß einer alten Tradition führten die Pilger Wasser aus der heiligen Quelle von Zem-Zem mit sich. Diese klassisch geformten Feldflaschen sind aus unterschiedlichen Materialien hergestellt.

Wenigstens einmal im Leben sollte sich ein Muslim auf die Wallfahrt nach Mekka begeben: Dies beinhaltet die fünfte Säule, die bindende Verpflichtung des Islam. In Mekka, der Geburtsstadt des Propheten, steht die Kaaba, auf die sich alle Frömmigkeit konzentriert. Die Wallfahrt *(hadsch)* findet im letzten Monat des muslimischen Kalenders statt, dem Du'l-Hidjdja. Für religiöse Feste gilt der Kalender des Mondjahres, das ungefähr elf Tage kürzer ist als das Sonnenjahr, sodass sich diese Feste zeitlich verschieben können. In der zweiten Woche des Monats sind auf dieser Wallfahrt heute ungefähr 2 Mio. Menschen aus aller Welt unterwegs. Der Ablauf ist immer noch durch Riten aus vorislamischer Zeit geregelt, die mit dem Gedenken an Abraham verbunden sind und durch Mohammed endgültig festgelegt wurden. Djidda am Roten Meer ist der Ausgangspunkt, zuvor versammeln sich die Gläubigen jedoch in Medina am Grab des Propheten. Bevor der Pilger den heiligen Boden Mekkas betreten darf – Nichtmuslimen ist der Zutritt verboten –, muss er sich in einen feierlichen Zustand versetzen und bestimmte Verbote beachten: Er lässt sich die Haare kurz schneiden, zieht seine alten Kleider aus und legt weiße Tücher an; er reinigt sich durch rituelle Waschungen und gibt sich dann durch das Gebet in die Hände Gottes. Ist er auf dem Gelände der Großen Moschee angekommen, umrundet er sieben Mal die mit einem schwarzen Tuch geschmückte Kaaba. Nachdem er sieben Mal zwischen den Hügeln von Safa und Marwa hin- und hergelaufen ist, löscht er seinen Durst an einer Quelle namens Zem-Zem. Anschließend führt sein Weg durch das Tal von Mina und in die Ebene des Arafat, wo er am Fuß des Berges der Barmherzigkeit den ganzen Nachmittag aufrecht stehend im Gebet verharrt und der letzten Botschaft des Propheten gedenkt. Danach kehrt er für drei Tage nach Mina zurück, um dort an dem alten Ritus des Steinewerfens teilzunehmen. Damit soll der Satan, „der Gesteinigte", vertrieben werden, der Abraham davon abhalten wollte, Gott seinen Sohn Isaak zu opfern. Am zehnten Tag folgt das Opferfest Aid-el-Kebir, das daran erinnert, dass Gott den Sohn Abrahams, den dieser bereit war zu opfern, durch ein Lamm ersetzen ließ. Die Wallfahrt nach Mekka verdeutlicht die Einheit der muslimischen Gemeinschaft, die sich über alle Grenzen, Klassen und sonstige Unterschiede hinwegsetzt.

Zertifikat einer Pilgerreise *(1207)*
Die Wallfahrt konnte auch stellvertretend für andere durchgeführt werden: Man sandte ein Zertifikat im Namen des Stellvertreters nach Mekka, das bestätigen sollte, dass die Riten ordnungsgemäß vollzogen wurden.

Pilger in Mekka
Kurz vor Beginn der Wallfahrt bauen die Gläubigen ihre Lager auf. Nach dem Tod Mohammeds seiner politischen Vorrangstellung beraubt, ist Mekka das religiöse Zentrum des Islam geworden – noch vor Medina und Jerusalem.

DIE KAABA

Mekka war vor Mohammeds Zeiten nicht nur eine Handelsstadt, sondern auch damals schon ein Wallfahrtsort. Man verehrte hier den schwarzen Stein (einen Meteoriten), der in einen kubischen Bau eingelassen war, die Kaaba (Würfel), zu dem die polytheistischen Pilger des heidnischen Arabien strömten. Sie steht in dem Ruf, schon von jeher zu existieren. Nachdem sie durch den Propheten von den vielen Gottheiten befreit worden war, diente sie der Verehrung des einzigen Gottes. Die Kaaba ist mit einem schwarzen Tuch bedeckt, auf den das Glaubensbekenntnis gestickt ist. Die Stiftung dieses Tuchs, das alljährlich erneuert wird, legitimierte einst die politische Hoheit über das Heiligtum; heute ist sie eher Zeichen der Huldigung seitens der Gemeinschaft, der die Wächterschaft über die heiligen Stätten obliegt.

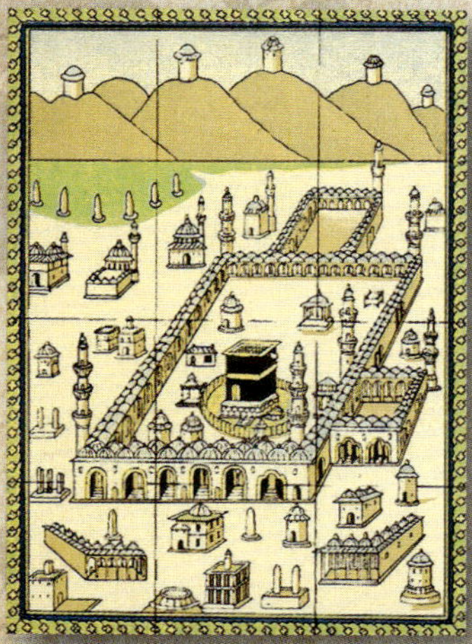

Etappen
Die Pilger verlassen Mekka, um zu dem etwa 20 km entfernten Berg der Barmherzigkeit zu gelangen; dann kehren sie über Mina, wo sie den Brauch der Steinigung und des Tieropfers vollziehen, wieder zurück.

Das Opfer Abrahams
Eine Erzählung verbindet Abraham mit dem Heiligtum von Mekka: Nach der Tradition des Korans machte er den Ort, der durch den Polytheismus verdorben war, zu einer Gott geweihten Stätte, die schließlich von Mohammed dem wahren Monotheismus zugeführt wurde.

Rituelle Reinigung
Nach der rituellen Reinigung in weiße Tücher gehüllt, widmet sich der Pilger dem Gebet. Er gibt sich in die Hände des einzigen Gottes und bezeugt so seine Zugehörigkeit zur muslimischen Gemeinschaft.

Kapitel 10

Die Kultur der Ulama

Die Ulama und die Scharia

Der Kampf um die politische Nachfolge des Propheten im 1. islamischen Jh. stand in Zusammenhang mit der Frage der religiösen Autorität. Für die Schiiten lag die Autorität bei einer Linie der Imame; sie waren die unfehlbaren Interpreten der im Koran enthaltenen Wahrheit. Seit frühislamischer Zeit war jedoch eine Mehrheit der Muslime in den arabisch sprachigen Ländern Sunniten, welche die Idee eines unfehlbaren Imam, der gewissermaßen die Offenbarung des Willens Gottes in die Gegenwart ausdehnen konnte, ablehnten. Für die Sunniten war der Wille Gottes endgültig und vollständig im Koran und in der Sunna des Propheten offenbart; und die Männer, die die Fähigkeit besaßen, ihn auszulegen, die Ulama, wachten über das moralische Gewissen der Gemeinschaft.

Zu Beginn des 11. Jh. bestanden klare Unterschiede zwischen den verschiedenen *madhhab* (Schulen der Sitten- und Rechtsauslegung), besonders bei den vier meist verbreiteten und beständigsten, den Schafiiten, Malikiten, Hanafiten und den Hanbaliten. Die Beziehungen zwischen den verschiedenen *madhhab* waren zum Teil sehr gespannt. Während der Abbasidenherrschaft in Bagdad bekämpften sich städtische Fraktionen unter dem Namen von Schafiiten und Hanafiten; später wurden die Uneinigkeiten jedoch weniger kontrovers ausgetragen. In manchen Regionen hatte die eine oder die andere Rechtsschule nahezu ungeteilten Einfluss. Im Maghreb waren die Malikiten beinahe als einziger *madhhab* vertreten; in Ägypten, Syrien, in Irak, Iran und im Hedschas waren die Schafiiten sehr einflussreich, in Zentralasien und Indien die Hanafiten. Die Hanbaliten waren ein wesentliches Element in Bagdad und ab dem 12. Jh. in den syrischen Städten. So wie die theologischen Schulen sich allmählich gegenseitig akzeptierten, taten es auch die Rechtsschulen. Selbst wenn eine Dynastie Mitglieder einer bestimmten Schule mit der Rechtspflege betraute, hatten die anderen ebenfalls ihre eigenen Richter und Sachverständigen. Bei einigen Meinungsverschiedenheiten zwischen den *madhhab* ging es um die genaue Definition und das relative Gewicht der Prinzipien der Rechtswissenschaft.

Die Gründer der vier Rechtsschulen
(S. 147) Seit 750 war das muslimische Gesetz Gegenstand unterschiedlicher Interpretationen, was zur Gründung von vier Rechtsschulen (madhhab) *führte, die die Riten des Islam regelten. Die osmanische Miniatur (16. Jh.) stellt ihre führenden Köpfe dar. Drei davon waren große Juristen: Abu Hanifa, Malik Ibn Anas, Schafii; der vierte, Ibn Hanbal, wurde „der alte Fromme“ genannt.*

Gelehrte der verschiedenen *madhhab* stellten mit der Zeit feste Regeln menschlichen Verhaltens für alle Handlungen auf, für die sich dem Koran und dem Hadith Weisungen entnehmen ließen. Eine dieser Regelsammlungen, die von einem Gelehrten der malikitischen Schule stammt, beginnt mit den grundlegenden Wahrheiten, „denen die Zunge Ausdruck verleihen und die das Herz glauben soll“ – eine Art Glaubensbekenntnis. Es werden religiöse Handlungen *(ibadat)* beschrieben, die sich direkt auf Gott beziehen: Das Gebet und die rituelle Reinigung, die dem Gebet vorausgeht, das Fasten, das Spenden von Almosen, die Pilgerreise und die Pflicht zum Kampf, den Dschihad, für den Islam. Auf die *ibadat* folgen Handlungen, durch die Menschen miteinander in Beziehung treten. Zuerst geht der Autor auf ganz persönliche menschliche Beziehungen ein, z. B. auf die Ehe sowie den Ablauf der Eheschließung und Scheidung.

Danach folgen allgemeine, weniger persönliche Beziehungen, beispielsweise Kaufverträge, Vereinbarungen über Gewinnstreben, Erbschaften und Hinterlassenschaften oder die Schaffung von *waqf*. Anschließend werden unerlaubte Handlungen aufgezählt, wie Ehebruch und Weingenuss, für die der Koran genaue Strafen vorschreibt. Außerdem werden die Verfahrensweisen für Richter festgelegt, die über Straftaten zu urteilen haben.

Zwischen den verschiedenen *madhhab* gab es kleinere Unterschiede hinsichtlich inhaltlicher Fragen und Auslegungsprinzipien. Selbst innerhalb eines *madhhab* konnte es mehrere Auffassungen geben, denn keine auch noch so ausführliche Gesetzessammlung konnte jede mögliche Sachlage erfassen. Nach einer oft wiederholten Maxime war ab dem 10. Jh. ein individueller Urteilsspruch nicht mehr möglich: Wurde ein Konsens erreicht, „ist die Tür zum *idschtihad* verschlossen". Tatsächlich wurde der *idschtihad* jedoch in jedem *madhhab* angewandt, nicht nur von Richtern, die Entscheidungen treffen mussten, sondern auch von Rechtsgutachtern (Muftis). Ein Mufti war im Wesentlichen ein Privatgelehrter, der durch Anwendung des *idschtihad* in umstrittenen Fragen Regelungen traf. Die *fatwas* (Entscheidungen) bekannter Muftis konnten in bedeutende Bücher zur islamischen Pflichtlehre *(fiqh)* aufgenommen werden. Ungefähr ab dem 13. Jh. ernannten Herrscher offizielle Muftis, die Gehälter bezogen; doch Privatgelehrte, die von Klienten bezahlt wurden, um eine Entscheidung zu fällen, und dem Herrscher nicht verpflichtet waren, nahmen eine besonders geachtete Stellung in der Gesellschaft ein.

Üblicherweise wird das Ergebnis der *fiqh*, die Scharia, als das „islamische Gesetz" bezeichnet, was dadurch gerechtfertigt ist, dass es seit der Abbasidenzeit ein Denksystem bildete, auf das sich die von den Herrschern ernannten Kadis bei Urteilssprüchen stützten. In Wirklichkeit war es das, was heute allgemein als „Gesetz" gilt. Darüber hinaus bezog es auch zu privaten Handlungen Stellung, zu gesellschaftlichem Verhalten, also Angelegenheiten, die man als „Umgangsformen" bezeichnen könnte. Das islamische Gesetz war eine normative Richt-

Gelehrter mit seinen Schülern *(13. Jh.)*
Das Wissen des Islam wurde schnell durch Meister verbreitet, die einer kleinen Schar von Schülern Themen aus Politik, Religion oder Philosophie näher brachten. Diskutiert wurden etwa die Legitimität des Kalifen, Fragen der Glaubenspraxis bzw. der Gebrauch der Vernunft.

schnur für alles menschliche Tun. Es versuchte, Handlungen zu klassifizieren, um auf diese Weise die Muslime darin zu belehren, wie sie nach dem Willen Gottes leben sollten. Manche seiner Bestimmungen waren jedoch rein theoretisch, sodass sie in der Praxis kaum befolgt wurden. Das islamische Gesetz überging zum Teil sogar ganze Handlungsbereiche, die in einer Gesetzessammlung eigentlich ihren Platz hätten. In Angelegenheiten des Personenstandes war es am genauesten – Eheschließung und Scheidung, Vermächtnis und Erbschaft; in Bezug auf wirtschaftliches Handeln war es weniger ausführlich; es umfasste nicht das ganze Gebiet, das heute unter das Strafrecht fällt – Tötung galt als familiäre Privatangelegenheit, die die Betroffenen untereinander regelten; es war keine Tat, bei der die Gesellschaft durch einen Richter eingreifen sollte. Und das islamische Gesetz äußerte sich praktisch nicht zu verfassungs- oder verwaltungsrechtlichen Fragen.

Die Kraft der Sitten

Selbst in genau formulierten Bereichen konnte die Autorität der Scharia durch die Macht des Herrschers oder die tatsächliche Ausübung der Gesellschaft unterbunden werden. In den meisten Dynastien sprachen der Herrscher oder seine Beamten bei Straftaten das Urteil – vor allem dann, wenn es um die Staatssicherheit ging; der Herrscher entschied über die Verfahrensweise und die Art der Bestrafung. Ähnlich verfuhr man auch in ländlichen Gebieten. Entscheidungen wurden in Übereinkunft mit den *urf* getroffen, den Bräuchen der Gemeinde, die von den Dorf- oder Stammesältesten angewandt wurden.

Der Rhetorik zuliebe wurden *urf* und Scharia zwar häufig in Gegensatz zueinander gestellt, sie standen aber nicht zwangsläufig in Konflikt miteinander. Alles, was im *urf* der Scharia nicht widersprach, akzeptierte diese als erlaubt. In Teilen des Maghreb gab es sogar Versuche, die Scharia im Rahmen der herrschenden Sitten zu interpretieren.

Wir wissen wenig über das ländliche Gewohnheitsrecht in jener Zeit. Aber Untersuchungen über Vorgänge in neuerer Zeit lassen vermuten, dass es eine Umkehr gab, nämlich dass die Scharia in einem gewissen Maß Eingang in den örtlichen Brauch gefunden hat. Die Eheschließung wurde vielleicht in Übereinstimmung mit islamischer Terminologie vollzogen, doch die damit verbundenen Rechte und Pflichten, die Fragen im Hinblick auf Scheidung und Erbschaft, die sich daraus ergaben, wurden nach örtlichem Brauch entschieden. Vielerorts war das Vererben von Grundbesitz an Töchter wider den Brauch, obwohl es der Scharia entsprach. Auseinandersetzungen über Land oder Partnerschaft wurden vielleicht dem Kadi in der nächsten Stadt zur Entscheidung oder zur Schlichtung vorgetragen. Verträge oder Vereinbarungen, denen die Parteien ein gewisses Gewicht oder Dauerhaftigkeit geben wollten, wurden ebenfalls dem Kadi vorgelegt, damit er sie in der formellen Sprache der Scharia abfasste; doch hinterher wurde das Dokument möglicherweise im Kontext des örtlichen Brauchs interpretiert. Ein Wissenschaftler, der solche Dokumente aus dem Jordantal untersucht hat, formulierte es so: „Der Brauch liefert meist die Substanz und die Scharia die Form."

Die Überlieferung des Wissens: die Medrese

Schon in früher Zeit scheint es ein formales Vorgehen für die Vermittlung religiösen Wissens gegeben zu haben. In den Moscheen, besonders in den großen Versammlungsmoscheen, scharten sich die Studenten um einen Lehrer, der an einer Säule saß und ein Thema erläuterte, indem er aus dem Buch vorlas und das Gelesene kommentierte. Spätestens ab dem 11. Jh. entstand jedoch eine Art Institution, die hauptsächlich der Vermittlung von Rechtswissenschaften diente, die Medrese. Die Medrese war eine Schule mit Unterkünften für die Studenten und sie war häufig einer Moschee angegliedert. Sie wurde von einem Stifter als *waqf* gegründet. Dadurch erhielt sie finanzielle Mittel, um ihr Bestehen zu sichern, da Grundbesitz, dessen Einkünfte frommen oder wohltätigen Zwecken zuflossen, nicht veräußert werden konnte. Die Stiftungsgelder wurden für den Unterhalt der Gebäude, das Gehalt der Lehrer und in manchen Fällen für Stipendien oder die Versorgung der Studenten verwendet. Jeder Wohlhabende konnte solche *waqf* gründen, doch die größten und beständigsten wurden von Herrschern oder hohen Würdenträgern eingerichtet.

DIE MEDRESE

Die Medrese ist eine auf Lehre und Forschung in den theologischen Wissenschaften ausgerichtete Hochschule, in der aber auch andere Disziplinen (z. B. die arabische Sprache, Mathematik, Medizin) ihren Platz haben. Die Studenten erhalten dort unter Anleitung eines renommierten Meisters eine höhere Ausbildung. Die architektonische Form der Medrese, wie sie sich in der muslimischen Welt verbreitet hat, lehnt sich an die profane Bauweise an, die seit der sassanidischen Epoche den Palästen und Privathäusern einen kreuzförmigen Bauplan mit vier Iwanen zugrunde legte, die sich alle zu einem Zentralhof öffneten und in denen sich die vier sunnitischen Rechtsschulen befanden. Man sagt, dass diese Institution auf den seldschukischen Wesir Nizam al-Mulk zurückgeht, dessen Anliegen es war, den sunnitischen Glauben zu schützen, häretische Lehren zu bekämpfen und sich der fatimidischen Propaganda zu widersetzen. Dazu lud er den großen Gelehrten Ghasali nach Bagdad ein, um an der Medrese, die später auch seinen Namen tragen sollte, zu unterrichten. Nach Texten aus dem 9. Jh. ist die Medrese in Zentralasien jedoch schon früher in Erscheinung getreten und orientierte sich dort an den buddhistischen Lehreinrichtungen.

Manche dieser Schulen wurden für die Lehre des Korans oder Hadith gegründet, in den meisten Fällen war aber der Hauptzweck das Studium des *fiqh*. Studenten einer Medrese hatten normalerweise bereits eine Schule besucht, einen *maktab* oder einen *kuttab*, wo Arabisch und der Koran gelehrt wurde. An der Medrese wurden ergänzende

Fächer unterrichtet – arabische Grammatik und die Annalen der frühislamischen Perioden –, vor allem aber Religionswissenschaften: das Lesen und Interpretieren des Korans, des Hadith, die Grundlagen des religiösen Glaubens, Rechtswissenschaften und *fiqh*. Die wichtigste Lehrmethode war die Darlegung eines Textes durch den *mudarris*, den seine Assistenten später vielleicht ausführlicher erläuterten.

Im ersten Abschnitt des Studiums, der meist mehrere Jahre dauerte, lernten die Studenten die Sammlung der Rechtsvorschriften, über die unter den Gelehrten der jeweili-

gen *madhhab* ein Konsens herrschte. Auf einer höheren Stufe gab es einen Bereich für rechtliche Fragen, zu denen die Ansichten selbst innerhalb eines *madhhab* auseinander gingen, da die Rechtsprinzipien auf eine unbegrenzte Vielfalt der Umstände angewandt werden mussten. Studenten, die später einmal Rechtslehrer, höher gestellte Kadis oder Muftis werden wollten, hatten eine längere Studienzeit. Auf dieser höheren Ebene wurde der *idschtihad* nach der Methode des formalen logischen Disputs gelehrt: Es wurde eine These aufgestellt, auf die mit einer Gegenthese zu antworten war, und darauf folgte der Dialog von Einwänden und Antworten.

Wenn ein Student die Lektüre eines Buches mit einem Lehrer beendet hatte, konnte er ihn um ein *idschaza* bitten, eine schriftliche Bestätigung, dass er dieses Buch bei seinem Lehrer studiert hatte. Auf einer höheren Stufe konnte er eine andere Art *idschaza* erhalten, die bestätigte, dass er kompetent und befähigt war, den *idschtihad* als Mufti anzuwenden oder ein bestimmtes Buch oder ein spezielles Thema zu unterrichten. Auf dieser Stufe war es üblich, dass die Schüler den Lehrer und die Stadt wechselten und sich von allen, deren Lehren sie gehört hatten, eine *idschaza* ausstellen ließen. Ein solches Vorgehen wurde durch den Hadith gerechtfertigt, der es Muslimen zur Pflicht machte, Wissen zu suchen, wo immer es zu finden war.

DIE MEDRESE AL-ATTARINE IN FÈS *(14. Jh.)* *Die Meriniden gründeten zahlreiche theologische Hochschulen, die häufig den Moscheen angegliedert waren. Die Unterrichtsräume liegen um einen zentralen Innenhof mit einem Wasserbecken für die Waschungen, während sich die Zellen für die Studenten in den oberen Stockwerken befinden. Die Wände sind mit Keramikfliesen, Stuck und Holz verkleidet sowie mit Inschriften verziert.*

Eine *idschaza* konnte ein umfangreiches Dokument sein, das eine ganze Kette generationenübergreifender Überlieferungen von Lehrern auf Schüler aufführte und so den Empfänger in eine lange Reihe geistiger Vorfahren stellte. Diese war zugleich Ausdruck einer bestimmten Lebensvorstellung eines ernsthaften und gelehrten Muslims. Zweifellos wurde das System oft missbraucht. Wir lesen von Gleichgültigkeit und Unwissenheit, auch von Stiftungsgeldern, die veruntreut oder zu anderen Zwecken missbraucht wurden. Trotzdem war der Gelehrte einer der Idealtypen des Muslims, der sich über die Jahrhunderte hinweg hielt.

Eine wesentliche und charakteristische islamische Literaturgattung verdankt ihr Entstehen einem ähnlichen Antrieb wie das Erteilen einer *idschaza*: Es ist das biografische Lexikon. Seine Ursprünge finden sich in der Hadith-Sammlung. Um die Echtheit eines Hadith zu verifizieren, musste man wissen, wer ihn überliefert und von wem der Betreffende ihn seinerseits erhalten hatte. Es war wichtig, sich davon zu überzeugen, dass die Übermittlung keine Lücken aufwies, aber auch, dass diejenigen, die ihn übermittelt hatten, ehrlich und zuverlässig gewesen waren. Allmählich erstreckte sich das Sammeln der Biografien von Trägern der Hadithe auch auf andere Gruppen der Gesellschaft – Rechtsgelehrte, Ärzte, Sufimeister und so weiter. Eine typische Gattung war das regionale, den bedeutenden Persönlichkeiten (manchmal auch Frauen) einer Stadt oder einer Gegend gewidmete Lexikon, das außerdem eine Einführung in die Topografie und Geschichte der Region enthielt.

Die Biografie eines Gelehrten begann häufig mit Angaben zu seiner Abstammung und dem Ort und Datum seiner Geburt. Sie enthielt Einzelheiten seiner Ausbildung, z.B. welche Bücher er wo und bei wem studiert und welche Arten von *idschaza* er erhalten hatte. Damit wurde er in zwei Abstammungslinien gestellt, die physische und die geistige. Die beiden waren nicht immer verschieden, denn ein Junge begann die Studien manchmal bei seinem Vater, und es gab lange Gelehrtendynastien. Die Biografie informierte über sein Werk und seine Reisen, über die von ihm verfassten Bücher und seine Studenten; mitunter waren darin häufig auch persönliche Anekdoten zu finden.

Der kalam oder: theologische Beweisführung

Wer *fiqh* an der Medrese studierte, lernte auch die grundlegenden Glaubensdogmen. Allerdings scheinen der Prozess ihrer Entwicklung und die Methode ihrer Verteidigung keinen großen Raum im Studienplan eingenommen zu haben. Als das Schulsystem ausgereift war, hatten die großen Diskussionen, durch die der Sunnismus definiert worden war, ein Ende gefunden.

Die Mutasila, eine geistige Strömung, die lange in der Gunst der Abbasidenkalifen gestanden hatte, blieb, auch nachdem sie deren Unterstützung verloren hatte, etwa ein Jahrhundert lang von großer Bedeutung. Auch wenn die Lehre im 11. Jh. unter dem Einfluss der Abbasidenkalifen und der seldschukischen Herrscher in Bagdad und andernorts unterdrückt wurde, spielte sie weiterhin eine wichtige Rolle in der Ausformung der schiitischen Theologie und wurde an den schiitischen Hochschulen gelehrt. Im Sunnismus sank die Mutasila jedoch zu einer Untergrundströmung herab, bis sich in moderner Zeit das Interesse an ihr wieder belebte.

Schuld am Niedergang der Mutasila war u. a. der besonders in Bagdad und Damaskus anhaltende Einfluss der traditionalistischen Lehre von Ibn Hanbal, aber auch die Weiterentwicklung der von al-Aschari begonnenen Richtung: Die Erklärung und Verteidigung der Inhalte von Koran und Hadith mittels rationaler Argumentation auf der Grundlage logischer Prinzipien (dialektische Theologie, *ilm al-kalam*). Es war ein Zeichen der Verbreitung des Ascharismus, vielleicht sogar der Grund dafür, dass viele Rechtsgelehrte ihn als Glaubensgrundlage akzeptierten, auf der ihr *fiqh* ruhte.

VERSAMMLUNG DER GEBILDETEN *(Irak, um 1240) Der Lehrer führt von seinem erhöhten Katheder aus Gespräche mit seinen Zuhörern. Die gebildeten Araber, die stolz auf ihre Sprache und in Streitgesprächen gewandt waren, versammelten sich gern um einen weisen Gelehrten, um Wissen und Bildung zu erweitern.*

Die Verbindung von ascharitischen *kalam* und *fiqh* war jedoch keineswegs allgemein anerkannt. Die Hanbaliten lehnten den *kalam* ebenso ab wie manche Schiiten. Auch die im Maghreb vorherrschende malikitische Rechtsschule verurteilte theologische Spekulationen, und die Almoraviden verboten Theologie als Lehrfach. Ibn Tumart und die Almohaden unterstützten jedoch den *kalam*, hauptsächlich in seiner ascharitischen Ausformung, obwohl sie sich in der Rechtswissenschaft streng an die Zahirija hielt. Im Nordosten der muslimischen Welt war eine andere Version des *kalam*, dessen Ursprünge auf den im 10. Jh. lebenden al-Maturidi zurückgingen, in den hanafitischen Rechtsschulen weitgehend anerkannt. Sie unterschied sich vom Ascharismus besonders in der Frage des freien menschlichen Willens und seiner Beziehung zur Omnipotenz und Gerechtigkeit Gottes: Menschliches Handeln, so lehrten die Maturiden, entspringt der Macht Gottes, doch sündiges Handeln entspringt nicht seiner Liebe und findet nicht seinen Gefallen. Zwischen ascharitischen und maturidischen Denkern herrschte jedoch keine anhaltende Spannung. In den sunnitischen Medresen späterer Jahrhunderte waren die Lehrbücher, die grundsätzliche Glaubensdogmen zusammenfassten, Ausdruck des allgemeinen Konsens unter den Gelehrten.

Das Denken des Ghasali (1059–1111)

Die Hauptströmung sunnitischen Denkens erkannte die ascharitische Theologie und deren Schlussfolgerungen zwar an, doch sie tat es mit Vorbehalten und in Grenzen. Diese Vorbehalte fanden ihren Ausdruck in klassischer Form durch Ghasali, einen Philosophen von nachhaltigem Einfluss und mit einem umfassenden Verständnis aller geistiger Strömungen seiner Zeit. Als Meister des ascharitischen *kalam* wusste er, auf welch gefährliche Wege die Theologie ihn führen konnte. Er versuchte, die Grenzen zu definieren, innerhalb derer *kalam* erlaubt war. Durch diskursives Denken und diskursive Argumentation sollte der aus Koran und Hadith hergeleitete Glaube gegen die verteidigt werden, die ihn leugneten, und ebenso gegen alle, die versuchten, ihn falsch oder spekulativ zu interpretieren. Diese Methode sollte jedoch niemand anwenden, der dadurch in seinem Glauben verwirrt worden wäre, und man sollte damit auch kein Gedankenkonstrukt errichten, das hinausging über das, was Koran und Hadith festlegten.

STUDENT DES KORANS
Dieser junge Mann lernt den Koran auswendig, um dann in der 27. Nacht des Ramadan in den Kreis der Eingeweihten aufgenommen zu werden. Dabei wird er den heiligen Text rezitieren, um so der Offenbarung des Korans durch Mohammed zu gedenken.

Muslime sollten die vom Willen Gottes abgeleiteten Gesetze befolgen und sich dabei streng an Koran und Hadith halten – das war das Grundprinzip von Ghasalis Denken. Die Gesetze zu missachten bedeutete, sich in einer Welt menschlichen Willens und menschlicher Spekulation führungslos zu verlieren. Das war das Thema eines der berühmtesten Werke islamischer Theologie, Ghasalis *Ihja ulum ad-din (Die Wiederbelebung der Religionswissenschaften)*.

In einem anderen Werk, *Almunqidh min ad-dalal (Der Erretter aus dem Irrtum)*, zeigt Ghasali den Weg auf, der ihn zu dieser Schlussfolgerung geführt hat. Nach Studien in den Städten Tus und Nischapur in Khorasan wurde er Lehrer an der von Nizam al-Mulk, dem Wesir des Seldschukensultans, gegründeten Bagdader Medrese. Dem Weg des Philosophen zu folgen und die Wahrheit des Universums aus den höchsten Prinzipien zu bilden, musste unweigerlich dazu führen, sich in einem Sumpf unerlaubter Neuerungen zu verirren. Der schiitische Weg, der Lehre eines unfehlbaren Glaubensinterpreten zu folgen, war gefährlich: Er forderte um einer inneren Wahrheit willen und der Überzeugung, dass jemand, der diese Wahrheit kenne und frei von den Einschränkungen der Scharia sei, vielleicht die Preisgabe dessen, was offenbart worden war. Mohammed war nach Ghasalis Ansicht der einzige unfehlbare Lehrer, und der richtige Weg bestand darin, an seine Offenbarung zu glauben, an dieses „Licht, das Gott in die Herzen Seiner Diener wirft, eine Gabe und ein Geschenk von Ihm“. Ghasali forderte dazu auf, den Weg zu gehen, den diese Offenbarung wies, ihn in Aufrichtigkeit und mit ganzem Herzen zu gehen, und alles aufzugeben außer dem Dienst an Gott.

Die Schrift *Ihja ulum ad-din* beschäftigt sich mit der inneren Beziehung zwischen Handlungen und Neigungen der Seele oder – anders ausgedrückt – zwischen äußerlichem Befolgen der Regeln und dem Geist, der ihnen Sinn und Wert verlieh. Ghasali glaubte an eine Wechselbeziehung und erklärte, Tugenden und ein guter Charakter würden durch richtiges Handeln geformt und gestärkt. Handlungen waren jedoch nur von Wert, wenn Geist und Seele sie mit dem Ziel ausführten, Gott zu erkennen und ihm zu dienen.

Der zweite Teil des Buches geht über rituelle Observanz hinaus zu anderen Handlungen mit sittlichen Implikationen, besonders solchen, die Menschen aneinander binden: Essen und Trinken, die Ehe, der Erwerb materieller Güter und das Hören von Musik. In jedem Fall wird die Frage des rechten Handelns im Hinblick auf das Hauptziel des Menschen geprüft, das darin besteht, Gott näherzukommen.

Der dritte Teil enthält eine systematische Darstellung der menschlichen Leidenschaften und Wünsche, die, auf die falsche Weise erfüllt, verhindern, dass der Mensch geistigen Gewinn aus den äußeren religiösen Handlungen zieht, und die ihn ins Verderben stürzen. Der Teufel dringt über die fünf Sinne, die Vorstellungskraft und die fleischlichen Begierden in das menschliche Herz ein. Ghasali gibt einen Überblick über die Götzen des Menschen: Völlerei, Sinneslust und Sprache – wenn sie zu Streit, Unanständigkeit, Lüge, Spott, Verleumdung und Schmeichelei, Zorn, Hass und Eifersucht genutzt wird –, das Verlangen nach Reichtum und weltlichem Ruhm oder nach dem geistigen Ruhm, der zur Heuchelei führt; zu seinem Katalog der falschen Idole gehören auch der Stolz auf Wissen oder Frömmigkeit, auf Herkunft, körperliche Gesundheit oder Schönheit.

Die Fabel vom Tintenfleck und dem Schilfrohr

Ein Mann, der ein Papier mit einem Tintenfleck sah, fragte: „Wie kommt es, dass du, der du weiß bist, schwarz geworden bist?“ „Ich habe mir das Gesicht nicht schwarz gemacht. Frag das Tintenfass.“ „Es ist das Schilfrohr, das mich auf das Papier gebracht hat“, sagte die Tinte im Tintenfass. Der Mann wandte sich an das Schilfrohr, und dieses entgegnete: „Frag doch die Hand, die mich mit einem Messer zugespitzt und in diese schwarze Flüssigkeit getaucht hat.“ „Ich bin nur armes Fleisch, eine Kraft hat mich geführt“, sagte die Hand. Die Kraft entschuldigte sich: „Ich bin gänzlich dem Willen unterworfen.“ Und der Wille entgegnete: „Ich habe keine Freiheit. Ich werde durch das Herz bewegt, das mir Anweisungen mittels des Wissens gibt, das durch die Einsicht spricht.“ „Ich bin eine Lampe, die nur dann leuchtet, wenn man sie entzündet“, sagte die Einsicht. „Ich bin nur eine Platte, die durch andere erleuchtet wird“, sagte das Herz. „Ich bin nur das Bild, das auf der Herzplatte erscheint, wenn die Lampe der Einsicht brennt. Den Grund musst du beim Schilfrohr erfragen, das mich gemalt hat“, antwortete das Wissen. Verwundert kehrte der Mann zum Schilfrohr zurück und fragte es, warum es dem Herzen Ideen und Erkenntnisse einpräge, die den Willen hervorbrächten. „Ich bin nur ausführendes Organ der rechten Hand des Königs“, erwiderte das Schilfrohr. Der Mann wandte sich also an diese, die ihn zum Allmächtigsten sandte. Die göttliche Majestät fuhr ihn an: „Von Gott fordert man keine Rechenschaft, in nichts, und du, du hast dich erdreistet!“ Der Mann bat Gott um Vergebung, Gründe für seine Entscheidungen gefordert zu haben. Diese Fabel wurde von Ghasali erzählt, und in ihr kommt die Lehre vom universalen Determinismus zum Ausdruck, in dem das menschliche Wissen der göttlichen Erleuchtung untergeordnet bleibt.

Schreibende Engel
(Irak, 1280)
In der Verkündigung des Korans nehmen die Engel einen hohen Rang ein. Jeder Gläubige hat zwei Engel an seiner Seite: einen zu seiner Rechten, dem die guten Taten, und einen zu seiner Linken, dem die bösen Taten zugeschrieben werden. Während des rituellen Gebets wendet der Gläubige seinen Kopf nach rechts, dann nach links, um so die ihn begleitenden Engel zu grüßen.

Solche Regungen können durch Bittgebete an Gott im Zaum gehalten werden, durch die Wiederholung des Namen Gottes, durch Meditation und Selbsterkenntnis und mithilfe eines Freundes oder geistigen Lehrers. Auf diese Weise kann die Seele zur Umkehr veranlasst und auf einen anderen Weg gebracht werden, der zur Erkenntnis Gottes führt.

Der letzte Teil des Buches ist diesem Weg zu Gott gewidmet, dessen Ziel die „völlige Reinigung der Seele von allem außer Gott dem Allerhöchsten (…) das völlige Aufgehen des Herzens im Denken an Gott“ ist. Hier spiegeln Ghasalis Gedanken die der Sufi-Meister wider. Der Weg zu Gott durchläuft mehrere Stationen *(maqam)*. Während die Seele auf dem Pfad fortschreitet, nimmt ihr Eigenantrieb ab, sie wird zunehmend von Gott geleitet. Ihre Aufgabe ist „Reinigung, Klären und Glätten, dann das Bereitsein und Warten, nicht mehr“. Auf dem höchsten Punkt, wenn der Mensch in der Kontemplation Gottes, der sich durch Liebe geoffenbart hat, die Wahrnehmung seiner selbst verliert, begreift er den wahren Sinn der Pflichten, die die Scharia auferlegt; dann ist der Mensch in der Lage, sie auf die richtige Weise zu erfüllen. Möglicherweise wird ihm jedoch auch eine andere Wirklichkeit bewusst. Ghasali macht Andeutungen über eine andere Art des Wissens *(marifa)* – es geht dabei um Engel und Teufel, Himmel und Hölle und um Gott selbst, seine Existenz, seine Eigenschaften und seine Namen. Dieses Wissen eröffnet Gott dem Menschen in seiner innersten Seele. Dieses Wissen ist kein Stadium des völligen Aufgehens in Gott oder der völligen Vereinigung mit ihm; im höchsten Fall ist es eine momentane Nähe zu ihm, ein Vorgeschmack auf das Leben nach dem Tod, wenn der Gläubige Gott vielleicht aus der Nähe schauen darf.

Kapitel 11

Islam zwischen Philosophie und Theologie

Der Islam der Philosophen: Ibn Sina und Ibn Ruschd

In Moscheen und Medresen waren *fiqh* und die ergänzenden Wissenschaften die wesentlichen Lehrfächer. Aber außerhalb der Gotteshäuser widmete man sich anderen Studien. So war die Vorstellung der Philosophen, dass die menschliche Vernunft zu einer nachweisbaren Kenntnis der Wahrheit führen könnte, sofern sie sich dabei nur an die von der aristotelischen Logik festgelegten Regeln hielte, eine Idee von nachhaltiger Bedeutung.

Kanon der Medizin *(Syrien, 14. Jh.) Ibn Sinas medizinisches Hauptwerk* Kanun, *in dem alle bekannten Krankheiten seiner Zeit sowie die passenden Mittel beschrieben sind, diente in Europa bis ins 17. Jh. als Grundlage für medizinische Lehrbücher.*

Diese philosophische Richtung, deren Vorläufer in der islamischen Welt al-Kindi und al-Farabi gewesen waren, erreichte ihren Höhepunkt im Werk von Ibn Sina (latinisiert Avicenna, 980–1037). Ibn Sina sollte einen tief greifenden Einfluss auf die gesamte spätere islamische Geisteskultur haben. Am nachhaltigsten erwies sich der Versuch Ibn Sinas, die Wahrheiten des Islam in Begriffe zu fassen, die der aristotelischen Logik und der späteren griechischen Metaphysik entnommen waren. Denn zuvor lag das grundsätzliche Problem, das die islamische Offenbarung für all diejenigen darstellte, die eine beweisbare Wahrheit suchten, in dem scheinbaren Widerspruch zwischen der Einheit Gottes und der Vielzahl geschaffener Wesen; dieses Dilemma konnte als Widerspruch zwischen dem absoluten Guten Gottes und dem scheinbaren Bösen der Welt formuliert werden. Jene philosophische Richtung, die eben mit Ibn Sina ihren Höhepunkt erreichte, fand Antworten auf derartige Fragen im Neuplatonismus. Das Hauptwerk der Schule, eine Interpretation von Teilen der Enneaden aus der Feder Plotins, galt allgemein als die so genannte „Theologie des Aristoteles". Für ihre Denker bestand das Universum aus einer Reihe göttlicher Emanationen: Denn indem alles Seiende als der „Ausfluss" aus einem vollkommenen Einen betrachtet wurde, konnten diese Denker die Einheit Gottes mit der Vielheit in Einklang bringen. In Ibn Sinas Formulierung war Gott die erste Ursache bzw. der Schöpfer, in dem Essenz und Existenz, Wesen und Sein eins waren. Von ihm emanierte eine Folge von zehn Intelligenzen, die von der Ersten Intelligenz bis hinunter zur Wirkenden Intelligenz reichte, welche die Welt der körperlichen Wesen beherrschte. Die Wirkende Intelligenz übermittelte dem menschlichen Körper Ideen durch die Ausstrahlung des göttlichen Lichtes und schuf so die menschliche Seele.

So wie die Seele einst durch den Vorgang des Herabsteigens vom ersten Seienden geschaffen wurde – ein Vorgang, der auf das Überfließen göttlicher Liebe zurückgeführt wurde –, so sollte das menschliche Leben ein fortwährendes Aufsteigen durch Liebe und

Verlangen sein. Eine Rückkehr über die verschiedenen Seinsstufen hin zum Ersten notwendig Seienden war demnach höchstes Ziel irdischen Daseins.

Wenn aber das göttliche Licht in die menschliche Seele fällt und wenn die Seele durch eigene Anstrengung zu ihrem Schöpfer zurückkehren kann, wozu braucht man dann Prophezeiungen, die besonderen Offenbarungen Gottes? Ibn Sina erkannte die aus dieser Frage resultierende Notwendigkeit an, in Propheten die Lehrer zu sehen, die Wahrheiten über Gott und das künftige Leben enthüllten und den Menschen jene Handlungen zur Pflicht machten, die ihnen Gott und die Unsterblichkeit ins Bewusstsein bringen: das Gebet und andere rituelle Kulthandlungen. Für ihn war die Prophezeiung jedoch nicht einfach eine Gnade Gottes, sondern die höchste Form menschlichen Erkenntnisvermögens, die den Propheten oder auch einen Mensch mit hohen geistigen Gaben und strenger Askese bis zur Ersten Intelligenz aufsteigen lässt.

Ein solches Gedankengebäude schien im Widerspruch zum Inhalt der göttlichen Offenbarung des Korans zu stehen – zumindest wenn man sie in ihrer wörtlichen Bedeutung nahm. Im berühmtesten Meinungsstreit der islamischen Geschichte übte der Schriftsteller Ghasali heftige Kritik an den Hauptpunkten, in denen die Philosophie eines Ibn Sina seinem Verständnis der Offenbarungen des Korans entgegenstand.

Ghasali lehnte es ab, im Gott der Philosophen den Gott des Korans zu sehen, der zu jedem Menschen sprach, ihn richtete und liebte. Nach seiner Ansicht ließen sich die Schlussfolgerungen, zu denen der unbeständige menschliche Geist ohne Führung von außen kommen konnte, nicht mit den Erkenntnissen vereinbaren, die der Menschheit durch die Propheten enthüllt worden waren. Dieser Herausforderung stellte sich ein Jahrhundert später ein anderer Verteidiger des philosophischen Denkens: Ibn Ruschd (latinisiert Averroes, 1126–98) widerlegte ausführlich Ghasalis Interpretation der Philosophie. Er vertrat die Ansicht, philosophisches Denken sei nicht unerlaubt; vielmehr lasse es sich durch einen Verweis auf den Koran legitimieren: „Haben sie nicht nachgedacht über das Reich des Himmels und der Erde und darüber, welche Dinge Gott geschaffen hat?“ Aus solchen Gottesworten ging für ihn klar hervor, dass es keinen Widerspruch zwischen den Schlussfolgerungen der Philosophen und den Aussagen des Korans geben konnte.

IBN RUSCHD *(Averroes)* *Der almohadische Arzt wurde der oberste Kadi von Córdoba. Als Anhänger des Aristoteles vertrat er die Lehre von der „doppelten Wahrheit“, indem er in den heiligen Texten einen inneren und einen äußeren Sinn unterschied.*

Wie lassen sich aber die von Ghasali behaupteten Widersprüche dann lösen? Ibn Ruschds einfache Antwort war, dass man eben nicht alle Worte des Korans wörtlich nehmen solle. Denn wenn die wörtliche Bedeutung von Koranversen scheinbar den Wahrheiten widersprach, zu denen Philosophen durch die Anwendung ihrer Vernunft gekommen waren, so mussten diese Verse metaphorisch interpretiert werden. Die meisten Menschen waren jedoch nicht fähig, philosophisch zu denken oder die metaphorische Deutung des Korans anzuerkennen. Deshalb sollte die Philosophie nur jenen zugänglich gemacht werden, die in der Lage sind, sie zu verstehen.

Philosophie war folglich für die Elite *(chassa)* reserviert, für die Allgemeinheit *(amma)* reichte die wörtliche Bedeutung. Doch Prophezeiungen waren für beide vonnöten, für die *chassa*, damit sie nicht vom rechten sittlichen Weg abkam, und für die *amma*, um die Wahrheit in annehmbaren Bildern auszudrücken. Dialektisches Denken *(kalam)* war für Denker, die sich in einer Zwischenposition befanden, denn Dialektik stützte die der *amma* angemessene Ebene der Wahrheit durch Logik. Doch besaß dialektisches Denken seine Gefahren, da die rationalen Prinzipien hiermit nicht ausreichend bewiesen waren.

Ibn al-Arabi und die Theosophie

In Ibn Sinas Schriften finden sich Hinweise auf den *ischraq*, jene Ausstrahlung göttlichen Lichtes, die es den Menschen ermöglicht, in Verbindung mit der intelligiblen, also nur durch den Geist wahrnehmbaren Hierarchie, zu treten. Spätere Autoren bezogen den Begriff *ischraq* auf das alte esoterische Wissen des Ostens – *scharq* ist das arabische Wort für „Osten" – und benutzten ihn für die systematische Formulierung der „Letzten Wirklichkeit", die man hinter den Worten des Korans vermutete und die den Erfahrungen der Sufis Sinn verlieh.

Sehr facettenreich und nachhaltig ging hierbei Ibn al-Arabi (1165–1240) vor. Der spanisch-arabische Mystiker, der zunächst in Andalusien und im Maghreb seine Ausbildung in herkömmlicher Weise erfuhr, hatte sein persönliches Schlüsselerlebnis für sein weiteres Schaffen während einer Pilgerreise nach Mekka: Eine Vision zeigte ihm, dass die Kaaba der Punkt war, an dem die „Letzte Wirklichkeit" mit der sichtbaren Welt zusammentrifft; dort begann er mit der Niederschrift seines umfassenden Werks, *Al-Futuhat al-makkija (Die Enthüllungen von Mekka)*. Sein Grab auf dem Berg Qasijun, der im Westen von Damaskus aufragt, wurde zu einer Pilgerstätte.

DAS PAPIER

Zur Zeit der arabischen Eroberungen wurde noch auf Papyrus oder Pergament geschrieben. Das Verfahren der Papierherstellung war damals nur in China bekannt. Es heißt, dass sich die Araber anlässlich der Schlacht von Tala 751 in Zentralasien, d. h. nach ihrem Sieg über die Chinesen, die Geheimnisse der Papierherstellung verraten ließen. Samarkand eignete sich das Monopol seiner Herstellung und Vertreibung an, ohne allerdings dieses Privileg lange halten zu können. Die Erfindung verbreitete sich in Richtung Westen und so entstanden die ersten Papierfabriken bereits Ende des 9. Jh. unter Harun ar-Raschid in Bagdad.

Das Verfahren breitete sich langsam über die ganze muslimische Welt aus und gelangte dann über Spanien in das christliche Europa. Papier ersetzte allmählich die herkömmlichen Materialien, doch diente es zunächst nur für Handschriften weltlichen Inhalts, für den Koran wurde weiterhin Papyrus verwendet. Das erste arabische, auf Papier geschriebene Manuskript stammt aus dem Jahr 866. Weil es leichter zugänglich war und auch an ästhetischen Qualitäten nichts einbüßte, diente das Buch von nun an der Verbreitung des Wissens und beflügelte den glänzenden Aufschwung, den der Islam im Mittelalter genommen hat.

Im *Futuhat* und in anderen Arbeiten versuchte er eine Vision des Universums als einen endlosen Strom der Existenz, die vom und zum göttlichen Wesen fließt, in Worte zu fassen. Das primäre Symbol dieses Stroms war das Licht. Der Vorgang ließ sich in einem seiner Aspekte als das Überfließen der Liebe Gottes sehen, als das Verlangen des Notwendigen Seienden, sich durch die Rückspiegelung Gottes' Wesens selbst zu erkennen. Eine häufig von Autoren des Sufismus zitierte Tradition des Propheten sagte dazu: „Ich war ein verborgener Schatz, und es war mein Verlangen, bekannt zu sein, deshalb erschuf ich die Geschöpfe, damit ich bekannt werde.“

Ibn al-Arabi vertrat die Ansicht, dass alle Offenbarungen durch Propheten und Gesetzgeber die eine Wirklichkeit offenbarten. Weiter verbreitete er die Ansicht, alle Menschen beteten in unterschiedlicher Form den einen Gott an.

Das Ausströmen von Gott kann in einem anderen Aspekt als Einströmen in Gott betrachtet werden. Lebewesen sind Spiegel, die die Erkenntnis Gottes auf ihn zurückwerfen; der Abstieg der Wesen vom Notwendigen Sein ist zugleich ein Aufstieg zu ihm. Der Pfad des Aufstiegs, der durch Askese und den Erwerb inneren Wissens *(marifa)* erhellt wird, führt über mehrere Stufen, die die dauerhaften Fortschritte in der geistigen Entwicklung verkörpern. Es sind Stufen der Selbsterkenntnis: „Wer sich selbst erkennt, erkennt seinen Herrn.“ Auf dem Weg erreicht er vielleicht die Urbilder, die wahrnehmbaren Manifestationen des Namens Gottes in der Zwischenwelt der Bilder *(alam al-mithal)*.

Darüber hinaus wird ihm vielleicht eine Vision Gottes zuteil, in der der Schleier einen Augenblick gelüftet wird und Gott sich dem Suchenden zeigt: Der Suchende ist sich im Glanz der Vision Gottes *(fana)* seiner Persönlichkeit und der anderer Wesen nicht mehr bewusst, und er sieht Gott in seinen Geschöpfen *(baqa)*, lebt unter ihnen, bleibt sich aber dessen bewusst, dass es sich um eine Vision handelt. In seinen Versuchen, die in den Momenten der Vision enthüllte „Letzte Wirklichkeit“ des Universums zu beschreiben, benutzte Ibn al-Arabi den Ausdruck *ahdat al-wudschud* (Einheit des Seins); später gab es allerdings etliche Kontroversen um die richtige Auslegung der von al-Arabi selbst nur vage formulierten Vorstellung.

So offenbarten einige Auslegungen die Schwierigkeit, die Idee von *wahdat al wudschud* mit der zwischen Gott und Menschen bestehenden Trennung, dem unendlich großen Abstand zwischen Schöpfer und Geschöpfen, in Einklang zu bringen, die der Koran klar und deutlich zu lehren scheint. Theologen und Rechtsgelehrte haben zahlreiche *fatwas* dazu verfasst, meist – wenn auch nicht immer – um Ibn al-Arabi zu widersprechen. Selbst unter Sufi-Meistern blieb das Werk von Ibn al-Arabi umstritten. Einige Sufi-Orden sahen in seinem Werk einen gültigen Ausdruck der *marifa*, die das Ziel ihrer Suche war; die Schadhiliten des Maghreb und die Nadschbandija im Osten der muslimischen Welt dagegen zogen dies eher in Zweifel.

FÜRST UND PHILOSOPH
Arabische Fürsten empfingen gerne die großen Denker und Philosophen der Zeit an ihrem Hof. Möglicherweise ist auf dieser syrischen Miniatur (15. Jh.) Ibn Ruschd dargestellt, wie er dem almohadischen Sultan Abu Jakub Jusuf den Aristoteles auslegt.

Ibn Taimija und die hanbalitische Tradition

Der sunnitische Islam besaß keine maßgebliche Lehrmeinung, die von der Macht eines Herrschers gestützt wurde; durch seine Geschichte zieht sich eine Denkrichtung, die Philosophen und Theosophen feindlich und den Versuchen des *kalam*, die Wahrung des Glaubens rational zu verteidigen, zumindest distanziert gegenüberstand.

Die philosophische Tradition, die sich auf die Lehre von Ibn Hanbal gründete, blieb in den muslimischen Kernländern – ganz besonders in Bagdad und Damaskus – lebendig. Alle, die ihre geistige Herkunft von Ibn Hanbal ableiteten, waren trotz vieler Meinungsverschiedenheiten in ihrem Bemühen vereint, die in ihren Augen wahre islamische Lehre zu bewahren, die sich streng an die Offenbarungen Gottes durch den Propheten Mohammed hielt. Für sie war Gott der Gott von Koran und Hadith, der in seiner Wirklichkeit, die er offenbart hatte, anerkannt und verehrt werden musste. Alle Muslime bildeten eine Gemeinschaft, die geeint bleiben sollte. Innerhalb der Gemeinde sollten Kontroversen und Spekulationen, die zu Meinungsverschiedenheiten und Konflikten führen konnten, vermieden werden.

Im Syrien des 13. Jh., das zu jener Zeit unter der Mameluckenherrschaft stand, wurde dieser Tradition durch die mächtige Stimme eines Einzelnen Ausdruck verliehen. Es war Ibn Taimija (1263–1328). In Nordsyrien geboren, verbrachte er den größten Teil seines Lebens in Damaskus und Kairo. Dort sah er sich mit einer neuen Lage konfrontiert, in der die Mameluckensultane und ihre Soldaten zwar sunnitisch-muslimischen Glaubens waren, aber viele erst kurz und oft nur oberflächlich zum Islam übergetreten waren. Es schien folglich notwendig, sie an die Bedeutung ihres Glaubens zu erinnern. In der Gemeinde waren seiner Meinung nach gefährliche Irrtümer weit verbreitet. Manche stellten demnach sogar die Sicherheit des Staates infrage, so beispielsweise durch Vorstellungen, wie sie die Schiiten und andere Dissidentengruppierungen vertraten. Andere konnten zumindest den Glauben der Gemeinde beeinträchtigen wie die Ideen von Ibn Sina und Ibn al-Arabi.

DIE MEDRESE DES SULTANS HASAN *(um 1360) Um ihren muslimischen Glauben in der Öffentlichkeit zu manifestieren, ließen die mameluckischen Herrscher in Kairo Medresen erbauen, um den vier vom sunnitischen Islam anerkannten Rechtsschulen einen festen Ort zu verschaffen. Im zentralen Innenhof, in dessen Mitte ein Brunnen für rituelle Waschungen steht, befinden sich die Iwane, die zu den Unterrichtsräumen führen.*

Ibn Taimija hielt es für seine Mission, solchen Gefahren den Mittelweg der Hanbaliten entgegenzustellen; er war daher ein kompromissloser Verfechter von Prinzipien der offenbarten Wahrheit, aber tolerant gegenüber Abweichungen innerhalb der Gemeinschaft jener, die diese Wahrheit anerkannten.

Gott war einer und viele, also einer in seiner Essenz, viele in seinen Eigenschaften, die so anzuerkennen waren, wie der Koran sie beschrieb. Seine für das menschliche Leben wesentliche Eigenschaft war sein Wille. Er hatte durch einen Willensakt alle Dinge aus dem Nichts geschaffen und sich den Menschen durch die Äußerung seines Willens in den Schriften enthüllt, die den Propheten bis hin zu Mohammed offenbart worden waren. Das menschliche Leben sollte im Dienste Gottes unter der Führung des Propheten, durch die Annahme seiner Offenbarungen und in aufrichtiger Übereinstimmung mit dem durch das göttliche Wort implizierten menschlichen Ideal geführt werden. Dabei sollte der Wille Gottes wiederum mit Blick auf den strikt und wortgetreu verstandenen Koran interpretiert werden, während Hadith und die ebenbürtigen Gefährten des Propheten dem untergeordnet blieben.

Ibn Taimijas Version des Islam stand im Gegensatz zu einigen von Ibn Sina vertretenen Ideen: Das Universum ist nicht durch Emanationen, sondern durch einen Akt göttlichen Willens aus dem Nichts geschaffen worden. Für die Menschen ist Gott daher nicht durch das Walten ihrer Vernunft erfahrbar, sondern weil er sich ihnen offenbart. Ibn al-Arabis Vorstellungen widersprach Ibn Taimija noch schärfer, denn sie stellten die Gemeinschaft als Ganzes vor noch schwerwiegendere und drängendere Probleme. Ibn Taimija fiel es wie anderen Hanbaliten nicht schwer, die Existenz von Heiligen oder „Freunden Gottes“ anzuerkennen. Solche Männer und Frauen sollte man achten, wenngleich äußere Formen der Verehrung zu vermeiden waren. Auch war das sufische Ritual des *dhikr*, die Wiederholung des Namens Gottes, zwar eine gültige Form der Anbetung, im Wert jedoch dem rituellen Gebet und der Rezitation des Korans unterlegen. Die spekulative Theosophie, durch die Ibn al-Arabi und andere die mystische Erfahrung deuteten, lehnte Ibn Taimija grundsätzlich ab. Für ihn ist der Mensch nicht die Manifestation des göttlichen Lichts, sondern ein geschaffenes Wesen. Er kann nicht im Wesen Gottes aufgehen; einzig der Gehorsam gegenüber dem offenbarten Willen Gottes ist der Weg, auf dem man Gott näher kommen kann.

Ibn Taimija spielte eine wichtige Rolle in der muslimischen Gesellschaft seiner Zeit und seine Auslegung der hanbalitischen Tradition blieb nach seinem Tod vor allem in den muslimischen Kerngebieten ein wichtiges Element der religiösen Kultur. Doch blieben seine Thesen nur unterschwellig vorhanden, bis sich im 18. Jh. eine religiöse Strömung mit politischen Zielsetzungen wieder an ihn erinnerte. Es war die Bewegung der Wahhabiten, die zur Gründung des saudischen Staates in Zentralarabien führte. Trotz des eklatanten Widerspruchs zwischen Ibn Taimijas Sicht des Islam und der Auslegung von Ibn al-Arabi ermöglichte die große Toleranz der sunnitischen Gemeinschaft ein Nebeneinander beider Auffassungen. Ein Gelehrter hat so beispielsweise sein Zusammentreffen mit einer Gruppe der Nadschbandija in Aleppo beschrieben, die die Werke von Ibn al-Arabi und Ibn Taimija studierten. Ibn Taimija, so erklärten sie, war der Imam der Scharia, Ibn al-Arabi der Imam der *haqiqa*, der Wahrheit, nach der die Suchenden auf dem Pfad der Sufis strebten. Der ideale Muslim sollte in der Lage sein, diese beiden Aspekte der islamischen Wirklichkeit in sich zu vereinen.

Die Entwicklung der Schia

Inmitten der Mehrheit arabischer Muslime der sunnitischen Glaubensrichtung lebten – manchmal im Konflikt, manchmal im Frieden mit ihnen – Gemeinden der „Zwölfer-Schia“. Sie unterstützten den Anspruch Alis und seiner Nachfahren und verurteilten die drei ersten Kalifen, die für sie Usurpatoren waren. Aus schiitischer Sicht gab es keine Über-

DIE SPLITTERGRUPPEN DES SCHIITISCHEN ISLAM

Früh schon traten politische Streitigkeiten innerhalb des Reiches auf, die bald religiöse Dimensionen annahmen. Nach Ansicht der Anhänger des Ali (der Schiiten) war Ali der rechtmäßige Nachfolger des Propheten und sollte auch die politische Herrschaft ausüben; er war der vierte Kalif, lag aber im Streit mit Moawija, der sich ebenso zum Kalifen ausrief. Die Charidjiten, ursprünglich Anhänger Alis, rückten von ihm ab, weil sie zu keinem Kompromiss bereit waren. Sie glaubten nämlich, dass die Leitung der Gläubigen demjenigen obliegen sollte, der sich die meisten Verdienste erworben habe. Unter dem Namen der Ibaditen tauchten sie dann bei den Berbern im Maghreb und im Oman wieder auf. Neben den schiitischen Gemeinschaften der so genannten „Zwölfer-Schia“, die nur die Herrschaft des Ali und seiner zwölf Nachfolger anerkennt, deren letzter, „der verborgene Imam“, die Gerechtigkeit wiederherstellen wird, sind später weitere Splittergruppen in Erscheinung getreten. Die Saididen, die nur die fünf ersten Imame anerkennen, rebellierten im 8. Jh. gegen die abbasidischen Herrscher. Sie nahmen dann eine gemäßigtere Position ein und leben heute hauptsächlich im Jemen. Die Ismailiten hielten nur die ersten sieben Imame für rechtmäßig. Ihre Lehre deckte sich mit der fatimidischer Kalifen, die sich als Nachfahren der Fatima, der Tochter Mohammeds, betrachteten. Aus ihrer Mitte heraus verbreitete die so genannte nisaritische Sekte der Assassinen im mittelalterlichen Orient ihren Terror. Auch die Qarmaten, die im 10. Jh. entstanden, betrachten Gewalt als ein geeignetes Mittel, um soziale Gerechtigkeit durchzusetzen. Sie existieren heute noch in gemäßigter Form unter dem Anführer Agha Khan. Zuweilen wurden auch die Drusen und Alawiten als Abkömmlinge der Ismailiten betrachtet.

einstimmung zwischen der äußeren Geschichte der Muslime und der wahren inneren Geschichte. Für die Schiiten war diese innere Geschichte die Geschichte der Pflege und der Überlieferung der offenbarten Wahrheit durch die Linie der Imame, der Nachfolger des Propheten.

Nach der Theorie des Imamats, die sich ab dem 10. Jh. allmählich entwickelte, hatte Gott zu allen Zeiten die Imame als Beweis seiner Existenz *(huddscha)* in die Welt gestellt. Der Imam sollte als Bevollmächtigter Gottes die Wahrheiten der Religion lehren und nach den Prinzipien der Gerechtigkeit über die Menschen herrschen. Die Imame waren Nachfahren des Propheten durch seine Tochter Fatima und ihren Ehemann Ali, den ersten Imam. Jeder Imam wurde von seinem Vorgänger ernannt, jeder war in seiner Auslegung der *sunna* des Propheten unfehlbar und durch das geheime, von Gott geschenkte Wissen frei von Sünde.

Nach Überzeugung der Anhänger der schiitischen Hauptströmung war die Linie der Imame mit dem zwölften, dem 874 verschwundenen Mohammed, zu Ende gegangen. Dieses Ereignis bezeichnet man als die „kleinere Verborgenheit", denn man glaubte einige Jahre, der verborgene Imam halte durch seinen Stellvertreter Verbindung zu den Gläubigen. Darauf folgte die „große Verborgenheit", mit der die regelmäßige Verbindung endete. Nun erwartete man eine Zeit, in der der Imam als *mahdi* (der auf den richtigen Weg Geführte) zurückkehren würde, um dann die Herrschaft der Gerechtigkeit und Glaubenserneuerung einzuleiten. Bis zum Erscheinen des Imam aber – so war man sich im Klaren – bedurfte die Menschheit einer Führung. Während manche Schiiten den Koran und den Hadith für ausreichend hielten, vertraten andere die Ansicht, es bestehe immer die Notwendigkeit einer höher gestellten Deutung und Lenkung der Glaubensgemeinschaft. Ab dem 13. Jh. blickten sie dabei auf Gelehrte *(mudjtahid)*, die das Glaubensgut durch diskursives Denken *(idjtihad)* interpretierten.

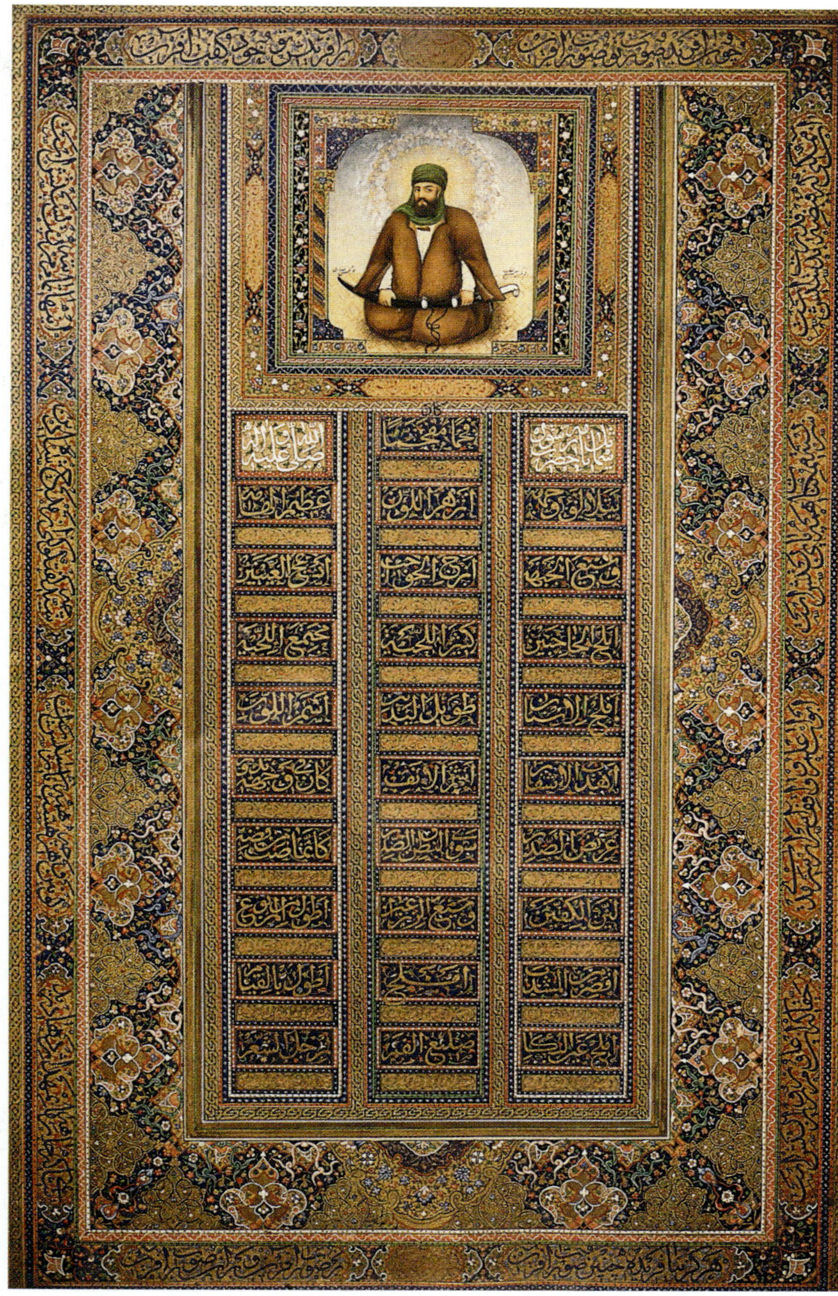

DIE 99 GÖTTLICHEN NAMEN *(Iran, 18. Jh.)* *Ali, mit einem doppelspitzigen Säbel bewaffnet, ist für die Schiiten der höchste Imam und steht in der langen Reihe der 99 göttlichen Namen an oberster Stelle.*

Schon zuvor hatte sich mit der Zeit eine rationale Theologie entwickelt, die den Glauben der schiitischen Muslime erläuterte und rechtfertigte. Am Ende des 10. Jh. erklärte al-Mufid (ca. 945–1022), die offenbarten Wahrheiten sollten durch *kalam* oder dialektische Theologie verteidigt werden. Wenig später vertrat al-Murtada (966–1044), einer der Schüler al-Mufids, im Einklang mit der mutazilitischen Schule den Standpunkt, die Wahrheiten der Religion könnten durch Vernunft bewiesen werden. Spätere schiitische Denker übernahmen zudem Elemente neoplatonischer Theorien in ihr Denksystem, denen Ibn Sina und andere eine islamische Prägung gegeben hatten. Mohammed, Fatima und die Imame waren für sie Verkörperungen der Intelligenzen, durch die das Universum geschaffen worden war. In den Imamen sah man geistige Führer auf dem Weg zur Gotteserkenntnis. Für die Schiiten nahmen sie die gleiche Stellung ein wie für die Sunniten die „Freunde Gottes".

Schließlich entwickelte sich durch das Wirken einer Reihe von *mudjtahids* ein schiitischer Rechtskanon, der sich in mancher Hinsicht, vor allem im Ehe- und Erbrecht, von dem der vier sunnitischen Schulen unterschied. Gewisse Punkte blieben unter den Gelehrten umstritten. Besonders uneins war man hinsichtlich der Pflichten der Schiiten gegenüber denen, die in Stellvertretung des Imam die Welt regierten. Man konnte ihnen keine rechtmäßige Autorität in dem Sinne zubilligen, wie die Imame sie besaßen. War es dann aber rechtens, ihnen Steuern zu bezahlen, in ihre Dienste zu treten oder ihnen die Macht zur Aufrechterhaltung von Recht und Gesetz zu gewähren? Waren die Freitagsgebete und die Predigt in Abwesenheit des Imam gültig? Konnte zum Dschihad aufgerufen werden, und wenn ja, von wem? Doch in zunehmendem Maße wurden Antworten im Interesse der *mudjtahids* gefunden, die vor allem durch ihre Funktion als erhebende und verteilende Instanz des *zakat*, der vorgeschriebenen Almosen, eine unabhängigere soziale Rolle erlangen. Ihre Integrität wurde zur Angelegenheit der ganzen Gemeinschaft.

Schiitische Glaubensrichtungen

Spätestens seit dem 10. Jh. waren die Gräber der Imame – vier von ihnen befinden sich in Medina, sechs im Irak und eines in Meschhed – das Ziel von Pilgern. Um die Schreine entstanden Schulen, Herbergen und schiitische Friedhöfe. Überdies wurden selbst die Gräber der Kinder der Imame, der Gefährten des Propheten oder auch berühmter Gelehrter von den Gläubigen verehrt.

MEDINA
Auf dieser osmanischen Keramikkachel (18. Jh.) ist die Moschee von Medina dargestellt, in deren Gebetssaal sich Mohammeds Grab befindet. Viele Pilger besuchen es während der Wallfahrt nach Mekka.

Jedoch wäre eine zu strenge Unterscheidung zwischen sunnitischen und schiitischen Kultstätten falsch, denn Sunniten wie Schiiten pilgerten nach Mekka und besuchten das Grab des Propheten in Medina. Schiiten fanden sich an den Gräbern von Sufi-Heiligen ein, während an manchen Orten die Sunniten die Imame und ihre Familien verehrten.

Schon früh in der Entwicklungsgeschichte des Schiismus hatte die Verehrung der Imame die Tendenz, aus ihnen mehr als nur Menschen zu machen; sie waren sichtbare Manifestationen des göttlichen Geistes, wie man auch an eine verborgene Wahrheit hinter der klaren äußerlichen Bedeutung des Korans glaubte. Vor allem die Fatimiden förderten während ihrer Herrschaft über Ägypten und Syrien solche Ideen. Dabei wurden die Glaubensvorstellungen der schiitischen Ismailiten, von denen die Fatimiden ihre Herkunft ableiteten, später von einer Lehrmeinung überdeckt, die Gelehrte unter dem Patronat der Fatimiden entwickelten und die dank der fatimidischen Macht Verbreitung fand.

Grosse Moschee von Kadhimain *(16. Jh.)*
Der schiitische Glaube setzte sich in Iran durch, aber auch Irak stellte diese Glaubensbewegung unter den Schutz abbasidischer Kalifen. Daher findet man im Norden Bagdads diese zwei mit goldenen Kuppeln verzierten Grabmäler des siebten und neunten Imams, des Musa al-Kasim und des al-Taqi.

Jene Doktrin legitimierte ihre Behauptung, das Imamat sei von Dschafar as-Dadiq auf seinen Enkel Mohammed als dem siebten und letzten sichtbaren Imam seiner Linie übergegangen. Um diese Ansicht zu rechtfertigen und zu erklären, wurde eine Definition des Wesens des Imam vorgelegt. Während ihrer gesamten Geschichte, so wurde behauptet, brauche die Menschheit einen von Gott geleiteten, sündenlosen Lehrer. Es solle sieben Zyklen dieser Lehrer geben. Jeder Zyklus beginne mit einem Herold *(natiq)*, ausgestattet mit dem Auftrag, der Welt die Wahrheit zu verkünden. Diesem folge ein Interpret *(wasi)*, der den Auserwählten die innere Bedeutung der Offenbarung des Boten zu erklären habe. Dem *wasi* wiederum folge schließlich eine Reihe von sieben Imamen, wobei der letzte wiederum den Boten des nächsten Zeitalters darstelle. Der *natiq* des siebten und letzten Zeitalters werde der erwartete *mahdi* sein, der allen Menschen die innere Wahrheit enthülle. So ende die Zeit des äußeren Gesetzes und die Zeit der unverhüllten Kenntnis des Universums breche an.

Eine Zeit lang war die von den Fatimiden geförderte Richtung der Schia mehr noch in Syrien als in Ägypten oder dem Maghreb weit verbreitet. Mit der Veränderung der fatimidischen Macht durch die Aijubiden nahmen die ismailitischen Gemeinden zwar ab, doch bestanden sie weiterhin im nordsyrischen Küstengebirge, im Jemen und im Iran. In den Bergen Nordsyriens entfalteten sich zudem Gemeinden zweier anderer schiitischer Glaubensrichtungen.

Die Drusen folgen bis heute der Lehre von Hamza ibn Ali, der in dem Fatimidenkalifen al-Hakim (996–1021) die Inkarnation des einen Gottes erkannte. Dieser werde – zunächst den menschlichen Blicken entzogen – zurückkommen und nach einem endzeitlichen Kampf ein Reich der Gerechtigkeit erschaffen. Für die andere Gemeinschaft der Nusairier oder Alawiten hingegen ist der eine Gott nicht beschreibbar. Stattdessen emaniere von ihm eine Hierarchie von Wesen, an deren Spitze Ali stehe.

Azhar-Moschee in Kairo *(970–972)*
Dieses berühmteste fatimidische Bauwerk – die „Strahlende" genannt – war Zentrum der Ausbreitung des schiitischen Glaubens, bevor Saladin sie wieder zu einer Lehrstätte sunnitischer Orthodoxie machte. Als berühmteste islamische Universität ist sie heute ein wichtiges religiöses Zentrum der ganzen arabischen Welt.

Weniger klar sind die Ursprünge zweier weiterer Gemeinschaften, die hauptsächlich im Irak zu finden waren. Die Religion der Yaziden im Norden schloss Elemente des Christentums und des Islam ein. Sie glaubten, die Welt sei von Gott geschaffen, werde aber von einer Hierarchie untergeordneter Wesen erhalten, während die Menschen im Lauf vieler Leben Vollkommenheit erreichten. Auch der Glaube der Mandäer im Südirak beinhaltet den Aufstieg der Seele, an dessen Ende die Wiedervereinigung mit dem höchsten Wesen steht.

Solche Gemeinschaften waren abgeschnitten von den Quellen des Reichtums und der Macht in den großen Städten und erregten meist das Misstrauen, wenn nicht sogar die Feindschaft sunnitischer Herrscher. Deshalb zogen sie sich zurück und entwickelten religiöse Praktiken, die sich von denen der Mehrheit unterschieden.

Muslime, Juden und Christen

Bis zum Beginn der Moderne lagen die wichtigsten Zentren jüdischen Lebens und jüdisch-religiöser Kultur in Ländern unter muslimischer Herrschaft. Die meisten Juden gehörten der Hauptströmung des jüdischen Glaubens an, die die Autorität des Talmud, des in Babylonien oder Irak entstandenen Kanons der Interpretationen und Diskussionen jüdischen Gesetzes, anerkannte. Daneben gab es auch kleinere Gemeinschaften wie etwa die Karaiten. Für sie war die Torah, die von Gott in der Schrift offenbarte Lehre, die einzige

Quelle des Gesetzes, und jeder Gelehrte sollte sie selbst studieren. Die Samaritaner hingegen hatten sich bereits im 5. Jh. v. Chr. von der jüdischen Mehrheit gelöst; ihre Lehre betrachtete Moses als einzige Autorität, weshalb von ihnen ausschließlich der Pentateuch, die fünf Bücher Mose, als Heilige Schrift angesehen wurde. Bis heute ist dieser Teil der jüdischen Gemeinde noch in Nablus ansässig.

Auch in der Frühzeit des Islam blieb Irak weiterhin das Hauptzentrum jüdischer Religionswissenschaft. An den beiden Hochschulen in Irak wirkten nach wie vor die Gelehrten, die als Hüter der langen mündlichen Überlieferung des Judaismus galten und denen man aus der ganzen jüdischen Welt Fragen zur richtigen Auslegung der Lehre

DREI KOPTISCHE HEILIGE
Als die Araber nach Ägypten kamen, trafen sie dort auf eine koptische Bevölkerung, die an ihrem christlichen Glauben und damit an ihren religiösen, mit Wandmalereien verzierten Bauwerken hing, wie etwa diesem hier in Baouit (8. Jh.). Die Araber erwiesen sich als tolerant und so war das Reich auch unter fatimidischer Herrschaft noch mehrheitlich christlich.

schickte. Mit dem Zerfall des Abbasidenreiches erlangten jedoch die in Kairo, Kairuan und den Städten des muslimischen Spanien als Zentren jüdischen Lebens entstandene Schulen eine unabhängige Autorität.

Schon in frühislamischer Zeit übernahmen die Juden in jenen Ländern, in denen Arabisch die Hauptsprache der Verwaltung und Bevölkerung war, diese als Sprache des alltäglichen Lebens, doch benutzten sie für liturgische und religiöse Zwecke weiterhin die Sprache des Alten Testaments, das Hebräische. Dennoch hatte die räumliche Nähe von Judaismus und Islam die gegenseitige Beeinflussung der beiden Religionen zur Folge. Während jüdische Religions- und Rechtsvorstellungen auf die Entwicklung des Islam zu einem philosophischen System beitrugen, bildete sich ebenso eine stark von *kalam* und islamischer Philosophie geprägte jüdische Philosophie und Theologie aus. Unter dem Stimulus der Stile und Regeln arabischer Poetik erlebte in Andalusien auch die weltliche und geistliche Dichtung in hebräischer Sprache eine Blüte, die jedoch mit dem Auftreten der Almohaden im 12. Jh. – wie überhaupt die gesamte Entfaltung jüdischer Kultur und jüdischen Lebens in Andalusien – zu Ende ging.

So fand der größte Denker des mittelalterlichen Judentums, Abu Imran Musa Ibn Maimun (Moses Maimonides, 1138–1204), unter den Aijubiden in Kairo größere Freiheit als im heimischen Andalusien. Sein auf Arabisch geschriebenes philosophisches Werk *Füh-*

rer der Unschlüssigen enthält eine Interpretation der jüdischen Religion, während seine anderen Werke in arabischer und hebräischer Sprache das jüdische Gesetz erläutern. Überdies war er Leibarzt des Sultans Saladin, sodass Leben und Denken Maimonides' exemplarischen Charakter für die guten Beziehungen zwischen Muslimen und Juden im Ägypten seiner Zeit haben. In den folgenden Jahrhunderten wurde die Distanz zwischen ihnen allerdings immer größer. Und obwohl es in Kairo und anderen großen muslimischen Städten auch weiterhin reiche jüdische Kaufleute und Beamte in Machtpositionen gab, ging die schöpferische Periode der jüdischen Kultur in der Welt des Islam zu Ende. Wie bei den Juden, so waren auch die Beziehungen zwischen Muslimen und Christen in der Frühzeit islamischer Herrscher sehr fruchtbar. Denn zumindest im westlich vom heutigen Iran gelegenen Teil der islamischen Welt stellten Christen noch die Mehrheit der Bevölkerung.

Mit dem Erstarken des Islam verbesserte sich die Lage der Nestorianer und der Monophysiten, die der Islam von Beschränkungen der byzantinischen Herrschaft befreite. Im Bagdad der Abbasidenkalifen war der nestorianische Patriarch eine bedeutende Persönlichkeit und die Kirche, deren Oberhaupt er war, breitete sich bis nach Innerasien, ja sogar bis China aus. Der Islam entwickelte sich in einer weitgehend christlichen Umgebung: Während christliche Gelehrte wesentlich zur Übertragung des griechischen und philosophischen Gedankenguts in die arabische Sprache beitrugen, blieben auch die von den Christen gesprochenen und geschriebenen Sprachen – Griechisch, Syrisch und Koptisch im Osten und Lateinisch in Andalusien – weiterhin in Gebrauch. Zudem wurden manche Klöster zu wichtigen Zentren des Denkens und der Gelehrsamkeit: Dair Zafaran im südlichen Anatolien, Mar Mattai in Nordirak und Wadi Natrun in der westägyptischen Wüste. Doch wie für die Juden änderte sich auch für die Christen die Lage im Lauf der Zeit. Die herrschende muslimische Minderheit wurde zur Mehrheit und entwickelte ein starkes, autonomes und selbstbewusstes Geistesleben. Die im ganzen Osten verbreitete nestorianische Kirche wurde durch die Eroberungen Timurs beinahe völlig ausgelöscht; und auch im Maghreb verschwand das Christentum, wohingegen in Andalusien die allmähliche Expansion der christlichen Staaten zu einer Zunahme der Spannungen zwischen Muslimen und Christen führte. Damit ging schließlich vielerorts auch die Verdrängung der „christlichen" Sprachen zugunsten des Arabischen einher.

Die Beziehungen zwischen Muslimen, Christen und Juden mochten noch so eng und problemlos sein – stets trennte sie ein Abgrund von Unwissenheit und Vorurteilen. Sie hatten unterschiedliche Gebetsstätten wie auch ihre eigenen heiligen Plätze und Wallfahrtsorte. Es gab ein Jerusalem der Juden, ein Jerusalem der Christen, aber auch ein Jerusalem der Muslime. Dennoch, abseits der großen Städte, in denen die Spannungen am ehesten offenbar wurden, gab es vor allem auf dem Land auch religiöse Berührungspunkte: So feierten in Ägypten Kopten und Muslime gleichermaßen den Tag des heiligen Damianus, der während der letzten Christenverfolgung im Römischen Reich den Märtyrertod gefunden hatte. Und in Marokko nahmen Muslime und Juden sogar gemeinsam an Feiern zu Ehren Heiliger beider Konfessionen teil.

STATUE DES MAIMONIDES IN CÓRDOBA *(19. Jh.)*
Maimonides (1138–1204) emigrierte nach Kairo, um am Hof der Aijubiden zu dienen. Als Theologe und Philosoph jüdischen Glaubens versuchte er ähnlich wie Ibn Ruschd, Glaube und Vernunft miteinander zu versöhnen und das Denken des Aristoteles zu vermitteln.

Im Dienst der Wissenschaft

HIMMELSKUGEL
Die astronomischen Instrumente ermöglichten es, die Position von Planeten und Sternen zu bestimmen; die Astronomen wurden zu Hütern der Zeit.

ASTROLABIUM
Das Astrolabium wurde nach antikem Vorbild in erster Linie zur Festlegung der Gebetszeiten sowie zur Navigation genutzt. In Irak war es schon sehr früh bekannt, in Europa wurde es erst um 1200 eingeführt.

Erforsche die Wissenschaft von der Wiege bis zur „Bahre … und notfalls bis nach China", soll Mohammed gesagt haben. Und in der Tat hat die arabisch-islamische Zivilisation das Wissen der Antike nicht nur bewahrt und weitergegeben, sondern auch vertieft und erweitert. Dieses Erbe war z. T. griechischen Ursprungs, aber auch verbunden mit iranischer und indischer Tradition. Das 832 in Bagdad gegründete Haus der Weisheit, an dem Forscher unterschiedlicher Herkunft arbeiteten, war bekannt für hervorragende arabische Übersetzungen alter Texte. So, wie sich die Völker dem Islam zuwandten, so wandten sich die Wissenschaften dem Arabischen zu.

Al-Charismi (um 800) wurde als Mathematiker bekannt, als er die Algebra erfand und die Null in die indische Zählweise einführte. In der Astronomie unterzogen die Araber das Werk des Ptolemäus einer Revision. 965 entstand daraus ein Sternenkatalog, der bis heute den arabischen Ursprung der hier gebräuchlichen Sternbezeichnungen erkennen lässt. Sie verbreiteten das Astrolabium und entdeckten die spiralförmige Bewegung der Planeten. Auch um den Fortschritt in der Medizin machten sich die Araber verdient. Ibn al-Hajtham (um 1000) entdeckte das Prinzip der optischen Brechung. Unter den muslimischen Gelehrten machte vor allem al-Biruni (um 1000) durch sein breites Wissen sowie die intellektuelle Schärfe seines Denkens auf sich aufmerksam.

Die islamische Wissenschaft war auf vielen Gebieten hilfreich: Sie wandte die Astronomie in der Schiffsnavigation an, in der Landvermessung und Kartografie die Geometrie. Die Lehre von der Mechanik mit ihren Abhandlungen über Maschinen und Automaten wurde für die Bewässerungskanäle genutzt. Zoologie und Biologie wurden zu Hilfswissenschaften der Landwirtschaft und Medizin. Die Chemie, die zuerst eng mit der Alchemie verbunden war, machte sich selbstständig, entwickelte neue Substanzen und leistete einen großen Beitrag zur Herstellung von Zucker, Farbstoffen, Parfüm und Keramik.

Dennoch wurde die Wissenschaft von einigen Leuten als Bedrohung für den religiösen Glauben empfunden. Al-Kindi, auch „der Philosoph der Araber" genannt, hatte diese Gefahr bereits im 9. Jh. erkannt und sich daher für die notwendige Harmonie zwischen Vernunft und Offenbarung eingesetzt.

Schale mit Planetendekor
An dieser mit Silberintarsien verzierten Kupferschale zeigt sich die Vorliebe des Ostens für die Astrologie, die auch die Begeisterung für Horoskope und Talismane erklärt. Hier ist die Sonne mit einem Kreis von sieben Planeten dargestellt.

Heilpflanzen
Auf dieser Abbildung aus De materia medica *erklärt* Dioskurides *anhand einer* Mandragorawurzel *die Heilkraft von Pflanzen, die zur Arzneimittelherstellung genutzt werden.*

Das Schöpfrad
Die Bewässerung wurde durch ein ausgeklügeltes unterirdisches Kanalsystem reguliert. In der Nähe von Flüssen wurden riesige Schöpfräder installiert, die das Wasser verteilten.

Der Grosse Bär
In astronomischen Lehrbüchern, die stark von der Abhandlung über die Fixsterne von Abd al-Rahman al-Sufi beeinflusst sind, wurden Sternkonstellationen in Tier- oder Menschengestalt dargestellt.

DIE ARABISCHE MEDIZIN

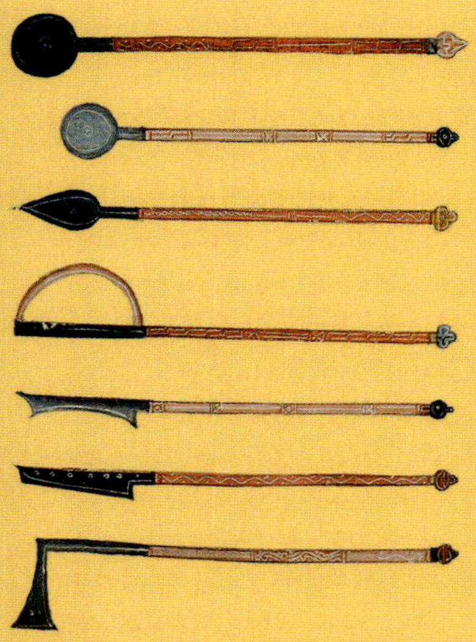

Die Sorge um die Gesundheit trieb die medizinische Forschung, die sich auf das Wissen der Antike stützte, voran. Unter der Leitung des nestorianischen Arztes Hunajn ibn Ishak wurden in Bagdad die Werke des Hippokrates, des Galen und des Dioskurides übersetzt. In den Hospitälern, die sich seit dem 9. Jh. von Bagdad aus verbreiteten, wurde gelehrt und praktiziert. Um Krankheiten zu behandeln, richtete al-Razi Kliniken ein, die sich auf die Diagnose spezialisierten; er war es auch, der erstmals den psychologischen Aspekt von Krankheiten hervorhob. Die Augenheilkunde genoss hohes Ansehen. Ibn Sina wurde als „Fürst der Medizin" bezeichnet. Die medizinische Heilkunst erreichte Spanien, wo al-Zahrawi (genannt Abulcassis) die Techniken der Chirurgie wie auch ihre Instrumente (siehe Abbildung) modernisierte.

Teller der Wissenschaft
Dieser cremefarbene Teller ist mit einer kufischen Inschrift verziert, die sich auf die Wissenschaft bezieht: „Die Wissenschaft hat anfangs einen bitteren Geschmack, wird aber später süßer als Honig."

KAPITEL 12

Kultur des Hofes, Kultur des Volkes

Monarchen und Mäzene

Mit dem Zerfall des Abbasidenkalifats und schließlich seinem Ende verschwand die zentrale Instanz von Macht und Patronage, die das Entstehen einer universalen arabisch-islamischen Kultur ermöglicht hatte. Mochten unter den Abbasiden Dichter, Theologen und Gelehrte in Bagdad zusammentreffen und unterschiedliche Kulturen sich vermischen, so brachte die politische Teilung der Länder des Kalifats nun eine gewisse Zersplitterung des geistigen und künstlerischen Potenzials mit sich. Doch führte sie zugleich zum Aufstieg einer Reihe von neuen Höfen und Hauptstädten, die bald zu Brennpunkten des kulturellen Lebens wurden. Dabei kam es zunächst nicht zu einer völligen Trennung der arabischen Völker, die inzwischen eine gemeinsame Kultursprache verband. Vielmehr hielt der Gedankenaustausch von Gelehrten und Schriftstellern zwischen den Städten an. Dennoch nahmen im Lauf der Zeit die stilistischen und thematischen Unterschiede zu, die ja zwischen den Regionen der arabisch-muslimischen Welt schon immer bestanden hatten. Sehr vereinfacht ausgedrückt, blieb der Irak in der iranischen Einflusssphäre, während Syrien und Ägypten eine kulturelle Einheit bildeten und dabei Teile der arabischen Halbinsel und des Maghreb beeinflussten. Im fernen Westen entstand dagegen eine andalusische Zivilisation, die sich deutlich von der sonstigen islamischen Kultur unterschied.

Bauwerke, die dauerhaftesten Zeugnisse menschlichen Schaffens, waren stets Ausdruck des Glaubens, des Reichtums und der Macht der Herrscher bzw. der Oberschicht einer Gesellschaft. Die großen Moscheen waren bleibende Zeichen, die frühe muslimische Herrscher in den eroberten Ländern hinterließen. Das Aufblühen lokaler Zentren von Macht und Reichtum während des Niedergangs der Abbasiden brachte auch eine Dezentralisierung des architektonischen Wirkens mit sich. Der Ausbau des *waqf*-Systems, der frommen Stiftungen, förderte die Errichtung verschiedenster Bauwerke wie Schulen, Mausoleen, Spitäler, öffentlicher Brunnen und Karawansereien für Kaufleute. Kairos Bauten stehen stellvertretend für diese beachtliche Schaffenskraft: die Zitadelle und die Paläste der Mamelucken, die Grabmoscheen der Sultane außerhalb der Stadtmauern oder die Sultan-Hasan-Moschee mit ihrer um einen Innenhof errichteten Medrese.

Bereits im 10. Jh. stand die Grundform großer öffentlicher Gebäude fest. Die Moschee mit ihrem *qibla*, ihrem *mihrab* und den Minaretten erreichte man durch einen ummauerten Hof mit einem Brunnen für die rituellen Waschungen. Der Palast des Herrschers war durch Mauern oder durch seine Lage von der Stadt getrennt, der Hof führte in Sä-

Die Alhambra in Granada *(14. Jh.)*
Die Alhambra, die Palaststadt der Nasridendynastie in Granada, liegt auf einem Plateau über der Stadt und wird als die Perle nasridischer Baukunst bezeichnet, weil in ihr alles auf das Spiel von Licht und Wasser angelegt ist. Rund um den Myrtenhof liegen die Empfangsräume; die Wohngemächer dagegen umschließen den Löwenhof.

len und Pavillons inmitten von Gärten ein eigenes Leben. Bei den Bauwerken der Frühzeit kam der Fassade wenig Bedeutung zu, wohingegen die Innenwände mit aufwändigem Schmuck und Inschriften Macht, Reichtum oder Glauben versinnbildlichten. In späterer Zeit behielt man bei der Ausgestaltung der prächtigen Anlagen auch in weit voneinander entfernt liegenden Städten bis zu einem gewissen Grad denselben Stil bei. Von Bagdad bis Córdoba waren verputzte Mauern, Keramikkacheln oder geschnitztes Holzwerk mit Mustern oder arabischen Inschriften kunstvoll verziert.

Trotz aller Gemeinsamkeiten entwickelten sich jedoch auch charakteristische Eigenheiten. Mit der Zeit legte man immer mehr Gewicht auf das Äußere, auf Fassaden, monumentale Eingänge, Kuppeln und Minarette, sodass die regionalen Baustile nun deutlich erkennbare Unterschiede aufwiesen. In den syrischen und ägyptischen Städten der Aijubiden- und Mameluckenzeit waren die Fassaden mit Querbändern aus Steinen in alternierenden Farben verkleidet. Jener so genannte *ablaq*-Stil war römisches Erbe; er kam über Syrien nach Ägypten und ist auch an umbrischen oder toskanischen Kirchen zu erkennen. Auch gewann die Kuppel an Bedeutung: Außen mit geometrischen oder anderen Mustern in vielen Formen verziert, bereitete innen der Übergang zur quadratischen Halle ein Problem, das durch einen Stützbogen oder einen Hängezwickel gelöst wurde, den man oft dekorativ mit Stalaktiten versah.

Die andalusische Herrlichkeit

Im fernen Westen der arabisch-muslimischen Welt dokumentierte die Große Moschee von Córdoba mit ihren vielen Schiffen, dem Schmuck aus behauenem Marmor und den charakteristischen Säulen – über geraden, runden Pfeilern wölbt sich ein Hufeisenbogen – einen neuen Stil.

Das eindrucksvollste erhaltene Monument des andalusischen Stils ist jedoch keine Moschee: die Alhambra in Granada. Sie entstand zum größten Teil im 14. Jh. und war eher eine Königsstadt als ein Palast, wie man schon aufgrund der Truppenunterkünfte und Befestigungen im äußeren Bereich erkennt. Den Mittelpunkt der Anlage bilden zwei Königshöfe, der Myrthenhof und der Löwenhof, an deren Schmalseiten die prächtigsten Säle auf die Besucher warten. Die von Gartenanlagen und Gebäuden umgebenen Wasserbecken im Innenbereich der beiden Höfe spiegeln ein beliebtes Stilmittel der andalusischen und maghrebinischen Architekten wider, die Wasserläufe und Springbrunnen, Blumen und Sträucher sorgsam auswählten und arrangieren ließen. Um diesen Gärten und Pavillons einen in sich geschlossenen Charakter zu verleihen, waren sie überdies von hohen, verputzten Steinmauern umgeben.

Das wichtigste Schmuckelement der Alhambra wie allgemein der andalusischen Architektur waren jedoch die mit Kacheln, Stuck oder Holz verzierten Wände. Diese waren in Palästen und Badehäusern offenbar mit Dekors und Wandmalereien versehen, die auch Jagdszenen oder Lustpartien zum Gegenstand hatten. In Moscheen wären solche Motive dagegen undenkbar gewesen, denn die strenge religiöse Doktrin missbilligte die Abbildung von Lebewesen mit der Begründung, dass damit die einzigartige Schöpferkraft Gottes nachgeahmt werde. Einzig Bücher durften derart illustriert werden.

Die größte Rolle bei der Ausschmückung von Wohnhäusern und öffentlichen Gebäuden spielten Gegenstände aus Glas, Keramik und Metall. Dabei kam es nicht nur auf Funktion oder Form an. Vielmehr standen sie als Medium für bildliche Darstellungen, die letztlich die Symbole religiöser Wahrheiten oder großer Macht verkörperten. Hergestellt wurden die frühen Keramiken aus glasiertem Ton und – im Lauf der Zeit – zunehmend auch aus Lüsterglasuren. Ferner importierte man blau-weißes chinesisches Por-

BILDHAFTE DARSTELLUNGEN IN DER ISLAMISCHEN KUNST

Häufig wird die Auffassung vertreten, dass der Islam bildhafte Darstellungen verbiete. Man findet jedoch kein strenges Bilderverbot im Koran; Bilder werden nur dann abgelehnt, wenn sie götzendienerisch angebetet werden. Richtig ist, dass sich das semitische Denken ihnen gegenüber voreingenommen zeigt, und dieses Misstrauen hat später auch auf nichtsemitische Muslime übergegriffen. Doch bildhafte Darstellungen hat es immer gegeben: Man denke nur an die Miniaturmalerei oder die Verzierung von Gebrauchsgegenständen (Keramikteller, Holz- und Elfenbeinschnitzereien). Wandmalereien schmückten in der omaijadischen Epoche die Paläste und Häuser der Aristokraten; sie fanden sich auch in Sizilien zur Zeit der Normannen, im fatimidischen Ägypten und in Afghanistan unter der Herrschaft der Ghasnawiden. Skulpturen waren dagegen seltener, weil sie der Wirklichkeit näher kamen, sie fehlten jedoch nicht gänzlich, auch wenn man eine gewisse Starrheit im Relief nicht leugnen konnte. Man musste schon die Erzählsammlungen des *hadith* abwarten, bis im 9. Jh. erste Vorsichtsmaßnahmen gegenüber Bildern getroffen wurden. Diese hatten zweifellos die Türken im Visier, die ein ganzes Repertoire bildhafter Darstellungen von ihrer Steppenkunst her kannten, das den traditionellen Muslimen bedrohlich erschien. Der Marokkaner Ibn Chaldun sprach sich sogar für ein generelles Verbot von Bildern aus, das aber nicht umgesetzt wurde: Der Löwenhof in der Alhambra von Granada liefert dafür das anschaulichste Beispiel. In Moscheen und innerhalb religiöser Kunst sind Darstellungen von Menschen und Tieren jedoch verboten. Weder Gott noch Mohammed werden – abgesehen von einigen Ausnahmen und wenn, dann nur mit einem Schleier verhüllt – dargestellt.

DER LÖWENHOF IN DER ALHAMBRA *(14. Jh.)* *Man betritt den Löwenhof durch quadratische Pavillons, deren schlanke Säulen in Kontrast zu dem massiven, zentralen Brunnen aus weißem Marmor stehen. Die zwölf Löwen, aus deren Mäulern Wasser fließt, stehen symbolhaft für die zwölf Tierkreiszeichen und damit für den ewigen Kreislauf der Zeit.*

zellan, das ab dem 14. Jh. auch nachgeahmt wurde. Ägypten wurde so zum Zentrum der muslimischen Porzellanmanufaktur. Daneben wurden in Mosul, Damaskus, Kairo und anderen Orten des Inlands Gefäße aus Kupfer, Bronze und Messing getrieben sowie für die Moscheen aufwändige Glasleuchter hergestellt.

Dichtung und Erzählung

Die Dichtung spielte in der Kultur der Herrscher und der Reichen eine große Rolle. Wo immer es Patrone gab, fanden sich Dichter, die diese Herren priesen. Die Lobesgedichte waren häufig in der bekannten Form der Kasside geschrieben, wie sie Dichter der Abbasidenzeit entwickelt hatten. In Andalusien, an den Höfen und in der Umgebung der Omaijaden und bei einigen ihrer Nachfolger entstanden neue poetische Formen. Die wichtigste war das *muwaschschah*; diese Form war am Ende des 10. Jh. aufgekommen und wurde über Jahrhunderte hinweg gepflegt. Das *muwaschschah* war ein strophisches Gedicht; nicht jede Zeile endete auf denselben Reim, sondern durch das ganze Gedicht hindurch hatte jede Strophe oder Zeilengruppe ihr eigenes Reimmuster. In Metrik und Sprache unterschied es sich nicht wesentlich von der Kasside, doch endete jede Strophe mit einer Zueignung *(khardscha)*. Es war der Volkssprache näher, nicht immer arabisch und manchmal in der romanischen Volkssprache der Zeit geschrieben. Oft wurden darin Gefühle romantischer Liebe besungen, die der Dichter einem anderen in den Mund legte. Zum Themenkreis des *muwaschschah* gehören alle Motive der arabischen Dichtung: Naturschilderungen, Lobpreisung von Herrschern, Liebe, Gotteslob und der Pfad mystischer Gotteserkenntnis. Viel später entstand eine weitere Form, der *sadschal*, ebenfalls ein Strophengedicht, aber im andalusischen Umgangsarabisch verfasst.

Grosse Moschee von Córdoba *(8.–10. Jh.)*
In ihr spiegeln sich die Kultur und der Stolz des omaijadischen Spanien wider. Die Fürsten ließen es sich nicht nehmen, ihren Glanz durch sukzessive Erweiterungsbauten noch deutlicher hervorzuheben. Der Anblick der zahlreichen Säulen und die doppelgeschossigen Arkaden mit farblich wechselnden Wölbsteinen ist so faszinierend, dass die Dichter immer wieder die Pracht dieser Architektur besungen haben.

In manchen andalusischen Liebesgedichten liegt der Akzent auf einem persönlichen Schicksal, wie etwa in den Gedichten von Ibn Saidun (1003–71). Er wuchs während des Niedergangs des Omaijadenkalifats in Córdoba auf und nahm am politischen Leben seiner Zeit teil. Von der Regierung des Kalifen gefangen genommen, bat er bei einem Fürsten in Sevilla um Zuflucht; als dieser Herrscher von Sevilla später Córdoba eroberte, kehrte Ibn Saidun für einige Zeit dorthin zurück. Den größten Teil seines Lebens verbrachte er jedoch im Exil; in der Klage um den Verlust der Heimat, in die sich Bedauern über die verflossene Jugend mischt, klingen traditionelle Themen der klassischen Kasside an. In einem Gedicht über Córdoba erinnert er sich an die Stadt und an seine Jugend:

Gott hat über die verlassenen Wohnungen der Menschen, die wir lieben, einen Segen an Geschenken niedergehen lassen. Er hat ein gestreiftes, vielfarbiges Gewand aus Blumen über sie geworfen und unter ihnen eine Blüte wie einen Stern wachsen lassen. Wie viele Mädchen, die wie Bilder waren, haben den Saum ihrer Gewänder über solche Blüten getragen, als das Leben jung war und die Zeit uns zu Diensten stand.
[...]
Wie glücklich waren sie, diese vergangenen Tage, die Tage der Freuden, als wir bei denen lebten, die lange schwarze Haare hatten und weiße Schultern.
[...]
Nun sag dem Schicksal, dessen Gunst geschwunden ist – Gunst, um die ich trauerte, während die Nächte vergingen –, wie sanft sein Hauch mich am Abend streifte. Aber für ihn, der durch die Nacht geht, scheinen noch immer die Sterne: gegrüßt seist du, Córdoba, voll Liebe und Sehnsucht.

Der persönliche Ton des Bedauerns klingt auch in seinen Liebesgedichten mit, die an Wallada, eine Omaijadenprinzessin, gerichtet sind.

Es war die letzte Blüte schöpferischer und persönlicher lyrischer Poesie bis zur Moderne. Zwar entstanden weiterhin viele Gedichte – die Lyrik galt als Betätigung gebildeter Männer –, aber nur wenige haben in späteren Jahrhunderten Beachtung gefunden. Die wichtigste Ausnahme ist ein Teil aus der vom Sufismus inspirierten Dichtung, etwa die äußerst vielschichtige Lyrik von Omar ibn al-Farid (1181–1235) mit ihren Bildern von Liebe und Trunkenheit.

Die gehobene Dichtung besang bekannte Themen, in denen das Echo früherer Gedichte nachhallte. Sie war eingebettet in eine Literatur, die so weit verbreitet war, dass es zu einfach wäre, sie nur als „populär" zu bezeichnen, denn sie fand in breiten Schichten der Gesellschaft großen Anklang. Viele literarische Erzeugnisse dieser Zeit waren kurzlebig und mehr oder weniger Stegreifdichtungen, die nicht schriftlich festgehalten, sondern mündlich weitergegeben wurden und mit der Zeit in Vergessenheit gerieten. Manche haben jedoch überlebt. Der *sadschal*, der im 11. Jh. in Andalusien aufkam, verbreitete sich in der ganzen arabisch sprachigen Welt. Außerdem gab es eine Schauspieltradition. Es existieren immer noch von Ibn Danijal, einem Autor des 13. Jh., geschriebene Schattenspiele, die mit Puppen oder Händen hinter einer Leinwand und vor einer Lichtquelle aufgeführt wurden.

Am weitesten verbreitet und am langlebigsten war der Roman. Im Lauf der Jahrhunderte entstanden große Zyklen von Heldengeschichten. Sie mögen bereits in mündlichen Überlieferungen bestanden haben, ehe sie niedergeschrieben wurden. Zu ihnen gehörten die Geschichten von den Banu Hilal, dem Stamm, der in die Länder des Maghreb wanderte. Die Themen dieser Zyklen sind vielfältig. Es geht jedoch immer um einen Helden oder eine heldenhafte Schar: Ein Mann oder eine Gruppe kämpfen siegreich gegen die Mächte des Bösen: andere Menschen, Dämonen oder eigene Leidenschaften.

Diese Werke wurden in einer Mischung aus Lyrik, Reimprosa *(sadsch)* und Prosa vorgetragen, und das nicht ohne Grund: Der Reim war eine Hilfe für das Gedächtnis und hob die Erzählung vom Alltagsleben und den Alltagsgesprächen ab; die Mischung verschiedener Stilformen ermöglichte es dem Erzähler, auf das Publikum einzugehen. Er konnte die Tonart wechseln und die Wirkung erzielen, die er erreichen wollte – die Erwartungen der Zuhörer auf dem Land unterschieden sich vielleicht von denen in der Stadt und die der Gebildeten von denen der Ungebildeten. Im Lauf der Zeit wurden diese Geschichten von literarisch begabten Schriftstellern aufgeschrieben. Die Erzähler mögen ihre Texte gekannt haben, aber es blieb immer noch genug Raum für Improvisationen oder Adaptionen entsprechend den Bedürfnissen einer bestimmten Zeit.

MEDAILLON MIT MUSIKANTINNEN *(10. Jh.) Die Freude an der Kunst, die sich am omaijadischen Hof von Córdoba zeigte, drückte sich auch in der Musik aus, an deren Darbietungen sowohl Fürsten als auch die gehobene arabische Gesellschaftsschicht mit Vergnügen teilnahmen. Elfenbeinschnitzereien (wie abgebildet) oder Holztäfelungen vermitteln einen lebhaften Eindruck von diesen Veranstaltungen, die auf ein sinnenfrohes kulturelles Leben schließen lassen.*

Der Erzählungszyklus „Die Geschichten aus Tausendundeiner Nacht"

Der Erzählungszyklus, der als „Die Geschichten aus Tausendundeiner Nacht" bekannt ist, unterscheidet sich zwar in vielerlei Hinsicht von einem Roman, auch wenn sich manche Themen gleichen und er auf ähnliche Weise entstanden zu sein scheint. Es ist kein Roman, der um das Leben und die Abenteuer eines Mannes oder einer Gruppe kreist, sondern eine Sammlung verschiedener Geschichten, die nach und nach von einer einzigen Erzählerin, die ihrem Mann Nacht für Nacht davon berichtet, mit Geschick zusammengefügt wurden. Man vermutet, dass einige Erzählungen, die in frühislamischer

Zeit aus dem Pahlewi ins Arabische übersetzt wurden, den Kern der Sammlung bilden. Die ersten Hinweise auf diese Geschichtensammlung finden sich im 10. Jh., denn es existiert das Fragment eines solch frühen Manuskripts. Das älteste vollständige Manuskript stammt jedoch aus dem 14. Jh. Der Geschichtenzyklus ist offenbar zwischen dem 10. und 12. Jh. in Bagdad entstanden und wurde während der Mameluckenperiode in Kairo erweitert. Hinzugefügte oder erfundene Geschichten wurden in das Bagdad des Abbasidenkalifen Harun ar-Raschid verlegt. Weitere Ergänzungen haben sich noch später zugetragen. Manche Geschichten, die wir durch die frühesten Übersetzungen in europäische Sprachen aus dem 18. Jh. kennen, fehlen in den früheren Manuskripten völlig.

Schehrijar und Scheherazade
(Iran, 19. Jh.)
Auf der Terrasse zu Füßen des persischen Königs sitzend, erzählt die Tochter seines Wesirs unablässig ihre Geschichten, während sich der Zauber ihrer Stimme mit dem Klang der Musikinstrumente vermischt. Gefesselt lauscht Schehrijar der Erzählung und vergisst darüber seine dunkle Absicht, Scheherazade zu töten. Merkwürdig bleibt, dass die Geschichten aus Tausendundeiner Nacht in den arabischen Ländern kaum illustriert wurden.

Ein erzählerisches Werk anderer Art entstand im 12. Jh. in der großen Periode der andalusischen Kultur, in der Almohadenzeit: *Hajj ibn Jaksan* von Ibn Tufail. Es handelt sich um eine philosophische Abhandlung in Form einer Geschichte. Sie erzählt von einem kleinen Jungen, der in völliger Isolation auf einer Insel aufwächst. Allein durch Einsetzen seines Verstandes gelangt er stufenweise zum Verständnis des Universums; jedes Stadium dauert sieben Jahre, begleitet von einem ganz bestimmten Bewusstsein. Schließlich erreicht der Held den Gipfel menschlichen Denkens: Er versteht den Prozess, der die höchste Natur des Universums darstellt, den ewigen Rhythmus von Ausströmen und Rückfließen, in dem die Emanationen des Einen über die verschiedenen Ebenen hinunter zu den Sternen gelangen, bis zu dem Punkt, an dem der Geist materielle Gestalt annimmt und wieder nach oben zu dem Einen strebt.

Als Hajj schließlich einen anderen Menschen trifft, beide die Insel einige Zeit verlassen und in die belebte Welt reisen, begreift er, dass es eine Hierarchie menschlicher Erkenntnis gibt. Nur wenige können die Wahrheit allein durch den Verstand finden, eine andere kleine Gruppe kann zu ihr vorstoßen, indem sie mit der Vernunft die Symbole re-

Tausendundeine Nacht

Der König Schehrijar war entschlossen, alle Frauen zu töten, um sich für eine betrogene Liebe zu rächen; so auch Scheherazade, sobald sie ihre Geschichte zu Ende erzählt hatte. Doch die Prinzessin reihte eine Geschichte an die andere, jede mit wunderbaren Anekdoten, z. B. „Aladin und die Wunderlampe", „Sindbad der Seefahrer", „Ali Baba und die 40 Räuber" …

Tausendundeine Nacht ist eine arabische Märchensammlung, die lange tradiert wurde, bevor sie die uns heute bekannte Form erhielt. Es wird vermutet, dass die Zusammenstellung der Erzählungen auf mehrere Schichten zurückgreift: Die erste ist indisch-persischen Ursprungs; die zweite ist geprägt vom Alltagsleben in Bagdad und Bassora zur Zeit des Kalifen Harun ar-Raschid; die dritte berichtet über das städtische Leben im fatimidischen Kairo. Die Geschichten wurden in der mameluckischen Epoche in eine einheitliche Form gebracht. Mit der Übersetzung von Antoine Galland im Jahr 1704 wurde die Sammlung auch in Europa bekannt und übte eine große und anhaltende Faszination aus. Die Erzählungen entführen uns in eine zauberhafte Welt, die Künstler, Maler, Dichter und Filmemacher nicht nur durch die Magie der Texte inspiriert hat, sondern auch durch eine Prinzessin, die den Charme des ganzen Orients in sich vereinigt.

ligiöser Offenbarung entziffert; andere wiederum erkennen die auf diesen Symbolen basierenden Gesetze an, können sie aber nicht mit dem Verstand deuten. Die Mehrheit der Menschen interessiert sich weder für die rationale Wahrheit noch für die Gesetze der Religion, sondern nur für weltliche Dinge. Jede der ersten drei Gruppen hat ihre Vollkommenheit und ihre Beschränkungen und sollte nicht nach mehr streben. Bei seinem Besuch auf dem Festland spricht Hajj zu Männern der dritten Gruppe: Er versichert, dass er ganz wie sie denke und bittet sie, den vom Gesetz bestimmten Schranken und ihren Gewohnheiten treu zu bleiben und sich nicht in das zu mischen, was sie nichts angehe. Zweifelhafte Dinge sollten sie glauben, nicht hinterfragen, sich aber vor Ketzerei und Sektierertum hüten; sie sollten ihren Vorfahren nacheifern, Neuerungen dagegen meiden. Menschen wie sie könnten nur auf diese Weise glücklich werden; und wenn sie sich in die tiefe Erforschung erhabener Dinge einmischten, so würde es für sie schlimm enden. Denn die Stufe der Seligen zu erreichen, sei ihnen unmöglich; sie würden „hin und her wanken", und ihr Ende würde unglücklich sein.

LAUTENSPIELER
Dieser glasierte Teller aus fatimidischer Zeit (11. Jh.) stellt einen Musiker dar, der auf dem populärsten Instrument der arabischen Welt, ud *genannt, spielt. Die Laute wurde häufig zur Gesangs- und Musikausbildung verwendet, die weniger auf theoretischen Kenntnissen als vielmehr auf dem natürlichen Improvisationstalent beruhte.*

Musik

Fast überall bereicherte Musik das Leben am Hof und diente zudem als Begleitung beim Vortragen einer bestimmten Art von Dichtung. Das andalusische *muwaschschah* wurde gesungen; es stand in einer frühislamischen Tradition, welche die Fortsetzung einer noch älteren iranischen Tradition war. Bereits in der Omaijadenzeit war der Musiker eine wichtige Gestalt am Hof: Er spielte für den Herrscher, der seine Distanz zum gemeinen Volk verdeutlichte, indem er sich hinter einem Vorhang verbarg. Eine berühmte Anthologie, das *Kitab al-aghani (Das Buch der Lieder)*, berichtet von einem Konzert am Abbasidenhof: „Man führte mich in einen großen, herrlichen Saal, an dessen Ende ein prächtiger Seidenvorhang hing. In der Mitte des Raumes befanden sich mehrere, dem Vorhang zugewandte Sitzgelegenheiten. Vier waren bereits von den Musikern besetzt, drei Frauen und einem Mann, die Lauten in den Händen hielten. Man wies mir den Platz neben dem Mann zu, und es wurde der Befehl gegeben, das Konzert zu beginnen. Nachdem die Vier gesungen hatten, bat ich meinen Begleiter, mich auf seinem Instrument zu begleiten. […] Schließlich öffnete sich die Tür, Fadl ibn Rabi rief: ‚Der Befehlshaber der Gläubigen', und Harun erschien."

Seit einem bestimmten Zeitpunkt kam es zu einem musikalischen Austausch zwischen dem Hof der Abbasiden und dem Hof der Omaijaden in Córdoba; es entwickelte sich eine andalusische und maghrebinische Musiktradition, die sich von der iranischen Tradition der Höfe im Osten unterschied.

Übereinstimmend mit den griechischen Denkern galt bei den muslimischen Philosophen die Musik als eine Wissenschaft: Die Ordnung der Töne ließ sich nach mathematischen Prinzipien erklären. Sie zu erklären war ihnen besonders wichtig, denn für sie waren Töne das Echo der Sphärenmusik, also der himmlischen Bewegungen. Außer den philosophischen Spekulationen enthalten solche Werke über Musik, etwa die von Ibn Sina, Informationen über Kompositions- und Vortragsstile und über Instrumente. Sie zeigen, dass die höfische Musik im Wesentlichen Vokalmusik war. Gedichte wurden zu instrumentaler Begleitung gesungen, zu Saiteninstrumenten, die entweder gezupft oder gestrichen wurden, zu Flöten und Schlaginstrumenten. Die Melodien wurden in einer Reihe anerkannter „Tonarten" gespielt, aber innerhalb dieser feststehenden Struktur blieb Raum für improvisierte Variationen und Ausschmückungen. Auch vorgeführte Tänze wurden von Musik begleitet.

Jede Region hatte ihre eigene Tradition und ihre Lieder, die à capella oder von Trommeln, Rohrflöten oder einsaitigen Fiedeln begleitet vorgetragen wurden. Manche Anlässe feierte man auch mit Tänzen, die nicht von professionellen Tänzern, sondern von Männern und Frauen in Reihen oder Gruppen aufgeführt wurden.

Das Missfallen der Ulama

Höfische Musik verband sich mit der Weltlichkeit des Hoflebens, und die Volksmusik diente oft dazu, weltliche Feiern zu begleiten. Die Religionsgelehrten missbilligten Musik, konnten sie aber nicht völlig verdammen, denn bald spielte Musik auch eine Rolle im religiösen Leben: Der Gebetsruf hatte seinen eigenen Rhythmus, die Koranrezitation war feierlich-melodisch, und das erhabene Ritual der Wiederholung des Namens Gottes wurde musikalisch untermalt und in manchen Sufi-Orden sogar von Körperbewegungen begleitet. Deshalb war es wichtig, dass Rechtsgelehrte die Bedingungen definierten, unter denen das Vortragen von Musik und das Zuhören erlaubt waren: Dichtung und Musik waren nicht an sich verboten, sondern abhängig von den jeweiligen Umständen. Sie waren zulässig, wenn sie zu einer Pilgerreise anregten, die Männer in Kriegssituationen zum Kampf aufriefen, wenn sie ein erhabenes Gefühl der Betrübnis erzeugten oder eine Liebe erweckten, wenn das Objekt der Liebe legitim war, wie auch die Liebe zu Gott: „Kein Laut dringt an das Ohr des Menschen, den er nicht von Ihm und in Ihm hört." Dichtung und Musik waren jedoch dann verboten, wenn der Rezitator oder Sänger damit ein Bild der Versuchung ausmalte. Bestimmte Instrumente – Pfeifen- und Saiteninstrumente – wurden nicht akzeptiert, weil sie mit Trinkern oder Weichlingen in Zusammenhang gebracht wurden.

DAS HAUS DER WEISHEIT

Im Jahr 832 gründete der abbasidische Kalif in Bagdad das Haus der Weisheit *(bait al-hikma)*, aus dem unter der Leitung des nestorianischen Christen Ibn Ishak, der u. a. auch offizieller Hofarzt der Abbasiden war, hervorragende arabische Übersetzungen alter Texte hervorgingen. Zwar wurde mit Übersetzungen von Werken aus der Antike bereits unter den Omaijaden begonnen, doch erst die Abbasiden trieben diese Arbeit mit solchem Elan voran, dass es Ende des 10. Jh. zu einer Blüte kam, wie sie später nicht mehr erreicht wurde. Die Forschung richtete sich in erster Linie auf Medizin, Mathematik und Astronomie, da es Verbesserungen im Bereich der Gesundheit sowie genaue Zeit- und Richtungsbestimmungen für das Gebet zu entdecken galt. Überraschend war daran der ganz neue Charakter dieser von Bagdad angeregten Initiative: Hier wurde sozusagen mit der „Globalisierung" des Wissens begonnen. Zum ersten Mal in der Geschichte wurde die Forschung international: Araber und Perser, Türken, Inder, Nestorianer und Juden vereinten sich in ihren wissenschaftlichen Fragen und arbeiteten ausgehend von einer Vielzahl griechischer, syrischer, pahlewischer oder sanskritischer Texte an einem gemeinsamen Werk, das in arabischer Sprache verfasst wurde.

Das Weltverständnis

Nicht nur Religionsgelehrte und Studenten an den Medresen, sondern auch gebildete Angehörige städtischer Familien lasen Bücher.

Die Voraussetzung dafür war der leichte Zugang zu Büchern. Die Verbreitung der Herstellung und Benutzung von Papier seit dem 9. Jh. hatte das Kopieren von Büchern leichter und billiger gemacht. Der Autor oder ein angesehener Gelehrter diktierte Schreibern sein Werk. Dann hörte er sich den Text an oder las ihn selbst und versah ihn mit der Bestätigung, dass es sich um eine authentische Niederschrift handelte. Dieser Vorgang wiederholte sich, denn jeder, der ein Buch kopiert hatte, ermächtigte wieder andere, es zu kopieren. Buchhändler, deren Läden oft in der Nähe der großen Moscheen einer Stadt lagen, verkauften die Abschriften, und manche wurden von Bibliotheken erstanden.

Die ersten großen Bibliotheken, von denen wir wissen, verdanken ihre Existenz Herrschern: „Das Haus der Weisheit" *(bait al-hikma)* in Bagdad ging auf den Kalifen al-Mamun (813–33) zurück, und das „Haus der Gelehrsamkeit" *(dar al-ilm)* wurde am Anfang des 11. Jh. im fatimidischen Kairo gegründet. Beide waren mehr als Büchersammlungen; sie waren auch Zentren für das Studium und die Verbreitung der von den Herrschern begünstigten Ideen: die rationalen Wissenschaften unter al-Mamun und die ismailitische Glaubensrichtung in Kairo. Später entstand eine Vielzahl von Bibliotheken, denn man ging dazu über, Bücher, die zum Religionsstudium und zur Religionslehre beitrugen, in religiöse Stiftungen *(waqf)* einzubringen. Viele Moscheen und Medresen waren Bibliotheken angegliedert. In Palästen und großen Häusern gab es Bibliotheken, die manchmal in schöner Kalligrafie geschriebene und mit Abbildungen versehene Bücher enthielten.

DER LIEDDICHTER *(Irak, 1219) Die Musik war stets mit Dichtung und Gesang verbunden; ihre Interpreten erfreuten sich bei den Fürsten großer Beliebtheit. Dennoch gab es lebhafte Debatten unter den Theologen über ihre Legitimität, und manche, z. B. die Hanbaliten, verboten sie sogar.*

Eine „Erinnerungsliteratur"

Vieles von dem, was geschrieben und gelesen wurde, gehörte zur „Erinnerungsliteratur", wie es ein moderner Wissenschaftler einmal genannt hat: Lexika, Literaturkritik, Handbücher zur Verwaltungspraxis und vor allem die Historiografie und die Geografie. In allen gebildeten städtischen muslimischen Gesellschaften entstanden historische Werke, und was geschrieben wurde, scheint viel und mit großem Interesse gelesen worden zu sein. Werke zur Geschichte und zu verwandten Themen machen in allen wichtigen Sprachen des Islam – neben religiösen Werken – den Hauptteil der Literatur aus. Geschichtsbücher scheinen von Gelehrten und Studenten sowie von einem breiteren Publikum gleichermaßen gelesen worden zu sein.

ANATOMIE DES AUGES
(Ägypten, um 1200)
Die Augenheilkunde, eine Spezialität der arabischen Medizin, wurde in anatomischen, physiologischen und therapeutischen Aufsätzen thematisiert. Als Wegbereiter der Entwicklung wurde Ibn Ishak von al-Mamun mit den Übersetzungen ins Arabische beauftragt. Später schrieb Ibn al-Hajtham (965–1039) ein Lehrbuch zur Behandlung von Augenkrankheiten.

Als die Einheit des Kalifats zerfiel und neue Dynastien mit ihren Höfen, einer Bürokratie und einem Bürgertum entstanden, wurde es in der ganzen islamischen Welt üblich, Werke über Lokalgeschichte zu verfassen. Gelehrte, Beamte oder Hofhistoriker schrieben die Annalen einer Stadt oder einer Region. Solche Werke enthielten mitunter einen Abriss der allgemeinen Geschichte, dem die Arbeiten der großen Historiker der Abbasidenzeit zugrunde lagen, aber ihm folgte eine nach Jahren geordnete Chronik der lokalen Ereignisse oder der Dynastie; mit in die Aufzeichnungen wurden oft die Biografien von Persönlichkeiten aufgenommen, die in dem entsprechenden Jahr gestorben waren. Ibn Chaldun (1332–1406) stellte seiner Geschichte der Araber- und Berberdynastien die berühmte *muqaddima* (Vorrede) voran, in der die Auswahl- und Interpretationsprinzipien vertrauenswürdiger Geschichtsschreibung dargelegt werden.

Das Interesse an der Vielfalt menschlicher Erfahrung zeigt sich auch in einer anderen Gattung – den geografischen Werken und der Reiseliteratur. Die Verfasser geografischer Werke verbanden das griechischen, iranischen und indischen Büchern entnommene Wissen mit den Beobachtungen und Erfahrungen von Kriegern und Reisenden.

Manchen ging es in erster Linie darum, von ihren eigenen Reisen und Beobachtungen zu berichten. Die Werke von Ibn Battuta sind die tiefgründigsten und vermitteln ein Gefühl für die Ausdehnung der islamischen Welt und die Vielfalt der Gesellschaften. Andere, wie al-Muqaddasdi, verfassten ein Kompendium der Geografie der zur damaligen Zeit – um das Jahr 1000 – bekannten Welt. Das Bürgertum mag einen anderen Geschmack gehabt haben als die Religionsgelehrten und die Studenten der Medrese. Für Familien, aus denen die Sekretäre, Buchhalter und Ärzte der Herrscher stammten, hatten Gedankenkonstrukte einen großen Reiz, die das Ergebnis von Beobachtung und logischer Schlussfolgerung aus rationalen Prinzipien waren. Denn diese Art und Weise zu denken entsprach ohnehin ihrer täglichen Arbeit.

Die Leidenschaft für die Wissenschaft

Die Astronomie war von überaus praktischem Wert, weil sie die Mittel zur Berechnung von Datum und Zeit lieferte. Dies war einer der Bereiche, in denen der Gebrauch der arabischen Sprache die Zusammenführung der griechischen wissenschaftlichen Tradition mit denen des Iran und Indiens ermöglichte. Einer anderen Wissenschaft galt ein konkretes Interesse von noch größerem allgemeinem Nutzen. Ärzte waren in den muslimischen Gesellschaften von großer Bedeutung. Das muslimische medizinische Wissen stammte in seinem Kern aus der griechischen Medizin und Physiologie, insbesondere aus dem Werk von Galen, dem großen Synthetiker. Diese Lehre beruhte auf der Vorstellung, dass der menschliche Körper sich aus den vier Elementen zusammensetze: Feuer, Luft, Erde und Wasser. Sie konnten auf mehr als eine Weise gemischt sein, und die verschiedenen Mischungen riefen Unterschiede in Gemütsart und Stimmung hervor. Das ausgeglichene oder harmonische Verhältnis der Elemente zueinander bewahre die körperliche Gesundheit; ein fehlendes Gleichgewicht führe zu Krankheit, die der Heilkunst des Arztes bedürfe.

KRANKENHAUS IN ALEPPO *(1354)*
Mit dem Aufschwung der Medizin entstanden Krankenhäuser, die sich nicht nur um die Behandlung physischer Krankheiten kümmerten. Häufig wurden sie nach dem Vorbild einer Medrese konstruiert. So kam es, dass in diesem Krankenhaus für geistig Verwirrte die Kranken in Zellen untergebracht wurden, die um einen zentralen Hof bzw. Nebenhöfe angeordnet waren.

Die Prinzipien der ärztlichen Kunst wurden in der Abbasidenzeit in zwei großen zusammenhängenden Werken festgehalten: im *Hawi (Das umfassende Buch)* von Abu Bakr Muhammad ar-Razi (863–925) und im *Qanun (Prinzip der Medizin)* von Ibn Sina. Letzteres wurde ins Lateinische und in andere Sprachen übersetzt und war mindestens bis zum 16. Jh. das wichtigste Lehrbuch der europäischen Medizin.

Die ärztliche Kunst, wie die muslimischen Ärzte sie sahen, wurde nicht an den Medresen gelehrt, sondern im Verlauf einer Lehrzeit bei einem Arzt oder im *bimaristan*, dem Stiftungshospital, das es in den großen Städten gab. Ihre wichtigsten Beiträge lieferten die muslimischen Ärzte zur angewandten Heilkunst. Sie entwickelten die Technik chirurgischer Eingriffe weiter, beobachteten Krankheitsverläufe und beschrieben sie. Sie studierten die Herstellung von

KRANKENHÄUSER UND DIE MEDIZINISCHE PRAXIS

Die Medizin, Königin der Wissenschaften, wurde in den Hospitälern gelehrt. Nach geschichtlicher Überlieferung soll das erste Hospital um 800 in Bagdad unter dem Kalifen Harun ar-Raschid gegründet worden sein, doch gab es vermutlich schon seit 707 in Damaskus so etwas wie ein Pflegeheim. Hospitäler, die auf religiöse Stiftungen *(waqf)* reicher Mäzene zurückgingen, gab es in Irak seit dem 10. Jh., z. B. das berühmte 'Adudi-Hospital. Von Andalusien bis nach Zentralasien entstanden danach in muslimischen Städten ähnliche Einrichtungen. Das Hospital beschäftigte Ärzte und Pfleger beiderlei Geschlechts, da männliche und weibliche Patienten getrennt waren. Praktiziert wurde auf mehreren Gebieten: innere Medizin, Augenheilkunde, Orthopädie und Psychiatrie. Zum Hospital, das über eine eigene Verwaltung verfügte, gehörten eine Ambulanz, eine Apotheke, eine Moschee, Einkaufsläden und häufig auch eine Bibliothek. Namhafte Lehrer garantierten eine gute theoretische und klinische Ausbildung der Studenten, z. B. im 9. Jh. in Bagdad der Nestorianer Dschibrail ibn Baktisu oder später ar-Razi. Im 12. Jh. gründete Nur al-Din in Damaskus ein riesiges Hospital; das mameluckische al-Mansuri-Hospital in Kairo konnte bis zu 8000 Patienten aufnehmen.

Medikamenten aus Heilpflanzen und ihre Wirkungen auf den menschlichen Körper. Die Liste der Medikamente war lang. Man könnte sagen, dass die Apotheke als feste Einrichtung eine islamische Erfindung ist.

In späteren Jahrhunderten wurde versucht, eine alternative Heilkunst zu schaffen, die „prophetische Medizin" *(tibb nabawi)*. Es handelte sich um eine Gegenreaktion zu der auf Galen zurückgehenden Tradition. Dieses Heilsystem beruhte auf den überlieferten Praktiken des Propheten und seiner Gefährten, die sie zur Erhaltung der Gesundheit und der Behandlung von Krankheiten angewendet hatten. Die prophetische Medizin verdankte ihre Entstehung jedoch nicht Ärzten, sondern Rechtsgelehrten und Traditionalisten, die der strikten Auffassung waren, Koran und Hadith enthielten alles, was zur Lebensführung der Menschen notwendig sei. Diese Meinung war der Standpunkt einer Minderheit, selbst unter den Religionsgelehrten.

Astrologie und Alchemie

Die akademische Lehre der Religionswissenschaften und die Spekulationen der Philosophen fußten auf einem weiten Feld von Überzeugungen, durch die die Menschen hofften, die Kräfte des Universums zu verstehen und zu kontrollieren. Die Grenze zwischen „Wissenschaft" und „Aberglauben" war verschwommen, und auch viele gebildete Männer und Frauen glaubten an diese Praktiken, weil sie auf weitläufig anerkannten Ideen beruhten. Sie wurden nur von einigen Philosophen und Theologen abgelehnt, jedoch aus unterschiedlichen Gründen. Die Grundlagen der Astrologie beruhten auf einer Vorstellung, die bereits seit Urzeiten herrschte und große Anerkennung fand: Sie besagte, dass die himmlische Welt den Lauf der irdischen, menschlichen Welt bestimme. Planeten und Sterne seien die Grenze zwischen diesen beiden Welten. Das Studium ihrer Konstellation und der Bewegungen der Planeten erklärte nicht nur, was Zukunft und Vergangenheit brachten, sondern ermöglichte es unter Umständen auch, dieses Geschehen zu beeinflussen. Diese Auffassung stammte von den Griechen; sie wurde von einigen muslimischen Denkern übernommen und erhielt von den sufischen Theosophen eine spezifische islamische Form. Sie sahen die Objekte der himmlischen Welt als Emanationen Gottes. Muslimische Astrologen entwickelten Methoden der Vorausschau und der Einflussnahme, z.B. durch Aufschreiben von Zahlen oder Buchstaben in bestimmten Anordnungen auf unterschiedlichen Materialien. Selbst einige berühmte Denker akzeptierten die Behauptungen der Astrologie; Rechtsgelehrte und rationale Philosophen verurteilten sie jedoch.

Magische Bronzeschale
(Syrien, 13. Jh.)
Diese Schale sollte den Trinkenden heilen und vor Vergiftungen schützen. Ihre Wunderkräfte erhielt sie durch die schmückenden Verse aus dem Koran sowie magischen Formeln, die mit den Tierkreiszeichen in Verbindung standen.

Ebenfalls weit verbreitet war der Glaube der Alchemisten, Gold und Silber könnten aus unedlen Metallen gewonnen werden, wenn sich der richtige Weg finden ließe. Auch die alchemistischen Praktiken wurzelten in einer von den Griechen übernommenen wissenschaftlichen Theorie. Man hatte die Vorstellung, dass alle Metalle einer einzigen natürlichen Art angehörten und sich nur durch unwesentliche Eigenschaften voneinander

Ein Dschinn
(osmanische Quelle, 16. Jh.) „Gott erschuf den Menschen aus Lehm wie ein Töpfer; die Dschinn erschuf er aus rauchlosem Feuer …" (Koranzitat).

unterschieden; diese Eigenschaften veränderten sich jedoch langsam dahin, dass die Metalle kostbarer wurden. Deshalb verstieß es nicht gegen die Naturgesetze, wenn man versuchte, sie in Gold oder Silber zu verwandeln, sondern man förderte durch menschliches Eingreifen nur einen bereits in Gang gekommenen Prozess. Auch darüber gab es unter den Gelehrten geteilte Ansichten. Allgemein verbreitet war der Glaube an Geister, und man hielt es für notwendig, Methoden zu ihrer Kontrolle zu finden. Die *dschinn* waren z. B. Geister mit Körpern aus Rauch oder Flammen, die oft in Tiergestalt erschienen und Einfluss auf das menschliche Leben nehmen konnten. Sie waren böse oder zumindest schädlich, weshalb es sie zu bekämpfen galt. Möglich war auch, dass Menschen das Leben anderer Menschen beeinflussen konnten, sei es durch eine bestimmte Eigenschaft, die sie besaßen, z. B. den „bösen Blick", oder durch Anwendung bestimmter Kenntnisse wie die Ausübung feierlicher ritueller Handlungen unter bestimmten Bedingungen, die übernatürliche Kräfte weckten. Dies war ein verzerrter Spiegel der Macht, die die Tugendhaften, die „Freunde Gottes", durch die göttliche Gnade erwerben konnten. Nach allgemeinem Glauben konnten solche Kräfte dadurch kontrolliert oder abgewehrt werden, dass man an bestimmten Körperteilen Amulette oder einen Talisman trug, sowie durch magische Formeln aus Worten oder Zahlen, Beschwörungen oder Rituale der Austreibung oder der Versöhnung, wie etwa den *sar*, ein im Niltal auch heute noch übliches Versöhnungsritual.

In allen Kulturen herrschte bis zur Moderne allgemein die Vorstellung, dass Träume und Visionen die Tür zu einer anderen Welt seien und die Sinne für das Übernatürliche öffnen konnten. Sie brachten vielleicht Botschaften von Gott, mochten eine verborgene Dimension der Seele eines Menschen erschließen, konnten aber auch von *dschinn* oder Teufeln geschickt sein. Die Bedeutung von Träumen enträtseln zu wollen galt als legitim, denn sie erzählten etwas, das man wissen sollte. Wenn die gewöhnliche Sinneswahrnehmung im Schlaf ausgeschaltet wäre, könnte die Seele einen Blick auf ihre eigene Wirklichkeit werfen. Losgelöst vom Körper könnte sie Impulse aus ihrer eigenen Welt empfangen und diese an die Vorstellungskraft weitergeben; sie ließe die Bilder entstehen, die der Schläfer empfängt, als hätte er sie mit den Sinnen wahrgenommen. Muslimische Schriftsteller übernahmen die Lehre der Traumdeutung von den Griechen, ergänzten sie jedoch durch eigene Erkenntnisse.

Epilog

Im 15. und 16. Jh. bestand der größte Teil der muslimischen Welt aus drei großen Imperien: dem Osmanischen Reich, dem Safawidenreich und dem Reich der Moguln. Das Osmanische Reich mit seiner Hauptstadt Istanbul umfasste abgesehen von Teilen Arabiens, dem Sudan und Marokko alle arabisch sprachigen Länder; außerdem gehörten Anatolien und Südosteuropa zum osmanischen Machtbereich. Die Herrscherfamilie sowie die militärische und administrative Oberschicht sprachen türkisch. Die juristische und religiöse Elite war unterschiedlicher Herkunft und erhielt ihre Ausbildung an den großen kaiserlichen Schulen Istanbuls, die den Kanon juristischen Schrifttums auf Arabisch lehrten.

Die Türken vor Nizza

(Türkei um 1550)

Bis zu ihrer Niederlage in der Schlacht von Lepanto beherrschte die osmanische Flotte das Mittelmeer.

Das Reich war ein bürokratischer Staat, der verschiedene Regionen unter einem einzigen administrativen und fiskalischen System zusammenfasste. Es war jedoch auch zum letzten Mal Ausdruck der Universalität der islamischen Welt. Die Osmanen bewahrten das religiöse Gesetz, schützten und erweiterten die Grenzen der muslimischen Welt, wachten über die heiligen Stätten Arabiens und organisierten die Pilgerzüge dorthin. Gleichzeitig war es ein Mehrreligionenstaat, der christlichen und jüdischen Gemeinden einen anerkannten Status gewährte. Muslimische Bewohner der Provinzstädte wurden in das Regierungssystem integriert, und in den arabischen Ländern entwickelte sich eine arabisch-osmanische Kultur, die das alte Erbe bewahrte und auf gewisse Weise in neuen Bahnen weiterentwickelte. Jenseits der Grenzen ging Marokko unter seinen eigenen Dynastien, die ebenfalls religiöse Autorität beanspruchten, andere Wege.

Im 18. Jh. veränderte sich das Gleichgewicht zwischen der osmanischen Zentralregierung und den lokalen Regierungen. In manchen Teilen des Reiches erlangten örtliche osmanische Herrscherfamilien eine relativ weitgehende Autonomie, aber sie wahrten die wichtigsten Interessen des osmanischen Staates. Auch in den Beziehungen des Reiches zu den europäischen Staaten vollzog sich eine Veränderung. In den frühen Jahrhunderten hatte sich das Osmanische Reich bis nach Europa ausgedehnt, aber im späten 18. Jh. wurde es vom Westen und vom Norden her militärisch bedroht. Auch im Handel zeigten sich die Anfänge von Veränderungen, denn die europäischen Regierungen und Kaufleute gewannen größeren Einfluss im Indischen Ozean und im Mittelmeer. Am Ende des Jahrhunderts war die herrschende Elite gezwungen, einen relativen Machtzerfall anzuerkennen, und begann vorsichtig, auf die neue Lage zu reagieren.

Im 19. Jh. beherrschte Europa die Welt. Die industrielle Massenproduktion und die technischen Veränderungen bei Verkehrsverbindungen und Nachrichtenübermittlung – Dampfschiffe, Eisenbahn und Telegraph – führten zu einer Expansion des europäischen Handels und gleichzeitig zu einer militärischen Vormachtstellung der europäischen Staaten. Die französische Besetzung Algeriens in den Jahren 1830–47 war die erste größere Eroberung eines arabischen Landes. Für die muslimischen Staaten und Gesellschaften bedeutete diese Niederlage, dass sie nicht länger in einer stabilen und unabhängigen kulturellen Einheit, dem Erbe ihrer Vergangenheit, leben konnten. Sie mussten von nun an die Kraft aufbringen, in einer Welt zu überleben, die von anderen beherrscht wurde. Die osmanische Regierung übernahm nach europäischem Vorbild neue Methoden zum Aufbau von Militär, Verwaltung und Rechtswesen. Die Herrscher von Ägypten und Tunesien, den beiden praktisch autonomen Provinzen des Reiches, folgten ihrem Beispiel.

PORTRÄT DES MOHAMMED-ALI
(Auguste Couder, 19. Jh.)
Dieser osmanische Pascha albanischer Herkunft, der sich zum Vizekönig ernennen ließ, führte im 19. Jh. Ägypten auf den Weg zur nationalen Unabhängigkeit. Zusammen mit den Kopten und unter Mithilfe saint-simonistischer Ingenieure schuf er die Grundlagen für die Entwicklung zu einem modernen Staat.

In den Hauptstädten dieser Refomregierungen und in den Häfen, die durch regen Handel mit Europa eine Blütezeit erlebten, entstand eine neue Interessengemeinschaft zwischen den Regierungen, den ausländischen Handelshäusern und einer einheimischen Elite aus Grundbesitzern und Kaufleuten. Es war jedoch eine ungleiche Partnerschaft, und nach einiger Zeit gerieten zunächst Ägypten und Tunesien, dann auch Marokko und Libyen unter europäische Kontrolle. Das Osmanische Reich verlor die meisten seiner europäischen Provinzen und wurde zunehmend ein türkisch-arabischer Staat.

Während die religiöse und rechtliche Kultur des Islam bewahrt wurde, gewann eine neue Denkweise an Einfluss, mit der man die Gründe für die Stärke Europas zu erklären versuchte und zugleich nachweisen wollte, dass die muslimischen Länder europäisches Gedankengut und europäische Methoden übernehmen konnten, ohne dabei ihrem Glauben untreu zu werden. Die Anhänger dieser neuen Philosophie waren meist Absolventen der Schulen, die von den Reformregierungen oder ausländischen Missionsgesellschaften gegründet worden waren. Sie alle konnten ihre Ideen dank der neuen Medien, der Zeitungen und Zeitschriften, in der Öffentlichkeit verbreiten. Ihr Anliegen war die Reform des islamischen Rechts und die Einführung gleicher Bürgerrechte für alle; sie suchten auch nach einer neuen Grundlage für das Osmanische Reich, aber am Ende des 19. Jh. gingen von den Ideen des Nationalismus die größten Impulse aus. Abgesehen von seltenen, kurz aufflammenden Unruhen berührten die neuen Ideen das Leben der Menschen auf dem Land und in der Wüste kaum.

Register

Kursiv gedruckte Seitenzahlen verweisen auf Bildunterschriften, Illustrationen oder Übersichtskarten.

Bild- und Museumsnachweis

Abkürzungen: o = oben, M = Mitte, u = unten, l = links, r = rechts

Einband: G. DAGLI ORTI/Islamisches Museum, Kairo (Hintergrund); RMN/Chuzeville/Musée du Louvre, Paris.

3 RMN/Chuzeville/Musée du Louvre, Paris. **10–19** Vignetten: RMN/Chuzeville/Musée du Louvre, Paris. **6/7** RAPHO/R.&S. Michaud. **8/9** RAPHO/G. Sioen. **10** l: G. DAGLI ORTI/Bibliothek Topkapi, Istanbul; r: RAPHO/R.&S. Michaud. **10/11** Hintergrund: RAPHO/K. Nomachi. **11** l, o.r: RAPHO/R.&S. Michaud/Musée du Louvre, Paris; u: AKG Paris/J.-L. Nou/Bibliothèque Nationale, Tunis. **12** BILDARCHIV PREUSSISCHER KULTURBESITZ/Museum für Islamische Kunst, Berlin; r: G. DAGLI ORTI. **12/13** Hintergrund: HOA QUI/J.-D. Joubert. **13** o: AKG Paris/J.-L. Nou; u.l: AKG Paris/J.-L. Nou/Rockefeller Museum, Jerusalem; u.r: RMN/H. Lewandowski/Musée du Louvre, Paris. **14** o: BRIDGEMAN GIRAUDON/Victoria & Albert Museum, London; u: RMN/H. Lewandowski/Musée du Louvre, Paris. **14/15** Hintergrund: HOA QUI/C. Sappa. **15** o: STAATLICHES MUSEUM FÜR VÖLKERKUNDE, München; M.l: BRIDGEMAN GIRAUDON/Pergamon Museum, Berlin; u.r: AKG Paris/E. Lessing/Musée du Louvre, Paris. **16** l: G. DEGEORGE; r: RMN/H. Lewandowski/Musée du Louvre, Paris. **16/17** Hintergrund: HOA QUI/Tréal-Ruiz. **17** o: RMN/Musée du Louvre, Paris; u.l: RMN/H. Lewandowski/Musée du Louvre, Paris; r: RMN/P. Willi/Musée du Louvre, Paris. **18** l: G. DALI ORTI/Nationalmuseum Damaskus; r: AKG Paris/G. Mermet/Armeemuseum Madrid. **18/19** Hintergrund: Michel LANGROGNET. **19** l: BILDARCHIV PREUSSISCHER KULTURBESITZ/A. Psille/Museum für Islamische Kunst, Berlin; o.r: RAPHO/G. Sioen; u.r: G. DAGLI ORTI. **20** G. DEGEORGE. **21** RMN/H. Lewandowski/Musée du Louvre, Paris. **22** Michel LANGROGNET/San Vitale, Ravenna. **23** RMN/Ch. Larrieu/Musée du Louvre, Paris. **25** G. DAGLI ORTI/Azem-Palast, Damaskus. **26/27** RAPHO/R.&S. Michaud/Topkapi Museum, Istanbul. **28** GAMMA. **30** AKG Paris/J.-L. Nou/Bibliothèque Nationale, Tunis. **31** AKG Paris/British Museum, London. **32** BRIDGEMAN GIRAUDON-LAUROS/Musée d'Art Islamique, Kairuan. **32/33** Hintergrund: BRIDGEMAN GIRAUDON/Musée du Louvre, Paris. **33** o.l, u.l: G. DAGLI ORTI/Museum für Islamische Kunst, Kairo; o.r: G. DAGLI ORTI; o.M: Michel LANGROGNET; u.M: RMN/J. G. Berizzi/Musée des Arts Africains et Océaniens, Paris; u.r: RMN/M. Beck-Coppola/Musée National de la Céramique, Sèvres. **34** RMN/Chuzeville/Musée du Louvre, Paris. **35** RAPHO/R.&S. Michaud/Nationalbibliothek, Kairo. **37** D. DEGEORGE. **38** RMN/F. Raux/Musée du Louvre, Paris. **40** RAPHO/R.&S. Michaud/Bibliothek Majlis, Teheran. **41** G. DAGLI ORTI. **44** Bibliothèque Nationale de France, Paris/Cabinet des Médailles. **45** RMN/H. Lewandowski/Musée du Louvre, Paris. **46** IMA/GRAND ANGLE/Ph. Gromelle/Kathedrale von Apt. **47** PHOTONONSTOP/B. Morandi. **48** RMN/J. G. Berizzi/Musée du Moyen Age Cluny, Paris. **49** RAPHO/R.& S. Michaud. **50** Ph. MAILLARD/Museum für Islamische Kunst, Kairo. **51** AKG Paris/J.-L. Nou. **53** AKG Paris/W. Forman/Cleveland Museum of Art, Cleveland. **55** ARTEPHOT/BNF, Paris. **56/57** HOA QUI/C. Sappa. **58** RAPHO/R. & S. Michaud/Musée du Louvre, Paris. **59** G. DAGLI ORTI. **60** RMN/H. Lewandowski/Musée du Louvre, Paris. **60/61** Hintergrund: G. DAGLI ORTI/Museum für Türkische und Islamische Werke, Istanbul. **61** o.l: G. DAGLI ORTI/Museum für Türkische und Islamische Werke, Istanbul; o.M: G. DAGLI ORTI/Bibliothek der Universität von Uppsala; M.l: ARTEPHOT/Oronoz/Bibliothek Escorial, Madrid; o.r: BRIDGEMAN GIRAUDON/British Library, London; M.r: G. DAGLI ORTI; u.r: RMN/Musée du Louvre, Paris. **62** RAPHO/R.&S. Michaud/Museum für Türkische und Islamische Werke, Istanbul. **63** AKG Paris/E. Lessing/Palais el-Badi, Marrakesch. **64** RAPHO/R.&S. Michaud/Privatsammlung. **66** RAPHO/R.&S. Michaud. **67** GAMMA/L. Van der Stock. **68** AKG Paris. **69** AKG Paris/J.-L. Nou/Bibliothèque Qarawyne, Fès. **71** RAPHO/R.&S. Michaud. **72** G. DAGLI ORTI/Islamisches Museum, Kairo. **73** RAPHO/R.&S. Michaud. **74** G. DAGLI ORTI/Topkapi Sarayi, Istanbul. **75** RMN/J. G. Berizzi/Musée des Arts d'Afrique et d'Océanie, Paris. **77** G. DAGLI ORTI/Islamisches Museum, Kairo. **78** RAPHO/R.&S. Michaud. **79** RAPHO/R.&S. Michaud/Islamisches Museum, Kairo. **80, 81**: RAPHO/R.&S. Michaud. **83** RMN/H. Lewandowski/Musée du Louvre, Paris. **84/85** PHOTONONSTOP/J. Sierpinski. **85** G. DAGLI ORTI/Bibliothek Escorial, Madrid. **87** C. & J. LÉNARS. **88** RMN/H. Lewandowski/Musée du Louvre, Paris. **88/89** Hintergrund: G. DAGLI ORTI/Nationalbibliothek, Kairo. **89** o.l: EXPLORER/R. Mattes; o.r: RMN/H. Lewandowski/Musée du Louvre, Paris; M.l, M.r: AKG Paris/BNF, Paris; MM: Ph. MAILLARD; u: G. DAGLI ORTI/Nationalbibliothek, Kairo. **90/91** RAPHO/R.&S. Michaud/Edinburgh University Library. **92** AKG Paris/J.-L. Nou. **94** RAPHO/R.&S. Michaud/Musée du Louvre, Paris. **95** RAPHO/R.&S. Michaud. **97** EXPLORER/S. Gutierrez. **99** RAPHO/R.&S. Michaud. **100** RAPHO/R.&S. Michaud/Privatsammlung, Córdoba. **101** RAPHO/R.&S. Michaud. **102** RAPHO/R.&S. Michaud/Privatsammlung. **105** G. DAGLI ORTI/Islamisches Museum, Kairo. **107** RAPHO/R.&S. Michaud/Nationalmuseum, Damaskus. **108** G. DEGEORGE. **109** RAPHO/R.&Michaud/Topkapi Museum, Istanbul. **110** G. DAGLI ORTI. **111** RAPHO/R.&S. Michaud/Museum für Türkische und Islamische Werke, Istanbul. **112** RMN/H. Lewandowski/Musée du Louvre, Paris. **113** D. DEGEORGE. **114** l: RMN/Chuzeville/Musée du Louvre, Paris; r: G. DAGLI ORTI. **115** o.l: AKG Paris/J.-L. Nou; u.l: RMN/H. Lewandowski/Musée du Louvre, Paris; r: AC COOPER (COLOUR) LTD/Coll. Richmond, Royaume-Uni. **116** G. DAGLI ORTI/Islamisches Museum, Kairo (3). **117** o: AKG Paris/E. Lessing/Islamisches Museum, Kairo; u: G. DAGLI ORTI. **118** o: G. DAGLI ORTI/Islamisches Museum, Kairo; u: RMN/H. Lewandowski/Musée du Louvre, Paris. **119** l: RMN/H. Lewandowski/Musée du Moyen Age Cluny, Paris; r: G. DEGEORGE. **120** l: RMN/H. Lewandowski/Musée du Louvre, Paris; r: AKG Paris/E. Lessing. **121** o.l: AKG Paris/E. Lessing/Nationalbibliothek, Kairo; o.r: G. DAGLI ORTI/Nationalmuseum, Damaskus; u: RMN/Musée du Louvre, Paris. **122** o.l: RMN/D. Arnaudet/Coll. Rothschild; o.r: G. DAGLI ORTI; u: RMN/H. Lewandowski/Musée du Louvre, Paris. **123** o: BILDARCHIV ÖSTERREICHISCHE NATIONALBIBLIOTHEK, Wien/Hariri; u: RMN/H. Lewandowski/Musée du Louvre, Paris. **124** G. DAGLI ORTI/Bibliothek Topkapi, Istanbul. **125** G. DAGLI ORTI/Islamisches Museum, Kairo. **127** RAPHO/R.&S. Michaud/Orientalisches Institut, Sankt Petersburg. **129** PHOTONONSTOP/J. Bravo. **130** G. DAGLI ORTI/Nationalbibliothek, Kairo. **131** AKG Paris/W. Forman/Coll. Bashir, London. **132** RAPHO/R.&S. Michaud/Edinburgh University Library. **133** RMN/H. Lewandowski/Musée du Louvre, Paris. **134** RAPHO/R.&S. Michaud. **135** HOA QUI/Ch. Vaisse. **137** GAMMA/M. Lounès. **138** RAPHO/R.&S. Michaud/Museum von Bombay. **139** RAPHO/R.&S. Michaud. **141** RAPHO/G. Sioen. **142** RMN/M. Beck-Coppala/Musée du Louvre, Paris. **143** RMN/M. Bellot/Musée National de la Céramique, Paris. **144** o: RMN/H. Lewandowski/Musée du Louvre, Paris; M: RMN/M. Beck-Coppala/Musée National de la Céramique, Sèveres; u: RMN/J.G. Berizzi-Th. Le Mage/Musée des Arts d'Afrique et d'Océanie, Paris. **144/145** Hintergrund: G. DAGLI ORTI/Islamisches Museum, Kairo. **145** o.l: G. DAGLI ORTI/Museum für Türkische und Islamische Werke, Istanbul; o.r: BRIDGEMAN GIRAUDON/al-Hariri/Orientalisches Institut, Sankt Petersburg; M.l: G. DAGLI ORTI/Islamisches Museum, Kairo; M.r: AKG Paris; u.l: G. DAGLI ORTI/Museum für Türkische und Islamische Werke, Istanbul; u.r: RAPHO/K. Nomachi. **147** RAPHO/R.&S. Michaud/Topkapi Museum, Istanbul. **148** BRIDGEMAN GIRAUDON/Topkapi Museum, Istanbul. **150/151** G. DEGEORGE. **152** BRIDGEMAN GIRAUDON/al-Hariri/Orientalisches Institut, Sankt Petersburg. **153, 155**: RAPHO/R.&S. Michaud. **156** G. DAGLI ORTI/Nationalmuseum, Damaskus. **157** RAPHO/R.&S. Michaud. **159** RMN/H. Lewandowski/Musée du Louvre, Paris. **160/161** G. DAGI ORTI. **163** RAPHO/R.&S. Michaud. **164** RAPHO/R.&S. Michaud/ Museum für Türkische und Islamische Werke, Istanbul. **165** RAPHO/F. Guenet. **166/167** AKG Paris/E. Lessing. **168** G. DAGLI ORTI/Koptisches Museum, Kairo. **169** RAPHO/ R.&S. Michaud. **170** o: RMN/H. Lewandowski/Musée du Louvre, Paris; u: AKG Paris/BNF, Paris **170/171** Hintergrund: RMN/Musée du Louvre, Paris. **171** o.l: RMN/Musée du Louvre, Paris; o.r: G. DAGLI ORTI/Bibliothek Topkapi, Istanbul; M.l: AKG Paris/J.-L. Nou; M.r: G. DAGLI ORTI/Nationalbibliothek, Kairo; u.l: G. DAGLI ORTI/Musée Atger, Montpellier; u.r: RMN/Th. Ollivier/Musée du Louvre, Paris. **172/173** RAPHO/G. Sioen. **175** G. DAGLI ORTI. **176** M. LANGROGNET. **177** RMN/H. Lewandowski/Musée du Louvre, Paris. **178** RAPHO/R.&S. Michaud/Privatsammlung. **179** G. DAGLI ORTI/Islamisches Museum, Kairo. **181, 182**: G. DAGLI ORTI/BN, Kairo. **183** D. DEGEORGE. **184** BILDARCHIV PREUSSISCHER KULTURBESITZ/Niedermeiser/Museum für Islamische Kunst, Berlin. **185** RAPHO/R.&S. Michaud/BNF, Paris. **186** G. DAGLI ORTI/Bibliothek Topkapi, Istanbul. **187** RMN/G. Blot/ Musées de Versailles et Trianon.

Boxenfriese: HOA QUI/EXPLORER/X. Zimbardo/Palais Royal, Fès.